尽善尽美　　弗求弗迪

美迪润禾书系

3D 高效学习力实操训练手册

杨永新 范妮 ◎ 著

电子工业出版社
Publishing House of Electronics Industry
北京·BEIJING

内 容 简 介

3D，是指学习动力、学习能力和学习心态三个维度。本书在提供理论知识的同时，更加注重实操的训练和方法的提供。在学习动力方面，将从学习目标、学习动机和学习兴趣三个方面入手，提供方法和工具。在学习能力方面，将从智能水平、学习方法和学习习惯三个维度详细讲解如何学习，以及如何高效地学习，让孩子通过实操训练实现事半功倍，成为别人眼中的学习"神童"。在学习心态方面，将融合积极心理、情绪管理和精力管理的内容，让孩子学会缓解紧张，释放压力，在学习的同时也能拥有健康的心理和积极的心态。

未经许可，不得以任何方式复制或抄袭本书之部分或全部内容。
版权所有，侵权必究。

图书在版编目（CIP）数据

3D高效学习力实操训练手册 / 杨永新，范妮著. —北京：电子工业出版社，2023.1
（美迪润禾书系）
ISBN 978-7-121-40170-1

Ⅰ.①3… Ⅱ.①杨… ②范… Ⅲ.①学习方法—手册 Ⅳ.①G791-62

中国版本图书馆CIP数据核字（2022）第208989号

责任编辑：黄益聪
印　　刷：三河市兴达印务有限公司
装　　订：三河市兴达印务有限公司
出版发行：电子工业出版社
　　　　　北京市海淀区万寿路173信箱　邮编：100036
开　　本：720×1000　1/16　印张：19.75　字数：293千字
版　　次：2023年1月第1版
印　　次：2023年1月第1次印刷
定　　价：99.00元

凡所购买电子工业出版社图书有缺损问题，请向购买书店调换。若书店售缺，请与本社发行部联系，联系及邮购电话：(010) 88254888，88258888。
质量投诉请发邮件至zlts@phei.com.cn，盗版侵权举报请发邮件至dbqq@phei.com.cn。

本书咨询联系方式：(010) 57565890，meidipub@phei.com.cn。

前　言

双减之后，家长问我们最多的问题是：

我的孩子不能补课了，别人家的孩子补课怎么办？

孩子学的知识我根本不懂，我该怎么辅导他学习？

别的家长是教授，而我没什么文化，那我的孩子是不是就永远赶不上人家了？

如果我每天花时间陪孩子读书，我的工作怎么办？

我的陪伴究竟有意义吗？

同学们则开始疑惑：

学习究竟该学什么？是学知识、学技术、学方法、学能力，还是学认知？

为什么学霸就能学好，我就不行？

我该如何在没有外力帮助的情况下，重新适应学校的教学，并且取得优异的成绩？

……

对于这些疑问，该如何寻找答案呢？

我们都知道，孩子的成长是持续、不间断、递进的过程，每个阶段都应该有相应的培养目标，但很多家长并不清楚目标是什么，或者知道目标但不知道怎样才能达成目标。学习的本质是自内而外的自我成长过程，是自身学习能力的提升和自我认知的提升。

如果采用头痛医头、脚痛医脚的方法来解决问题，往往因为积习难改，费时费力却效果甚微，更有甚者会起到反作用，从而造成矛盾激化，最终产生不可挽回的后果。

"双减"、中考分流，这些政策都在敦促学生提高学习能力。学生要养成良好的学习习惯，拥有探索和开拓的精神，学会学习，同时也要拥有好奇心和钻研精神，这些都需要学生在日常的学习中不断地培养。要想彻底摆脱填鸭式教学，将学习融入养育的过程中，就要对家长提出更高的要求了，拼的就是家长的意识、家长的教育方式。在孩子成长的过程中，如果家长能够第一时间发现孩子的问题，并给予孩子解决问题的方法和提供必要的工具，孩子将会多么幸运！

学习是一个系统工程，学生从理念、动力到方法、工具，再到饮食、运动、睡眠，以及心态、情绪、人际关系等，如果获得了全面的改善和提升，那么最终成绩的提升就是一个必然的过程。《3D高效学习力实操训练手册》的宗旨就是秉承"授人以鱼，不如授人以渔，还要授人以鉴"的理念，综合运用脑科学、认知学、教育学、管理学、积极心理学等科学方法，结合实用有效且简单易学的训练方法，帮助学生提升学习力。

本书中的3D高效学习力实操训练课程一共分三大部分，如下图所示。

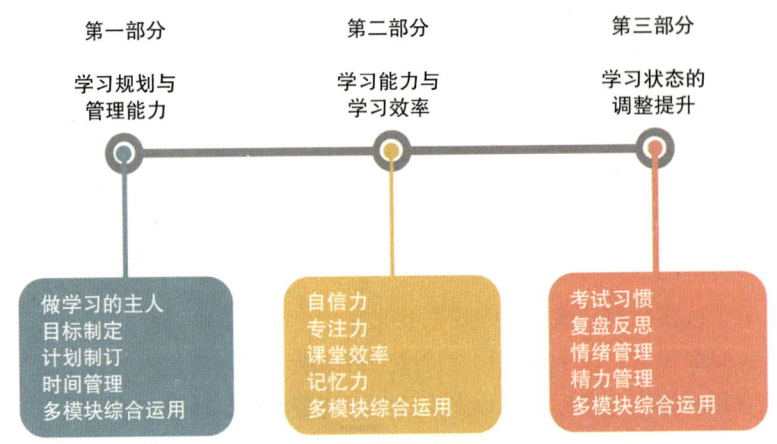

3D高效学习力实操训练内容

第一部分：学习规划与管理能力，包含做学习的主人、目标制定、计划制订、时间管理及多模块综合运用。

第二部分：学习能力与学习效率，包含自信力、专注力、课堂效率、记忆力和多模块综合运用。

第三部分：学习状态的调整提升，包含考试习惯、复盘反思、情绪管理、精力管理和多模块综合运用。

本书适合初中、高中学生及其家长阅读，在教给学生、家长方法的同时，也为他们提供了简单实用的工具。通过运用书中的方法和工具，学生们可以提高自己的学习能力，勇敢面对学习与生活。

本书是教、练相结合的工具书，建议学生和家长每周学习2~3章，两周学完一个部分，也就是5章，这样学完全书只需要6周。不建议走马观花地看一遍，因为方法和工具的使用是需要训练的，有一个适应过程，期间通过不断尝试才能内化为适合特定个体的方法和工具。

本书的方法和工具是我通过多年一线教学实践总结和优化出来的，这些方法曾经帮助上千名学子进入了理想的大学，也曾帮助数万名家长解答了心中的疑问。

本书采用图文并茂的形式，每个插图里的图形、图标、颜色都是精心设计的，意在通过视觉感官刺激，帮助读者加深记忆。在此，也特别感谢赵芳老师为配合我完成这些插图的设计而付出的努力。

希望这本书能带你步入学习与生活的新境界！

杨永新

目　录

第一部分　学习规划与管理能力

第一章　做学习的主人 … 002
　　1.1　学习常见问题 … 003
　　1.2　3D 高效学习力解析 … 005

第二章　目标制定 … 021
　　2.1　目标的重要性 … 023
　　2.2　无法实现个人目标的原因 … 025
　　2.3　怎样制定目标，才不至于空谈 … 027

第三章　计划制订 … 038
　　3.1　计划的重要性 … 038
　　3.2　学习计划的重要性 … 040
　　3.3　制订学习计划的具体要求 … 041
　　3.4　制订学习计划的九步法 … 053

第四章　时间管理 … 058
　　4.1　时间的特征 … 058
　　4.2　时间管理的对象和目的 … 059
　　4.3　如何做好时间管理 … 060

第五章　多模块综合运用 … 074
　　5.1　PDCA 的核心：目标 … 077
　　5.2　PDCA 的计划环节 … 080
　　5.3　PDCA 的执行环节 … 086

5.4　PDCA 的检查环节　　088
5.5　PDCA 的行动环节　　091

第二部分　学习能力与学习效率

第六章　自信力　　096
　　6.1　什么是自信?　　096
　　6.2　潜意识里的自我定义　　097
　　6.3　提升自信力的三大魔法工具　　104
　　6.4　接纳不完美的自己　　111

第七章　专注力　　117
　　7.1　如何进入高度专注模式　　118
　　7.2　如何找回我们的专注力　　120
　　7.3　如何训练我们的专注力　　130

第八章　课堂效率　　138
　　8.1　提高课堂学习效率的要点　　139
　　8.2　如何运用笔记提高课程效率　　146
　　8.3　高效笔记的实用工具　　150

第九章　记忆力　　162
　　9.1　记忆的类型　　162
　　9.2　记忆的规律　　166
　　9.3　记忆的方法　　169

第十章　多模块综合运用　　183
　　10.1　先专注后学习　　184
　　10.2　先计划后行动　　187
　　10.3　先预习后听课　　189
　　10.4　先复习后写作业　　196

10.5 先调心态后考试	200
10.6 先打基础后发问	201

第三部分　学习状态的调整提升

第十一章　考试习惯	**206**
11.1 如何正确认识考试	207
11.2 培养良好的考试习惯	211
第十二章　复盘反思	**224**
12.1 复盘理念	224
12.2 复盘的价值	227
12.3 复盘的流程与要点	232
12.4 考后反思分析工具——错题集	238
第十三章　情绪管理	**244**
13.1 正确认知情绪	245
13.2 如何进行情绪管理	247
13.3 三大魔法工具	249
第十四章　精力管理	**264**
14.1 精力管理新认知	264
14.2 精力的来源	265
14.3 基础精力管理三大法宝	269
第十五章　多模块综合运用	**286**
15.1 什么是逆商？	286
15.2 影响学生逆商的三大因素	288
15.3 如何提高自己的逆商	294
参考文献	**305**

第一部分

学习规划与管理能力

第一章

做学习的主人
——认知学习力的价值

欢迎加入 3D 高效学习力实操训练营！我用三个关键词来介绍一下自己：**学习力**，Coach，200+。如图 1-1 所示。

▶关于我

图 1-1　自我介绍的三个关键词

"学习力"代表的是我一直在从事学习力方面的研究，这套课程也是我的研究成果。

"Coach"代表的是我将自己定位为教练，而非单纯的老师。教练就是做"一盏灯"，讲"一席话"，陪"一段路"，是激励者、挑战者和支持者，让你不但"知道"，还能"做到"。

"200+"代表的是学习力成果的展现。如在阅读方面,我用这套方法指导自己,工作之余一年可以读书 200 多本。我这里所说的读书,可不是单纯的看哦,而是读完可以记住,还能灵活运用,甚至拆书成课。所以,我是个相对多产的课程研发者,这都要归功于高效的学习力。

自我介绍看起来只是一次简单的自我表达过程,重在向大家介绍自己,而实际上是一个建立连接的过程,展示自己的价值,获悉对方的价值,彼此进行匹配和连接。从上幼儿园那一天开始,无论是上学、生活,还是以后的工作,只要进入一个新的环境,我们每个人都得自我介绍一番。所以,你需要从现在开始学会展示自己的价值。

请你试着用 2~3 个关键词来介绍一下自己:

_____

_____

在开始 3D 高效学习力训练之前,你先来**思考一个问题:为什么学习最好的学生不一定是最用功的学生?**带着这个疑问,我们来开始今天的学习,希望学完本章的内容后,你能找到答案。

1.1 学习常见问题

脑力工程师孙路弘老师曾把学生分为四类,具体分类如图 1-2 所示。

▶思考
如果把学生分为四类,你希望自己是哪一类呢?

图 1-2 脑力工程师孙路弘对学生的分类

第一类：学习时间较长，学习能力较弱。这类学生通常表现为考试成绩不理想和作业正确率不高。

第二类：学习时间较长，学习能力非常强，这类学生的学习成绩优异、遥遥领先。

第三类：学习时间较短，学习能力较强。这类学生通常全面发展，多门科目的成绩都遥遥领先。

第四类：学习时间较短，学习能力较弱。这类学生通常多门课程成绩很差。

这里说的学习时间指的是写作业及学习课本知识所用的时间。

你喜欢哪一类呢？是不是喜欢第二或第三类学生啊？

我最欣赏的是第三类学生。这类学生与其他学生的不同之处在于他们掌握了科学的学习方法，这种方法可用于任何知识的学习。遗憾的是，几乎没有学校教学生这种学习方法，也很少有老师会深入了解学生的学习过程。学生们上课听讲、做作业、复习、考试，然后凭借考试成绩来验证自己的学习成果。考试之后呢，真是"几家欢喜几家愁"。

通过3D高效学习力的实操训练，希望你能逐步成为人人羡慕的第三类学生——学习时间短、学习能力强，不仅学习好，还有时间发展自己的兴趣爱好。

如果把我们的学习比作穿越雷区的话，我们可以**把学习中遇到的困惑分为九种不同的"雷"**，如图1-3所示，让我们一起来看看。

这九种"雷"，你遇到过几种呢？或多或少都遇到过吧？

其实这些问题都属于学习力的范畴。提到"学习力"这个词，你应该并不陌生，但是如果让你说一说到底什么是学习力，你可能会愣住，感觉自己知道，但是又不确定。你可能会说学习力就是学习能力呗，其实不然。让我们来看一下到底什么是学习力。

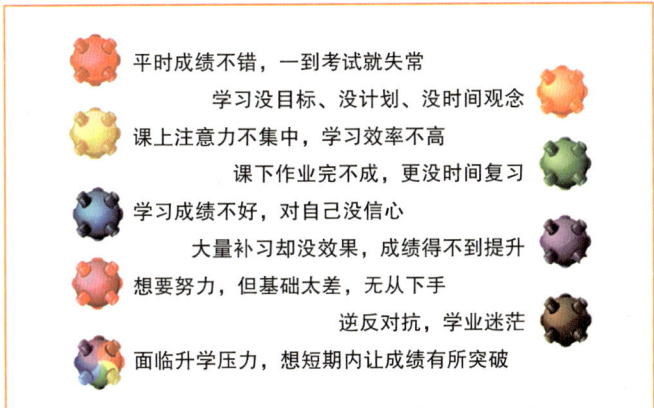

图 1-3　学习中遇到的九种"雷"

1.2　3D 高效学习力解析

我们先简单地用一个公式表示学习力,如图 1-4 所示。

图 1-4　学习力公式

1. 学习动力

学习动力解决的是学生自主学习的问题,目的是让学生自己想要学习。**学习动力包含三个方面的内容:学习动机、学习目的和学习兴趣**,如图 1-5 所示。

学习动机是激励一个人主动学习的一种心理状态,是直接推动学习的内部动力。梦想、好奇心、成就感、被赞赏、被需要等都有可能激发我们的学习动机,如图 1-6 所示。

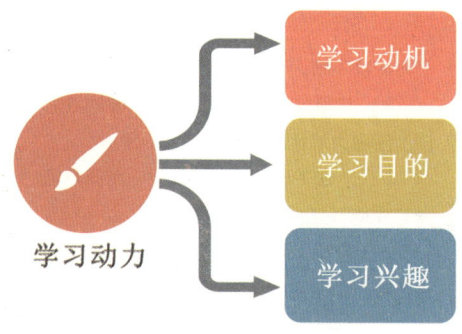

图 1-5　学习动力的组成

图 1-6　学习动机的来源

///案例分享///

有一个女孩，她的梦想是帮助更多的人住上宽敞明亮的房子，我告诉她说："有一个人跟你有共同的梦想，这个人是谁呢？这个人就是我们的李克强总理。"李克强总理曾在视察棚户区时，看着又黑又脏的居住环境，心急如焚，他希望提升这些居民的居住品质。这个女孩听后说："我就是想让这些棚户区的环境变得更干净、更明亮。"我说："好啊，有一个人已经开始做你最想做的事情了。"

这里有几张北京老胡同住房的照片，如图1-7所示。从图中可以看出，在改造前，北京老胡同的房子又黑又脏，改造之后则变得既明亮宽敞又通风，再也没有黑屋子了。我相信住在这里的居民没有指望住大别墅，他们只是希望自己的居住条件能够稍微有所改善。

图 1-7　北京老胡同住房改造前后对比

有一个建筑设计师叫青山周平,他认为做建筑师的目的是为了改变城市和生活,这些改造就是他做的。然而仅凭一个设计师的力量是不够的。这个女孩明白了,她不仅是在为个人的梦想,也是在为几千万人的梦想而学习,将来也许也会为了几千万人的梦想而工作。她觉得自己的梦想得到了认可,自己的自信心也得到了很大的提升。之后,她向着自己的梦想一步步地努力,相信她一定能实现自己的梦想。

///案例分享///

学习动机是多种多样的,有时候甚至很简单。之前我有一个学生,特别喜欢某个全能艺人,如果能得到这位艺人的一张签名照,她就能成为"班宠",甚至是"校宠"。那时我正好有朋友在演艺圈工作,能有机会拿到这位艺人的签名照。因此我就和这个学生做了一个约定,只要她一年内总成绩提升 100 分,我就送给她一张这位艺人的签名照。她听后特别兴奋,说:"老师,我一定好好学习!"最后她做到了,也成功成为"班宠""校宠"。

每个人的需求动机是不同的,关键是能不能发现并启动这个动机。

学习目的是指学习所要达到的结果和目标。决定学生学习成绩的有时不是学习能力,而是学习目的。

读者们想一想:圆规为什么可以画圆?因为脚在走,心不变。如图1-8所示。

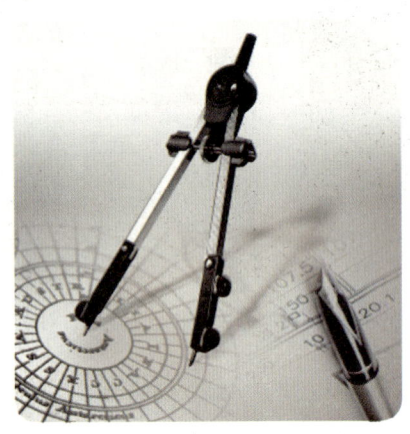

图1-8　圆规为什么可以画圆

当我们在学习中有一个清晰的目标,并为实现这个目标而努力学习时,学习就不再是讨厌的、与自己人生无关的负担了。相反,学习变成了有趣的、能够决定自己命运的最紧要的事。

案例分享

几年前我带过一个高一的同学,我第一次见到他时,他的英语成绩只有13分。上英语课的时候,老师在台上讲,他在台下窃窃私语,把老师惹恼了。老师对他说:"你再上课说话,我就不讲课了!"正处在青春逆反期的他回嘴道:"你不讲了,我还不听了呢!"一甩门就离开了教室,一个学期都没有再上英语课,所以英语考13分也不难理解。更重要的是他还很得意,和我说:"老师,我的数理化成绩还不错,应该也能上大学。"

我注意到这个孩子的梦想是成为一名优秀的桥梁工程师。于是我们共同制定了成为一名优秀的桥梁工程师的目标。为了实现这个目标,我对他说：“据我所知，现在全世界最先进的桥梁技术资料是用英文写的，你看不看？如果你成为一名优秀的桥梁工程师，让你到国际学术论坛去发表演讲，要用英文演讲，你去不去？中国的工程公司在全世界修桥梁、修高铁、修隧道，合同是用英文写的，你签不签？"他突然意识到了学好英语对于成为一名优秀的桥梁工程师的重要性，当场就表示："我要学好英语，做一个优秀的桥梁工程师。"

我们立刻就开始利用目标倒推法制订计划。想成为优秀的桥梁工程师首先应该选择土木工程专业，这个专业排名靠前的大学有同济大学和东南大学。要想考入这两所大学，仅仅数理化成绩好是远远不够的，英语至少要拿到120分以上（满分150分）。从13分提高到120分，要如何实现？

后来他学着制订计划：每个学期要提升多少分，每次月考要提升多少名，再到每天要背多少个单词、多少个句型。历经两年多的时间，在没有参加任何辅导班的情况下，他的高考英语成绩达到了128分，考上了目标大学。他向着成为一名优秀的桥梁工程师的目标迈进了一步。

这就是目标产生的动力。有了明确的目标，学习的劲头就来了，才创造了从13分到128分的奇迹。其实也不能单纯以奇迹来看待这件事情，本质上是目标激发了学习动力！学习目的越明确，学习的积极性就越高，学习的质量也就越好！

接下来我们来看学习动力的第三个方面——**学习兴趣**。爱因斯坦说："兴趣和爱好是最好的老师。"郭沫若也说："兴趣出勤奋，勤奋出天才。"兴趣是发挥才能的原动力，是成才的发动机。

爱学是会学的前提，而会学是爱学的保证，如图1-9所示。要先有兴趣，才愿意去研究、去找方法。与此同时，如果仅有兴趣，没有好方法，也会很快失去兴趣。怎么能让学生产生学习兴趣，并有好的方法保持兴趣呢？我们还是用案例来说明。

图 1-9　学习兴趣的重要性

案例分享

我曾经辅导过一名学生，他不爱学习，也学不进去，生物只考了 4 分，地理也只有 12 分。他不仅学习不好，而且经常和同学聊天，影响其他同学学习。班主任很有意见，经常让他回家自学。家长也没有更好的办法，认为这孩子没救了。我在对这个孩子提供咨询的过程中，发现他的人际交往能力特别强，对人的敏感度很高，而会沟通的孩子进入社会后，发展往往会比较好。这个学生的学习兴趣发展过程如图 1-10 所示。

图 1-10　学习兴趣的发展过程

我发现孩子的这个优点之后就和孩子沟通，我问他："你这个年龄如果不上学能干什么呢？"他说："老师，我也不知道，反正就是不喜欢上课，觉得挺枯燥的，听不进去。"我说："你不是爱聊天、沟通能力强吗，咱们就发挥你这个优势。你不喜欢上课可以不上，你就自学吧。咱们建个知识分享群，你把知识点都整理出来加上你自己的观点，每天发到群里让我们听听，咱们互相交流一下。数学落下得太多，学得没自信也没关系，咱们就先不讲数学，从你感兴趣的科目开始，每个科目每天分享10～20分钟。"他同意了，并坚持了两个月，其间他讲的内容主题明确、条理清晰。有一天，我发现他讲的内容很跳跃，就问他原因。他说："最近查阅资料挺费时间的，我发现老师讲得还不错，这样再稍微查点资料就能完成了。"可以看出，他开始认真听课了，后来他也一直坚持在群里进行分享。

根据学习金字塔原理，被动听课只能吸收5%的知识，而自己讲出来可以吸收90%的知识。就这样，这个学生继续坚持分享了一个学期，除了数学，其他科目的成绩都得到了飞速提升，这极大地提高了他的自信心。即使后来家长为他找了数学一对一补习老师，他还是坚持采用分享方式，每天讲一道例题，之后的数学成绩也得到了提升。一段时间后，他发现自己真的很喜欢分享这种形式，我就鼓励他将分享发展为职业兴趣，将来可以做"UP主"或解说员等相关工作，他自己对此也很感兴趣，学习动力越来越足。

要想解决学习动力的问题，我们就要从激发学习动机、明确学习目的、发掘学习兴趣这几个方面去下功夫。

2. 学习能力

学习能力也包含三个方面，即学习方法、学习习惯、智能水平，如图1-11所示。

学习方法是通过学习实践总结出的掌握知识的方法，因为它与学习效率相关，所以越来越受到重视。培养各方面能力的学习方法有很多，如读者们最关心的专注力、记忆力的训练，大概有几十种不同的方法，让人眼花缭乱，所以我们首先要对自己有清醒的认识。**了解自己的学习风格、匹**

配适合的学习方法，运用让我们感觉舒适、有兴趣的方式，从而把我们从学习中真正解放出来，极大地提高学习效果。

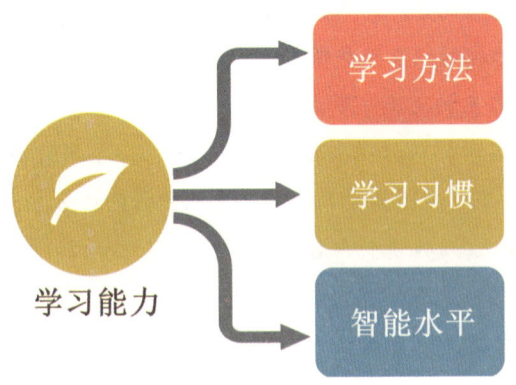

图 1-11　学习能力的组成

案例分享

有个学生记忆力不好，不喜欢背诵，记不住大段的文字，即使当时背过了，可过一会儿也就忘了。马上临近考试了，明明学过的知识就是想不起来。这里面确实有遗忘规律和复习频次的问题，但更主要的问题是没有告诉学生把文字变成图像更有利于记忆。如果对学生说"你发挥联想、想象，把文字变成图片"，这只是告诉学生方法，可是学生还是不知道应该怎么做。这个时候我们最应该给的是工具。可以解决这个问题的工具有很多，如思维导图就是非常有效的工具，如图 1-12 所示。

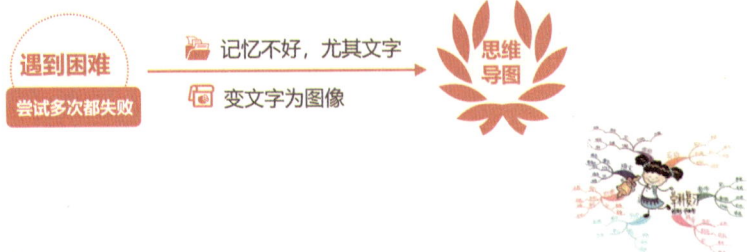

图 1-12　思维导图的作用

为什么使用思维导图就会有效呢？一是思维导图是以图解的形式呈现的；二是思维导图的要点是提取关键词，提取关键词的过程是在锻炼总结归纳能力；三是思维导图除了关键词还用到多种颜色、特殊符号，这些都是记忆的激发器，有助于记忆。这里我主要想强调记忆不好的根源是什么，有针对性地找到合适的学习方法，提升记忆力，解决记忆障碍。

学习习惯就是稳固的程序性学习行为。当某一学习情境出现时，相应地就该出现某一学习行为，形成条件反射，就像电脑程序一样。如果上课集中注意力听讲只是偶然行为，那就不能称为学习习惯，只有每次上课都能集中注意力听讲，才能称为学习习惯。学习习惯一旦养成，就不需要意志力了。所以孔子说："少成若天性，习惯如自然。"我们平时也常说习惯成自然。有研究表明：**小学三年级和高二的成绩相关系数是 0.82，初一与高二的成绩相关系数是 0.9**，也就是说，学生高中二年级的学习成绩在八年前即可预测 82%，看的就是学习习惯。

很多时候很难区分学习方法和学习习惯，因为有很多学习方法是与学习习惯相交叉的，区分的标准是学习习惯是一种稳定的行为。一旦学习方法经过反复训练成为稳定的行为，就转化为学习习惯。所以说，**学习习惯是稳定的学习方法，而学习方法不一定就是学习习惯**，如图 1-13 所示。

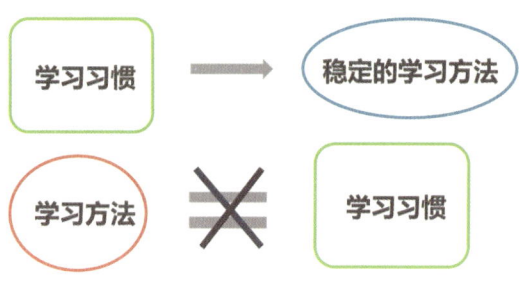

图 1-13　学习习惯与学习方法的关系

学习能力的第三个方面是智能水平。智能是智力和能力的总称，智力包含观察力、记忆力、思维力、想象力和注意力；能力是指可以获取并运用知识求解的能力。

我们可以这样来解释：爱因斯坦把裂变公式推导出来——智力；美国把原子弹造出来——能力。一个是大脑的思考分析力，一个是身体的行动执行力，如图 1-14 所示。

图 1-14　智力和能力的差别

就像我们之前讲的记忆力相关的案例，对于记不住文字这个问题，针对性地给出的解决方案就是运用思维导图，把文字变成图片，去激发记忆。学会使用思维导图这个提升记忆力的工具就是智力；而我们将所学的科目都变成思维导图，并且用便于提取的方式记住，从而让我们在考试中快速准确地提取信息，取得好成绩，这就是能力。

在 3D 高效学习力的训练中，我们不仅要学会方法，提升智力，还需要对这些方法强化练习，并应用到日常学习，甚至是以后的工作与生活中。能力是可以迁移的，未来社会是多变的，我们只有掌握了可迁移的能力，才能成为"U 盘型"人才，走到哪里都能有用武之地。

3. 学习心态

哈佛大学博士爱德华·班菲德展开了多年研究，他想知道为什么在客观条件都相同的情况下，学习结果的差别会如此之大。他和他的朋友们在经过对上万人次的调查，将不同的假设进行数年的实验之后，终于有了结论：

在教育制度各不相同的各国中，成功的学习 80% 与心态有关。在学习中，结果取决于行为，而行为取决于心态，如图 1-15 所示。

也就是说，是否能够具有超越常人的学习力，在很大程度上取决于你的学习心态，其中包括**积极心理**、**情绪管理**、**精力管理**，如图 1-16 所示。

图 1-15 学习心态与学习成果的关系

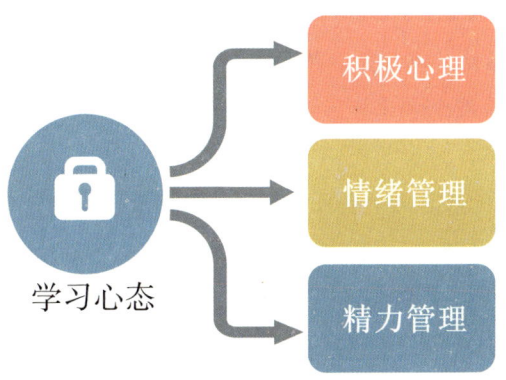

图 1-16 学习心态的组成

这部分涉及考商、情商、逆商等相关内容,这一节我们不具体展开,后面还有单独的章节来进行讲解。

我们每个人一天会对自己说约 3 万句话,其中 90% 以上都是消极的内容,如"我不行""我做不到""我没有别人好",等等。

现在的学生学习压力很大,课业负担重,老师和父母的期望值很高,学生都背着沉重的情感负担,很怕学不好对不起老师父母,所以特别害怕失败。我曾经指导过很多平时学习还不错,但一考试就考砸的学生,原因是什么呢?就是不自信,不相信自己已经准备好了,一遇到问题就紧张焦虑,负面情绪很严重。这类学生其实不用教任何学习方法或者补课,只要把情绪调节好,提升自己的自信心,成绩马上就能提升上来。

// 案例分享 //

我曾指导过一个单亲家庭的学生,他的会考成绩不理想,担心自己没有机会上普通高中。你觉得上普通高中很容易吗？在目前职业高中50%分流的情况下，普通高中对很多同学来说也是很难的。如果你现在是高中生，一定要珍惜这个对有些人来说来之不易的机会。

这个学生受原生家庭影响较大，看问题很悲观。他是妈妈情感上唯一的支撑，作为一个男孩子，他也觉得好好学习是唯一的出路，是回报妈妈辛苦付出的唯一方式。在这种环境下，他虽然很努力，可每天都生活在焦虑中，考试成绩总是不理想，周而复始、恶性循环，让自己和妈妈失望。我介入后开始给这个学生一点点地"解绑"，教他从不同的角度看问题，进行积极的回应，为自己而不是为他人而学，即通过改变心态来提升成绩，如图1-17所示。两个多月的时间后，他原本期望会考成绩达到B就可以，最终成绩却是A。由此可见，当我们不再背着包袱时，就能轻松应对困境。

这个过程中我没有教他任何学习方法，只是教他改变学习心态。我一直认为好的教育，无论是家庭教育还是学校教育，都应该是能给予学生自由的教育；而好的教育者，无论是父母还是老师，都要做能教会学生如何获得更多自由的人。教育者需要教会学生超越的不仅是原生家庭，还要能超越那些社会的、历史的、自我的……所有固有的认知。好的教育能使学生长出自己的翅膀，拥有自由飞翔的能力。

图1-17 改变心态，成绩提升

案例分享

我曾经指导过一个学生，三个月成绩就提升了160多分。她主要的问题是高中一、二年级没有努力学习，到了高中三年级才开始发力。她自己已经意识到现在才开始努力已经晚了，再看看旁边的同学，总担心自己时间不够，于是开始自我否定，觉得自己肯定考不上好大学，心情很低落，学习效率特别低。我和她第一次沟通时就让她谈谈最近对自己最大的不满是什么。你也可以想一想，你最近对自己最大的不满是什么？

当时她说，她现在对自己最大的不满就是效率太低了。你猜猜接下来我说了什么？我问她："那你觉得应该怎么办呢？"如果我不停地问"为什么效率低""为什么当初不好好学"，那结果只能是鼓励学生找各种借口来解释自己曾经的行为。所以这里应忽略"为什么"而多问"怎么办"，即采用积极的思考模式，如图1-18所示。例如，可以说："老师理解，其实你不想这样的，你也希望自己是优秀的，接下来我们该怎么办？"这是在激发学生敢于面对困难的决心和勇气。

图1-18　积极的思考模式

读者们也可以试着想一想，面对自己最大的不满，你们该怎么办？是不是有对策了？以后在碰到任何问题时，如果你们思考的角度都是"怎么办"，那么就会自然而然地变成一个敢于去找出答案并且承担责任的人。我就是用"把找借口变成改善措施"的积极思考模式，让这个学生的学习状态发生了实质性的改变，再加上科学的学习方法，三个月就让她的成绩提升了160多分，最后考上了某著名高校的金融专业。是不是很神奇？

很多时候体现出的低效率，并不真的是效率低的问题，而是低能量。

当你用积极的态度思考、勇敢地解决问题时，你会发现一切都不一样了。

由此可见，学习动力是前提，学习能力是关键，学习心态是保障，这三者就像三角形的三边一样影响着学习力的提升，缺一不可！3D学习力模型如图1-19所示。

图1-19　3D学习力模型

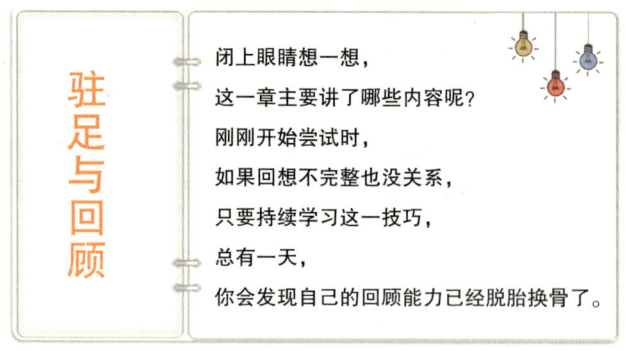

训练任务

为了更好地完成3D高效学习力实操训练，首先来和自己做个约定，请按以下格式写下**与自己的约定并签字**。

约定书

为了达到训练效果，我与自己做如下约定：

课上
积极参与、深入体验、开放式思考、变换角度、激活大脑，积极接受新知识。

课后
认真完成训练任务，灵活运用，自我反思。

约定人：×××
日　期：2022 年 3 月 19 日

约定书

为了达到训练效果，我与自己做如下约定：

课上

课后

约定人：
日　期：

寄 语

唯有提升学习力，
才能真正提升学习效率，
成为学习的主人！

第二章

目标制定
——好的开始是成功的一半

一个好目标，是迈向成功的开始，我们一起先来做热身：**想一想你学习这门课的目标是什么？你想在这门课上学到什么？达到目标后会对你的学习和生活带来怎样的变化？**

请你用两分钟的时间思考，然后用笔记下来，可以写字也可以涂鸦。3D 高效学习力是实操训练课，重在训练，请你积极参与并行动起来。

好，相信你已经写完了。为什么要让你带着目标学习？**因为有目标的学习是蓝图，没目标的学习是糊涂，有目标的学习比没目标的学习能提高 60% 的效率。**

拥有一个目标，学习才会充满活力。怎样才算一个好的目标？如果**用喜悦感来衡量**，最低 1 分最高 10 分，请看看自己设定的目标，思考一下可以给它打几分？

如果评分在 8 分以上，说明你的目标是一个有动力的目标。如果评分不够 8 分也不必沮丧，你可以试着调整一下，给自己制定一个喜悦且有动力的目标。有的读者可能会说现在还没有目标，也没关系，跟着我们的训练节奏，说不定在学习的过程中你的目标会逐渐清晰。

虽然很多读者还没有明确的学习目标，但我相信你们每个人都会有很多愿望。我们在新年或新学期开始的时候，常常喜欢回顾过去，展望未来，希望未来取得更大的进步，可我们的愿望经常没有实现。其实，这不是你一个人存在的问题，我们一起来看一看相关的统计结果。

关于新年目标方面的研究有很多，截至撰写本章时，最新的统计结果显示，**最常见的三项新年目标是减肥、时间管理和赚钱**，如图2-1所示。

图2-1　最常见的三项新年目标

作为学生，你们的愿望肯定还有学习成绩能够飞速提升！我们就**以减肥为例**，这个例子比较好理解。如果目标是减肥，很多人设定的目标就是我要减肥。那么有多少人达成了自己制定的目标呢？在新年这一天立志的人中呈现的结果如图2-2所示。

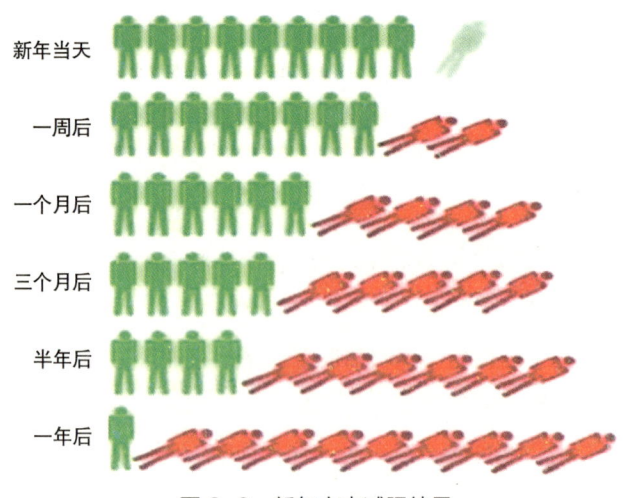

图2-2　新年立志减肥结果

结果显示：一周以后，坚持的人还剩下 75%；两周以后，坚持的人还剩下 71%；一个月以后，坚持的人还剩下 64%；六个月以后，坚持的人还剩下 46%；一年以后，坚持的人只剩下 10%。

有的读者可能会想，既然我们制定了目标也坚持不下来，**为什么还要制定目标？**

2.1 目标的重要性

首先我们需要了解一下皮格马利翁效应：艺术家皮格马利翁精心雕塑了一位美丽少女，作品完成之后他自己爱上了她。也就是说我们需要精心设定一个目标，然后爱上它，这样才有可能实现目标。如果你对自己制定的目标不屑一顾，那你肯定没有实现它的动力。这就是我刚开始让大家制定目标并用"喜悦感"来衡量，最好还能给自己打 8 分以上的原因。

《哈佛商业评论》的一篇文章中提到**制定目标的好处，**如图 2-3 所示。

制定目标的好处：

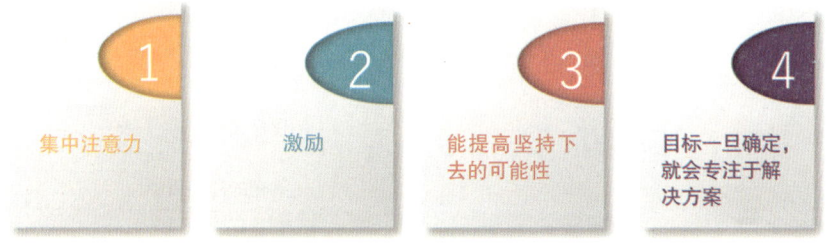

图 2-3　制定目标的好处

1. 集中注意力

设定具体的目标，并有明确的反馈机制，做到还是没做到一目了然。这样就会专注于学习本身，关注的焦点是如何才能完成目标，而不是纠结到底要不要学习。纠结的过程不但浪费时间，还容易产生焦虑。

2. 激励

制定合理的目标会使人兴奋！其实在很多情况下，不愿意去完成某些任务的主要原因是这个目标不合理。如果认为自己制定的目标是出类拔萃的，实现了它就能证明自己的能力和价值，就会愿意倾情投入。

3. 能提高坚持下去的可能性

如果心目中有个特别向往的目标，就不容易放弃它，会坚持一步一步地努力接近这个目标。在任务中间设定几个有挑战性的阶段并设置截止日期，是有助于长期坚持的一个非常有效的方法。

4. 目标一旦确定，就会专注于解决方案

确定了目标，注意力就会转移到如何完成目标上，而不会只盯着困难，这时候会发现自己充满了能量，思维更活跃，行动力也更强。

除了《哈佛商业评论》中提到的制定目标的好处，我们再来看另一个调查，如图 2-4 所示。美国哈佛大学曾做过一个著名的调查叫 "**25 年改变了什么**"。

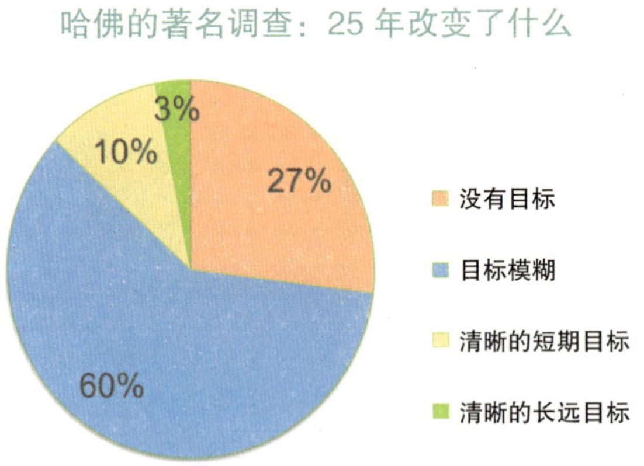

哈佛的著名调查：25 年改变了什么

- 没有目标：27%
- 目标模糊：60%
- 清晰的短期目标：10%
- 清晰的长远目标：3%

图 2-4　哈佛关于目标的著名调查

调查结果显示：27% 的人没有目标，25 年以后，几乎都生活在社会的底层；60% 的人目标模糊，25 年以后，他们能安稳地生活与工作，但都没有取得特别的成绩；10% 的人有清晰的短期目标，25 年以后，他们

大多数都生活在社会的中上层或成为各行各业不可或缺的专业人才；只有3%的人有清晰的长远目标，25年以后，这些人都成了社会各界的成功人士，他们中不乏创业者、行业领袖、社会精英、诺贝尔奖得主等。

通过这个调查，读者们是否进一步认识了目标的重要性？你总要制定一个自己愿意去追寻的目标，让它带来希望和光明。

2.2 无法实现个人目标的原因

有的读者会说："我其实也知道目标很重要，我有时也制定目标，可为什么没法实现呢？"原因一般有以下几种，如图2-5所示，我们一起来分析一下。

图2-5 目标无法实现的六种原因

1. 不知道自己为什么设定目标

我们周围不乏一些人，只是因为听过一场励志演讲，或者看到、听到别人制定了高大上的目标，自己也不甘落后。他们会想：目标能不能实现不重要，起码先把目标制定出来，让别人知道我也有目标。他们也许根本不知道为什么制定目标，所以在执行的过程中会百般拖延。当设定的早起闹铃响了多时不起时，他们会找到无数种理由为自己开脱，如昨天晚上睡得太晚、早上起床太冷等，于是目标真的成了"眼中的靶子"，只是用来看看而已。

2. 目标不合理，听起来就心累

有个学生给自己定的目标是三个月提升 100 分。读者们觉得这个目标合理吗？相信大多数人都觉得不合理，因为听上去确实压力很大。这个同学为了达成目标每天只睡两个小时，为了不浪费时间，他拒绝和同学交流，也不和父母联系。一个多月后，他发现没什么成效，开始出现情绪焦虑，晚上睡眠质量极差，白天又舍不得花时间补觉。同学们觉得他要疯了，都担心他撑不住。最终，由于睡眠严重不足，他病倒了。

如果总是习惯制定这样难以实现的目标，人生可能会很悲惨。成功学大师安东尼·罗宾说过："没有不合理的目标，只有不合理的期限。"后来我帮这个学生把目标从三个月改成一年，再加上合理的训练，最终实现了他制定的提升 100 分的目标。

3. 目标缺乏吸引力

读者们有没有发现，在很多时候，你需要完成的目标并不是你自己认可的。它们有可能是父母、老师的期望，有可能是隔壁邻居姐姐的成长路径，有可能是电视剧中一个角色的人物设定。这样的目标，不但对你没有任何吸引力，反而还会让你很反感，没有动力去执行，结果就将设定的目标束之高阁了。

4. 目标没有时限

目标确实是自己制定的目标，也确实是自己的梦想，但如果你没有给这个目标加上完成期限，就会让这个目标变得遥不可及，日复一日，天天空想，但是没有任何具体行动。

5. 容易放弃

我们经常说，坚持很重要，再优质的目标不坚持也没有意义。"想做"和"在做"是两回事，中间隔着行动；而"在做"和"做成"又是两回事，中间隔着坚持。成功 = 正确的目标 + 行动 + 坚持。

6. 目标没有分解

一个大的目标摆在那里，总让我们觉得它看起来很难实现，因此不愿意迈出第一步，但如果你把一个大目标分解成若干个小目标呢？如把年度目标分解到月、到周，甚至到天，是不是目标没有那么大了，比较容易开始行动了？

请思考一下，你的目标无法实现是这六种原因中的哪一种或者哪几种？又或者还有这 6 种原因之外的因素？请你认真写下来。

_____

_____

2.3 怎样制定目标，才不至于空谈

为了让大家制定的目标不至于落空，我们一起来学习制定可落地目标的步骤，如图 2-6 所示。

01 知道自己为什么要制定目标　02 找到核心目标　03 检查自己的目标　04 分解目标　05 制订具体行动计划

图 2-6　制定可落地目标的步骤

1. 知道自己为什么要制定目标

以目标是早起为例，如果你早起的原因是看到别人早起，为了表现出所谓的不甘人后，决定效仿他人，那这个目标大多没有实现的可能性。

早起的原因大概有这几点。

（1）学习，提升个人核心能力。

（2）昨天规定完成的事项没有按时完成，需要早起补上。

（3）运动健身，白天和晚上没时间，希望早上锻炼。

（4）有钱赚，如早起之后写一篇文章就能赚钱。

（5）先把今天的清单完成，晚上多出时间来休息。

这些零散的理由并不能给你足够的动力实现目标，你在制定一个目标之后，一定要刨根问底：为什么我要制定这个目标？这个目标对我的意义究竟在哪里？

要学会按照这个思路进行思考，如图 2-7 所示。

01

知道自己为什么要制定目标

以目标是早起为例

要学会按照这个思路进行思考：

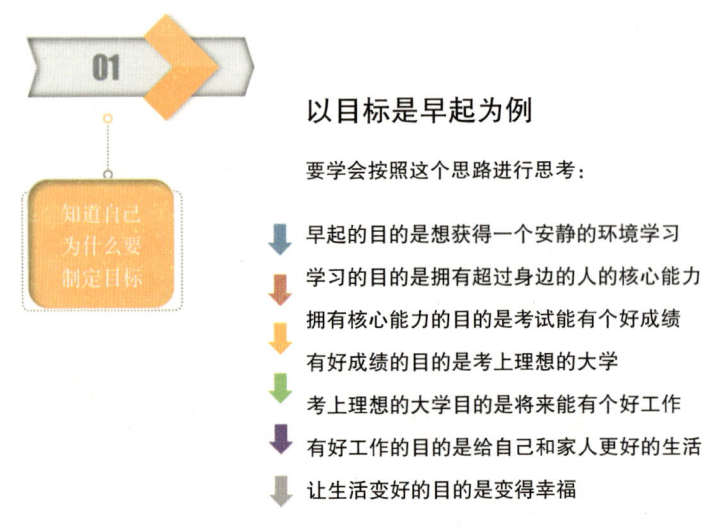

- 早起的目的是想获得一个安静的环境学习
- 学习的目的是拥有超过身边的人的核心能力
- 拥有核心能力的目的是考试能有个好成绩
- 有好成绩的目的是考上理想的大学
- 考上理想的大学目的是将来能有个好工作
- 有好工作的目的是给自己和家人更好的生活
- 让生活变好的目的是变得幸福

图 2-7　制定"早起"目标的思路

2. 找到核心目标

有这样一个故事：有三只猎狗追一只土拨鼠，土拨鼠钻进了一个树洞，这个树洞只有一个出口。不一会儿，从树洞里钻出了一只白色的兔子，兔子飞快地向前奔跑，三只猎狗围追堵截，兔子急了，"噌"地一下爬上了一棵大树。兔子在树上，仓皇中没有站稳，一下子掉了下来，砸晕了正仰头看的三只猎狗，兔子乘机逃跑了。

请问你对这个故事有什么质疑吗？

有的读者会说兔子不会爬树，有的读者会质疑一只兔子怎么可能同时砸晕三只猎狗，还有吗？

还有一个问题，你们有没有注意到：土拨鼠去哪儿了？

故事的开始，土拨鼠才是猎狗追逐的目标，可由于兔子的出现，猎狗改变了目标，我们的思维也在不知不觉中产生了偏差，土拨鼠竟然在我们的头脑中消失了。

在追求人生的目标时，我们有时会被风光迷住，有时会被细枝末节打断，有时会被一些琐事分散精力，从而在中途停顿下来，迷失了方向，或走上歧路，最终失去最初追求的目标。人生的路很长，一定要常常提醒自己——土拨鼠去哪儿了？不要忘记最初追求的人生目标。

要找到初始目标。作为学生，最关键的目标之一就是取得好成绩，但你并不一定想早起学习，在确定这个目标的时候，一定要问问自己内心到底想要的是什么。你可能会写下近期的学习目标，但是你需要把它转化成你自己真正追求的东西，这样才会有动力制订具体的行动计划，并且有针对性地执行计划。现在，给你几分钟时间好好想一想！

你可以把所有你渴望得到的东西以及渴望实现的梦想全部写下来。希望你尽情地想象，想到什么就写什么，不要有任何的束缚，也不必管它们能不能实现。

现在请开始写吧，先写 5~10 个，如学业、生活、人际关系、事业、家庭、健康、兴趣等，把所有你想实现的梦想都写下来。

写完之后，在众多的目标中找出核心目标。**所谓核心目标就是最重要的目标，如果实现了这个目标，那么其他目标都能因此而实现。**请你写出必须完成核心目标的 10 个理由。

我的核心目标是：_____

理由如下：

_____

_____

你找到自己的核心目标了吗？在这里需要明确一下核心目标的具体要求。

例如，你有提升英语成绩的意愿，制定了一个目标：我要学英语。假如你的目标是这样的，那我相信大概率是无法实现的，因为目标太笼统了，人对笼统的东西是不敏感的。所以，**制定目标要符合 SMART 原则，也就是目标一定要是具体的、可衡量的、能够达到的、相关的、有时限的**，如图 2-8 所示。

目标要求具体：SMART 原则

02 找到核心目标

–**S**pecific 具体的
–**M**easurable 可衡量的
–**A**ttainable 能够达到的
–**R**elevant 相关的
–**T**ime-bound 有时限的

我要学英语。（×）
我在 30 分钟内做两篇阅读，准确率在 80% 以上。（√）

图 2-8　制定目标的 SMART 原则

根据这个原则我们可以把目标调整为：**我要在 30 分钟内做两篇阅读，准确率在 80% 以上。**

一旦这个目标制定好，你的学习状态顿时就不一样了，你会关注自己是不是做了两篇阅读，是不是在 30 分钟内完成的，是不是准确率达到了 80%。当有了明确的目标之后，虽然不敢说一定能实现目标，但起码能将目标实现的可能性提高很多。

3. 检查自己的目标

你要检查一下自己的目标是不是真的目标，是否符合 SMART 原则。自己分析一下自己的目标到底是真正的目标，还是梦想、心愿，又或者只是期待。可以对照几个英文单词，如图 2-9 所示。

goals 是真正的目标

dreams 是梦想

wishes 是心愿

hopes 是期待

图 2-9　检查自己的目标

我们每个人在规划人生时，经常会把梦想当成目标。所以，制定目标的同时要先弄清楚这几个问题：你的目标是什么？你现在的位置是什么？你要怎么做才能实现这个目标？你如何监督自己实现目标？如果这几个问题回答不了，那目标就不算真的制定了。

4. 分解目标

当我们面临一些长期、难度较大的任务时，焦虑情绪会增强。

分解目标时要从上往下拆分，先制定整个项目的大目标，然后将大目标拆分成小目标，并明确达到每个大目标和小目标的衡量指标、截止日期、通过什么方式达到目标等。将大目标拆成小目标，可以使目标更明确、更可执行，让整个任务更可控。

管理学中有一个**古特雷定理，由美国管理学家古特雷提出，他认为，每一处出口都是另一处的入口**。不管对个人还是组织而言，不但需要有目标，目标还要具有连续性，也就是说，上一个目标是下一个目标的基础，下一个目标是上一个目标的延续。

所以，如果你想顺利地实现最终目标，就必须一步一个脚印，将长期目标分解为短期目标，将大目标分解为小目标。大家都知道犹太人非常聪明，为什么聪明？因为他们最常用的是逆向思维。我们今天也学习这种逆向思维——**目标倒推法**。

我们一起来看看施瓦辛格的故事。

60多年前，有一个10多岁的穷小子，他自小生长在贫民窟里，身体非常瘦弱，他却在日记里立志长大后要当美国总统。一个一无所有，生长在贫民窟的穷小子给自己定下的目标是美国总统。对此，你会怎么看？

如何能实现这样宏伟的抱负呢？年纪轻轻的他，经过几天几夜的思索，拟定了这样一系列的连锁目标。当美国总统首先要当美国州长—要竞选州长必须要得到雄厚的财力支持—要获得财团支持就一定得融入财团—要融入财团最好娶一位豪门千金—要娶一位豪门千金必须要成为名人—成为名人的快速的方法就是做电影明星—做电影明星得练好身体，练出阳刚之气。

按照这样的思路，他开始步步为营。他从15岁起开始正式地刻苦并持之以恒地练习健美，他渴望成为世界上最结实的壮汉。3年后，凭借发达的肌肉，似雕塑般的形体，他开始参加选美成为健美先生。在以后的几年中，他囊括了欧洲、世界、全球、奥林匹克"健美先生"称号。在22岁时，他踏入了美国好莱坞。在好莱坞，他花费10年时间，利用在体育方面的成就，一心去塑造坚强不屈、百折不挠的硬汉形象。终于，他在演艺界声名鹊起。当他的电影事业如日中天时，女友的家庭在他们相恋9年后，终于接纳了这位"黑脸庄稼人"。他的女友就是赫赫有名的肯尼迪总统的侄女。

他们的婚姻生活度过了恩爱的十几个春秋。他与太太养育了4个孩子，建立了一个"五好"家庭。2003年，年逾57岁的他退出了影坛，转而从政，成功地竞选为美国加州州长。

一个从贫民窟走出来的穷小子，成为美国加州州长，不得不说这是一个奇迹。那这个奇迹是如何发生的呢？我们来看一下，他对自己制定的这个目标，进行了怎样的分解？

美国总统—美国州长—雄厚的财力做后盾支持—融入财团—娶一位豪门千金—成为名人—做电影明星—练好身体，练出阳刚之气。

从未来反推回现在，让他知道了自己当下的第一步该怎么走。于是他就按照这样的思路，一步步地向着目标迈进。虽然他的总统梦未能实现，但他通过自己的努力逐步改变了自己的命运。

大家可以模仿施瓦辛格，用目标倒推法，对自己的人生目标或大目标进行分解。**试着对未来 10 年或 15 年的人生做个规划**。如图 2-10 所示。

04 分解目标

目标倒推法：步步为营，收获奇迹！

我的目标：＿＿＿＿＿＿＿＿＿＿＿＿＿

模拟分解自己的目标，从未来反推到现在。

图 2-10　目标倒推法

也许有的同学还会说我还没有明确的人生目标，那你想一想你刚才写的核心目标是什么。如果你没写出核心目标，建议你利用生涯规划的测评工具，帮助自己进行目标的探索，看看自己喜欢什么、适合什么、擅长做什么，最看重什么。比如霍兰德职业兴趣测评，如 2-11 所示，网上有很多在线测评，你可以体验一下，看看从兴趣出发，你匹配的职业方向有哪些。

图 2-11　霍兰德职业兴趣类型

我之前指导过一个学生，他设定 15 年后的目标是成为全球知名建筑设计师。他运用目标倒推法分解的结果如图 2-12 所示。

04 分解目标

目标倒推法：步步为营，收获奇迹！

我的目标：_____成为全国知名建筑设计师_____

模拟分解自己的目标，从未来反推到现在。

全国知名建筑设计师—参加建筑设计师大赛获奖—建筑设计师—建筑学相关专业—上清华大学—高考分数要到 700 以上—这个学期分数达到多少—这个月月考要提升多少分—这周重点学习哪些内容。

图 2-12　目标倒推法的案例

目标越细化越好，甚至可以有每天的学习目标，**在这里给同学们讲一个马拉松选手的故事。**

日本马拉松选手山田本一原本是一位名不见经传的选手，然而这个矮个子选手分别于 1984 年的日本东京和 1986 年的意大利米兰国际马拉松邀请赛上夺冠，令人大惑不解。10 年后，他在自传中解开了这个谜：他在每次比赛之前，都会乘车把比赛路线细细地看一遍，并把沿途醒目的标志画下来。比如，第一个标志是一栋高楼；第二个标志是一棵大树；第三个……这样一直画到赛程的终点。开始比赛时，他就以百米跑的速度，奋力向第一个目标冲击，等到达第一目标后，他又以同样的速度奋力向第二个目标冲去……40 多公里的路程被他分解成一个个小目标，他便轻松地跑完了全程。起初，他把 40 多公里外终点上的那面旗帜作为目标，结果他跑了十几公里时就已经疲惫不堪了。

这个故事就是典型的"近期目标效应"在实际中的运用。"近期目标效应"之所以能够产生如此神奇的效果，就在于它把大目标分解成小目标，把远期目标变成近期目标，把模糊的目标变成具体的目标，使人产生看得见、追得着的感觉。人生好比马拉松比赛，学会分解目标的人，将目标具体化的人会更容易到达光辉的终点。近期目标效应还说明，目标不仅要分解，更要具体化。

在日常学习或考试复习的过程中，也应该采用近期目标效应，根据自己的水平，可以指定一天掌握某一章或某一节的内容，不要一下子要求太多，慢慢地就能够获得更大进步，这样也不会觉得太累。

案例分享

我之前碰到一个家长，晚上11:30给我打电话说孩子离家出走了，她根本管不了，问我怎么办。我了解了一下事情的来龙去脉，原因是这个学生高考刚结束，家长希望他利用假期复习英语，为大学四级考试提前做准备。这个想法没错，孩子也认同，但关键是目标太不合理。家长希望孩子一天在百词斩App上背500个单词，晚上要检查。没两天，孩子就受不住了。因为孩子没完成背单词的目标，双方开始激烈争吵，最后不欢而散，孩子离家出走了。

学习是循序渐进的过程，单词也不是背完后就再也不用看了，要合理地安排每天的学习任务，学生才能持之以恒。家长给孩子制定一天背500个单词的目标时，表面看是想让孩子合理利用时间，但实际上这种任务量从根本上就不会让孩子有学习的欲望。

以英语词汇量积累为例，请学生根据自己的实际情况，选择一个总的目标，然后梳理出如下问题的答案。

高考时要积累的词汇量是（　　）个。

我目前的英语词汇量是（　　）个。

从现在起到毕业，还有（　　）个学期，每个学期我需要积累的词汇量是（　　）个。

在本学期里，每个月我需要积累的词汇量是（　　）个。

在本月中，每一周我需要积累的词汇量是（　　）个。

在本周中，每一天我需要积累的词汇量是（　　）个。

就这样一步步从高考需要的词汇量分解到每周要积累的词汇量，分解后原来看似很难的任务，分配到周就很容易完成了。

第五步：制订具体行动计划

在这里需要说明一下**计划和目标是两码事，它们是有本质区别的。目标是结果，计划是过程**。目标不是结束，而是开始，目标需要计划才能落实，计划的执行需要有目标指引，制订计划是一个比较系统的工作，关于计划如何制订、如何落实，下一节我们将做重点训练。

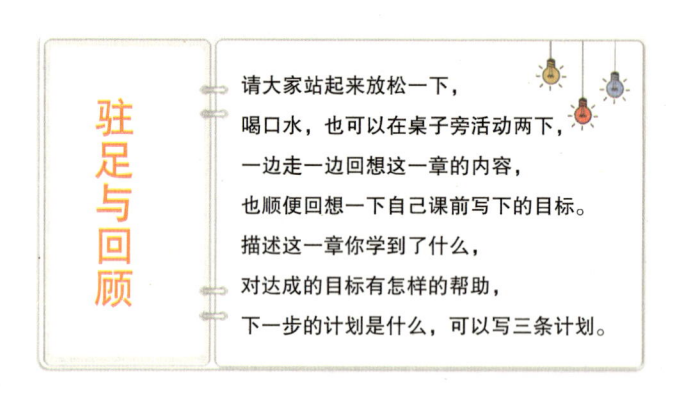

> **驻足与回顾**
>
> 请大家站起来放松一下，
> 喝口水，也可以在桌子旁活动两下，
> 一边走一边回想这一章的内容，
> 也顺便回想一下自己课前写下的目标。
> 描述这一章你学到了什么，
> 对达成的目标有怎样的帮助，
> 下一步的计划是什么，可以写三条计划。

训练任务

我们这节课的训练任务就是制定自己的专属目标，运用目标倒推法分解目标。根据自己的实际情况来完成，目标越具体效果越好，如果能附上行动计划，那就更好了。

万事开头难，要想开一个好头，在制定目标前，先停一下，仔细地考虑一下自己的目标，想一想，你真正想要的是什么，真正需要的是什么，你的希望是什么，目标是什么。诚实、清晰和完整回答完这几个问题之后再去制定目标，这样制定的目标会清晰很多，也更适合你自己。目标制定是个自我梳理的过程，在这个过程中，进行自我反思和自我激励。同时目标制定还是个动力提升的过程，通过层层的目标分解，不断地去提升自己的动力，让自己更有信心和力量！

训练任务

制定自己的专属目标,运用目标倒推法分解目标。

我的目标:＿＿＿＿＿＿＿＿＿＿＿＿＿＿

模拟分解自己的目标,从未来反推到现在。

寄 语

梦想不等同于理想,
只有敢于奔跑的梦想,
才是值得尊重的理想。

第三章

计划制订
——提高学习效率的法宝

上一章中我们提到计划和目标是两回事，有本质的区别。目标是结果，计划是过程，目标需要计划才能达成，计划的执行需要有目标的指引。"凡事预则立，不预则废"说的就是计划的重要性，计划是实现目标的唯一手段。

所谓"一等人计划明天的事，二等人处理现在的事，三等人解决昨天的事"，你目前属于哪一等？

大多数同学都属于二等或三等，你想成为一等人吗？这一章我们来学习实现目标的有效途径——制订计划，学会制订计划，让我们的目标不再只是梦想。

3.1　计划的重要性

有关计划的故事

罗斯福总统是一个非常注重计划的人，他会及时把要做的事情记下来，然后根据记录拟定计划表，规定自己在某个时间做某件事。从上午九点钟与夫人在白宫草坪上散步起，到晚上何时招待客人吃饭，整整一天，他总是根据自己的计划做事情。到了该睡觉的时候，因为该做的事情都已完成，他便能抛开一切忧虑和思考放心地去睡觉。细心计划自己的工作，是罗斯福总统办事高效的秘诀。当一项工作来临时，他会先预估该工作需要多长时间，然后把这项工作添加到他的日程表里。正是因为他能够把重要的事尽早安排在他的办事程序表里，所以他才能把大量的工作在预定的时间内完成。

众所周知，罗斯福是美国历史上一位非常伟大的总统，极受美国人民的爱戴，也是美国历史上唯一连任四届总统的人，如图3-1所示。身残志坚的罗斯福之所以能做到连健全人都做不到的事，主要跟他的人生富有计划性和目标性紧密相关。

美国历史上唯一实现连任四届总统的人。

图3-1 罗斯福总统

在职场上有这样一句名言：**在计划上多花一分钟，执行时便可节省十分钟**，如图3-2所示。一分的付出十倍的收获，何乐而不为呢？

在计划上多花一分钟，执行时便可节省十分钟。

计划　　执行

图3-2 计划与执行的时间关系

3.2　学习计划的重要性

对于学生来讲，制订学习计划同样重要，如图 3-3 所示。

实现目标的蓝图　　　　了解自己的学习进度

有利于学习习惯的形成　　　帮助我们克服惰性和倦怠

提高学习效率，减少时间浪费

图 3-3　学习计划的重要性

（1）学习计划是实现目标的蓝图。通过计划合理地安排时间和任务，可以防止被动和无目的学习，让我们知道为什么而学习，增强主动性。

（2）学习计划可以让我们了解自己的学习进度。我们可以清楚地知道哪些事正等着做，还可以通过计划对自己先前的学习有个评价，看看学习效果如何。

（3）学习计划可以帮助我们克服惰性和倦怠。当它配合自我奖励制度时会更加有效。

（4）学习计划有利于提高学习效率，减少时间浪费。有了计划，每一步行动都很明确，不需要总花费心思考虑接下来要学什么，更有利于排除干扰。

（5）学习计划有利于学习习惯的形成。按照计划行事，能使自己的学习生活节奏分明，久而久之，就会形成自觉行为，成为良好的学习习惯。

确定目标，制订计划，根据计划采取行动，这些步骤构成了我们目标实现的轨迹，如图 3-4 所示。就像打仗一样，不管你的战略构想有多么宏伟，都要先计划好一城一池的得失。既然每个同学都想实现人生目标，那就必须制订实现目标的计划。

第三章　计划制订 | 041

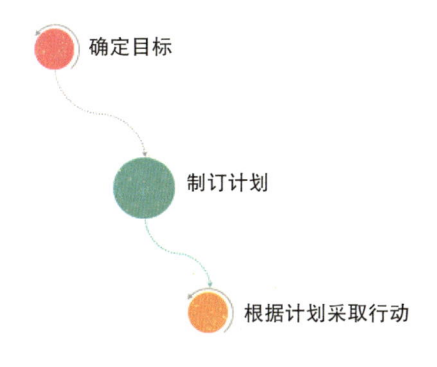

图 3-4　目标实现轨迹

3.3　制订学习计划的具体要求

同学们有人看过《伟大的悲剧》这本书吗？这里面有一篇名为《夺取南极的斗争》的文章。今天，设立在南极南纬 90°的科学实验站，取名为阿蒙森－斯科特站，如图 3-5 所示。这是为了纪念最早到达南极的两名探险家挪威人阿蒙森和英国人斯科特。

设立在南极南纬 90°的科学实验站取名为阿蒙森－斯科特站

图 3-5　阿蒙森－斯科特站

当年，他们各自率领一支探险队向南极进发，为使自己的队伍成为世界上第一批到达南极的人，他们展开了激烈的竞争。结果是阿蒙森队捷足先登，于1911年12月14日到达南极，斯科特队则于1912年1月18日才到达，比阿蒙森队晚了将近五个星期。最终阿蒙森队凯旋班师，而斯科特等五名冲击南极的人却永眠在茫茫的冰雪之中。

这两个队伍为什么会出现两种截然不同的结果呢？有人说是阿蒙森计划周密，有备无患，而斯科特考虑不周，计划不当。研究南极探险史的科学家们指出：阿蒙森的胜利和斯科特的惨剧，并不在于他们两人的计划周密与否，而在于**前者依据丰富的实践经验制订计划，后者凭推理的设想制订计划**。那我们究竟该怎样做才能制定出切实可行的计划来帮助我们实现目标呢？

我们制订学习计划时有哪些具体要求呢？我们一起来看看一位同学的计划，如图3-6所示。

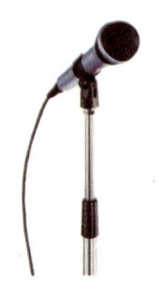

▶ **思考**　这份计划里有什么问题吗？

2021年1月学习计划
1　上课认真听讲
2　按时完成作业
3　补课物理数学
4　做好各科复习
5　期末考试
6　放松三天
7　做好寒假安排

图3-6　某同学计划示例

从图中，我们可以看出这是一个月计划，认真听课、按时完成作业、补薄弱科目、做好复习、应对期末考试，考完试放松三天，然后做好寒假安排，看上去是不是还挺不错的？现在给大家两分钟的时间思考一下，**这份计划里有什么问题吗？请写出你发现的问题：**

_____

_____

_____

有的同学虽然写出了自己发现的问题，但不知道到底对不对，没关系，我们一起来看看制订计划到底应该符合哪些要求。

1. 学习计划要与学习目标相结合

图 3-6 的学习计划表上有学习目标吗？没有，对不对？如果没有目标，我们做这些的目的究竟是什么？决定学习成绩的，有时不是能力，而是学习目的。我们前面讲过，圆规为什么可以画圆？因为脚在走，心不变。计划是为目标服务的，计划的执行需要目标的指引。

同学们想想自己用目标倒推法制定目标的时候有没有具体分解到月度？如果有，现在就可以直接用来做计划了，如果没有，就从自己的实际情况出发，先分解目标，再制订与自己的学习目标相配合的计划。

有同学可能会说，我心里有目标也有计划，只不过是没写出来而已，心里有就行了，又何必非得写下来？一项抽样调查结果显示，将计划写下来是非常重要的，如图 3-7 所示。

把计划写下来，无论从收入和成就上都比其他人高得多。

- 95% 的人认为制订计划对工作和学习有好处
- 20% 的人清楚自己计划的具体内容
- 不到 3% 的人能够把计划写下来

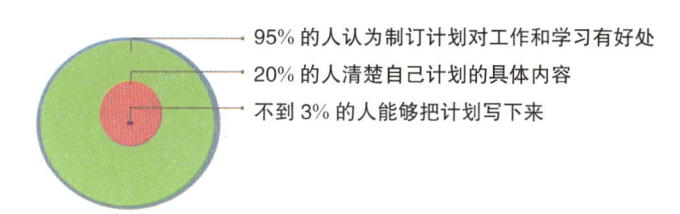

图 3-7 写下计划的重要性

95% 的人都认为制订计划对工作和学习有好处；但只有 20% 的人清楚自己计划的具体内容，并且能清楚地描述他想要做的每一件事，而最终只有不到 3% 的人能够把计划写下来，让它变成**书面形式的计划**。经过对这 3% 的人进一步跟踪调查，又可以发现无论是收入上还是成就上，他们都比其他人高得多。所以，从现在开始，写下你的目标和计划吧！

2. 长远计划和短期安排相结合

我们在讲目标制定的时候，要求把大目标分解为小目标，运用目标倒推法，将长期目标分解为周目标甚至是日目标。我们的计划也应该是配套的，既要有长期计划也要有短期安排，学期计划、月度计划、周计划、日计划，时间越临近的计划相对越详细，把握好每一天最重要。

案例分享

这是某同学在寒假期间做的周计划和日计划。这个同学的月度目标是开学摸底考提升 10 个名次，并根据月度目标将具体任务分到了四周，每周的每一天都有详细的计划。

我们一起来看一下，先看周计划，如图 3-8 所示。

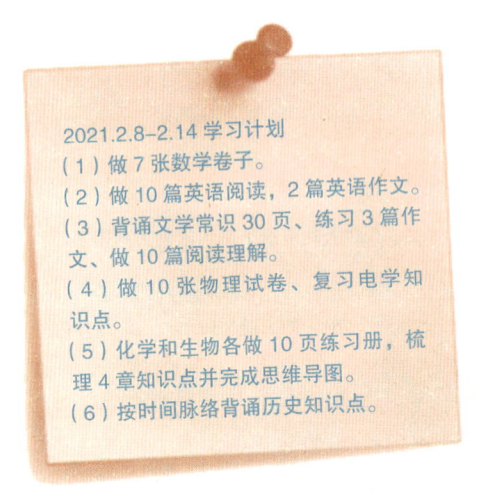

2021.2.8-2.14 学习计划
（1）做 7 张数学卷子。
（2）做 10 篇英语阅读，2 篇英语作文。
（3）背诵文学常识 30 页、练习 3 篇作文、做 10 篇阅读理解。
（4）做 10 张物理试卷、复习电学知识点。
（5）化学和生物各做 10 页练习册，梳理 4 章知识点并完成思维导图。
（6）按时间脉络背诵历史知识点。

图 3-8　某同学的寒假周计划

这位同学的计划是不是既很具体又是可衡量的？这是一周的计划，我们再来看具体某一天的日计划，如图 3-9 所示。

从 6:30 起床到 23:30 睡觉，也都计划得很详细，这样一天执行下来是不是很有成就感？这样的学习效率和取得的成果一定是非常令人满意的。这就是我们说的长计划与短安排相结合。对于学生而言，长可以长到周、到月、到学期、到学年，短可以具体到某一天的某一个时间段。

2月10日计划
6:30 起床洗漱
7:00—8:00 背30个英语单词
8:00—8:30 吃早饭(可以听点英文朗读)
8:30—10:30 做1张数学卷
10:50—12:00 做5篇语文阅读
12:00—14:00 午饭午休,浏览新闻
14:00—15:40 背诵历史知识点(唐宋)
16:00—17:30 上物理网课
17:30—19:00 吃晚饭,运动
19:30—22:30 5篇拓展英语阅读
22:30—23:30 洗漱整理
23:30 睡觉

图 3-9　某同学的寒假日计划

3. 常规学习时间和自由学习时间要分开

常规学习时间和自由学习时间怎么区分？如图 3-10 所示。常规学习时间指学校规定的学习时间，主要用来完成老师布置的学习任务，消化当天所学的知识。而自由学习时间指除常规学习时间以外的由自己支配的学习时间，可以用来弥补自己学习中欠缺的部分、提升某一优势学科或者深入钻研一件有意义的事情。

常规学习时间：指学校规定的学习时间。
自由学习时间：指除常规学习时间外的由自己支配的学习时间。

自由学习时间的安排才是制订学习计划的重点。

图 3-10　常规学习时间与自由学习时间

自由学习时间的安排是制订学习计划的重点。抓住并合理利用自由学习时间，对自己的学习和成长都会有极大的帮助。所以我们应该提高常规学习时间的效率，增加并合理利用自由学习时间，掌握自己的学习主动权。

如果不是在假期而是在学校正常上课的时候，学生可以支配的自由时间相对缩短了很多，但还是有可自由支配的时间的，如晚自习、午休时间，甚至是早起的 10 分钟、课间的 3～5 分钟都是可以规划的时间段。有人说三五分钟能干什么啊，你可别小看了这几分钟，真的能发挥大作用。

4. 突出学习重点

学习时间是有限的，我们的精力也是有限的，所以学习要有重点。这里的重点，一是指学习中的薄弱学科，二是指知识体系中的重点内容。只有抓住重点、兼顾一般，才能取得更好的学习效果。如图 3-11 所示。

重点一　目前薄弱的科目有哪些？
　　　　要学习的重要内容又有哪些？
自己学习中的弱科

重点二　每一门一共多少知识点？熟练掌握的有哪些？
　　　　模糊的有哪些？完全不懂的有哪些？
知识体系中的重点内容

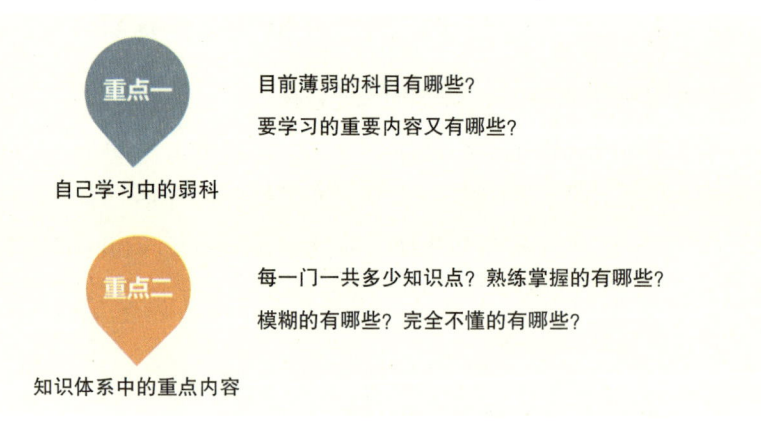

图 3-11　突出学习重点

同学们想一想，你自己目前薄弱的科目有哪些？要学习的重点内容又有哪些？

你可能会说：我学习不好，没有强的科目，感觉都挺薄弱的。你再弱的科目里面肯定也有自己已经掌握的知识点，除非你上学期间一点都没学。如果真是这样也简单，你就像是未开发的蓝海，对你而言满地都是黄金，学会一个知识点就等于捡个金豆子，现在就开始捡吧。在日常实际咨询过程中我发现，在学生学习好与不好之间有个很大的差异，就是学习好的学生知道自己哪些掌握得好，哪些掌握得不好；而学习差一些的学生大多说不清楚这些知识点自己究竟会不会。从现在开始回去**对所学知识做个统计：每一门课一共有多少个知识点？熟练掌握的有哪些？模糊的有哪些？完全不懂的有哪些？** 把这些统计出来，你就知道在哪儿可以捡到金豆子了。

5. 必须以自己的实际情况为出发点

同学们制订计划，不要脱离学习实际，要符合自己现在的学习压力和水平。有些家长帮孩子制订计划时，满腔热情，计划得非常完美，可执行起来却寸步难行。这种情况大多是目标定得太高，计划订得太死，脱离实际的缘故。我们强调从实际出发，可能还有同学不太明白怎么做才是从实际出发，它可以分成三个方面，如图 3-12 所示。

图 3-12　学习中的实际有三个方面

（1）**知识能力的实际**：每个阶段计划学习多少知识？培养哪些能力？

（2）**时间的实际**：常规学习时间和自由学习时间分别有多少？

（3）**教学进度的实际**：掌握老师教学进度，妥善安排常规学习时间和自由学习时间，以免自己的计划受到"冲击"。

在这里给大家讲个故事：

一群老鼠在研究如何提前知道猫来了，大家众说纷纭，最后想出一个好办法，在猫的脖子上挂一个铃铛，只要猫移动，铃铛就会响，这样我们老鼠们不就可以提前知道猫来了吗？可是，谁去给猫挂铃铛呢？哪只老鼠能完成这个艰巨的任务？

学习计划也一样，如果你的计划是今天做十张数学卷，这是你目前不可能完成的任务，计划自然会失败。但如果你的学习计划是每节课弄懂一道题，搞清楚它的考点、解题思路及同类型题目的解题方法，不贪多，只要吃透，这样的计划，不仅容易坚持完成，还可以强化信心。

6. 计划要留有余地

虽然制订计划是为了让自己的学习和生活更有条理，效率更高，但常言道"计划赶不上变化"，说的就是计划不是稳定不变的，应当具备灵活性，如图3-13所示。

（1）**不要把时间安排得太满，要留出机动时间**，如每天空出半小时、每周空出半天处理临时任务和突发事件。毕竟现实不会完美地跟着计划走，给计划留有一定的余地，这样完成计划的可能性就增加了。否则一旦有突发事件，计划就会被全盘打断，完不成计划不但对自信心有影响，还会很难坚持做下去。

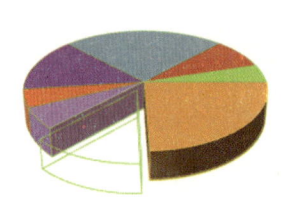

不要太满、太死、太紧，要留出机动时间。

计划不要过于机械，根据自己的精力和学习进度适当调整。

图3-13　计划要留有余地

（2）**计划不要过于机械，可以根据自己的精力和学习进度做出适当的调整**，因为学习任务有可能发生变化。如疫情期间，刚设计好计划就被放假了，这时候就得及时调整计划。

7. 脑体结合，文理交替

学习对脑力消耗非常大，所以不要长时间学习，要适当加入休息时间，而且在安排学习计划时，不要长时间地从事单一活动。学习和锻炼可以交替安排，因为锻炼时运动中枢会兴奋，而其他区域的脑细胞就得到了休息。如学习了两三个小时后，就去锻炼一会儿，然后再回来学习。安排学习的科目时，也要文理交替安排，相近的学习内容不要集中安排在一起。

我们再来回顾一下刚才那个学生的日计划，数学之后安排语文，历史之后安排物理，生物之后安排英语，这就是文理交替。我们还看到他在午休和晚饭后安排了浏览新闻和运动锻炼，这就是典型的脑体结合，既有充分的时间学习，同时也安排了相应的锻炼，如图3-14所示。

- 不要长时间学习
- 要适当加入休息时间
- 学习和锻炼交替安排
- 学习科目文理交替安排

2月10日计划
6:30 起床洗漱
7:00—8:00 背30个英语单词
8:00—8:30 吃早饭（可以听点英文朗读）
8:30—10:30 做1张数学卷
10:50—12:00 做5篇语文阅读
12:00—14:00 午饭午休，浏览新闻
14:00—15:40 背诵历史知识点（唐宋）
16:00—17:30 上物理网课
17:30—19:00 吃晚饭，运动
19:30—22:30 5篇拓展英语阅读
22:30—23:30 洗漱整理
23:30 睡觉

图3-14 脑体结合，文理交替

8. 提高学习时间的利用率

早晨或晚上，或一天学习的开头和结尾的时间，可以安排着重记忆的科目；心情比较愉快、注意力比较集中、时间较完整时，可以安排比较枯

燥，或自己认为比较难的科目；零散的、注意力不易集中的时间，可以安排做习题和学自己最感兴趣的学科，这样可以提高时间利用率。

日常咨询中，我们发现有一些同学觉得自己很努力，没有娱乐活动，好像一直都在学习，但成绩就是不提升，根本原因就是时间使用效率太低。当然也不排除一些学生表面看上去很努力，但实际上都是在磨洋工，为什么？因为学生知道即使我早点完成了，也不能干自己想干的事，搞不好还得增加新的学习任务，所以就这么耗着吧。针对这种情况我们会有一些指导方法，但这不是这个环节的重点。这个环节的重点是让学生自己对自己提出质疑，质疑自己"是不是真的很努力"。这个质疑不是以指责为前提的，而是用于学生自己来分析反思，对自己提出质疑，看看为什么自己觉得自己很努力但就是学不好。在这里要教大家一个方法，就是统计一下自己一天的时都做了什么，看看时间都去哪儿了。

时间使用效率统计：

以 15 分钟为一个单位，记录自己一天的时间安排。然后把自己的时间统计一下，分分类，高效时间、低效时间、零碎时间、休闲时间、生活必需时间各占多少。记录的时候注意一下，上课时间要除外，如果想将上课时间记录进去，只需要统计高效还是低效就可以。统计出来你就可以看到，自己一天中高效时间所占的比重。

案例分享

如图 3-15 所示的是我指导过的一个学生统计的他自己时间的使用情况，其中高效时间只有 14%，低效时间却有 36%。我们先不管休闲和零碎时间占掉的这 14%，就这 50% 的学习时间，高效时间占比都不到三分之一，这个时候是不是应该反思一下？我们在日常咨询中发现很多同学确实很努力，但时间的使用效率很低。如果想突破这样的困局，我们是不是得想办法调整？如果将 36% 的低效时间里的 16% 转化为高效时间，那你的学习是不是就会更有成效呢？

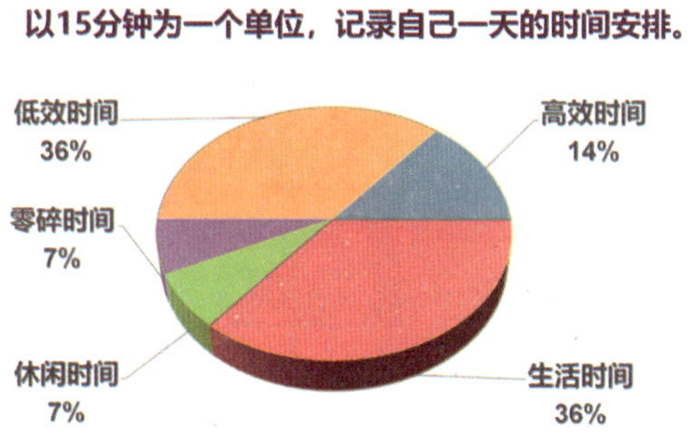

以15分钟为一个单位，记录自己一天的时间安排。

低效时间 36%
高效时间 14%
零碎时间 7%
休闲时间 7%
生活时间 36%

图 3-15　时间使用效率统计示例

通过这种统计方式，我们就能引导学生自己去发现问题，扩大高效时间，并想办法缩减低效时间，让努力真正创造价值。

普瑞玛法则：

对于学习基础不错，但容易产生惰性的学生，我们建议使用普瑞玛法则来提高时间的利用率。这个法则不要求在计划中额外增加很多任务，而是强调改变做事情的顺序，把最困难、最不想做的事情放在前面，以弱化我们遇到难事或不想做的事情时出现的畏难情绪，从而提高做事的效率，增强行动力。

在日常学习中我们经常会遇到自己难以完成的事情，这时候很多同学会选择先把容易的事情做完，再去做困难的事情，却不知道这样做反而强化了对困难事件的认知，也就是将困难的事情变得越来越困难了。

普瑞玛法则的执行方法如图 3-16 所示。

（1）要把自己需要做的事项记录下来，把最困难、最不想做的事情，排在待做事项的前列。

（2）按照顺序，每天从最困难、最不想做的事情做起，这样做不仅强化了学习能力，提高了效率，同时也让自己意识到没有什么不能完成的任务。

（3）当我们做完了困难的事情，就要激励自己，让自己不断地被战胜困难的成就感所激励。

普瑞马法则：

需要做的事项记录下来，最困难、最不想做的事情，排在待做事项前列。

按照顺序从最困难、最不想做的事情做起，强化意识"没什么完成不了的任务"。

当我们做完了困难的事情，就要激励自己。

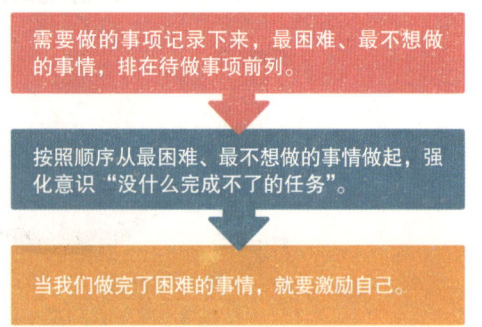

图3-16　普瑞玛法则执行方法

执行过程中，刚开始你可能会觉得很困难，但你只要稍稍坚持，就能顺利地进行下去，千万别在中途跳过你不喜欢做的事情。时间久了，你会发现原来你越来越喜欢接受挑战，惰性也慢慢消失了。

9. 注意效果，及时调整

每一个计划执行结束或执行到一个阶段，就应当回顾一下效果如何。如果效果不好，就应该找找原因，进行必要的调整。看看是否完成了计划中的学习任务，是不是按照计划去执行任务，学习效果如何，没有完成任务的原因等。回顾之后，要记得补上缺漏，重新修订计划。

图3-17是学霸们的学习模式：计划失败——难过——骂自己一顿——深度思考失败原因——改善问题——制订新计划，在这个过程中反思很重要。

学霸们的学习模式：

计划失败 → 难过 → 骂自己一顿 → 深度思考失败原因 → 改善问题 → 制定新计划

图3-17　学霸的学习模式

同学们现在应该能感受到，想要制定一个相对完美的计划确实是不容易的。请你想一想，如果你要制订计划，参考这九个要求，如图 3-18 所示，**哪些是你要特别注意的？请快速梳理一下，并写下来：**

_____

_____

图 3-18　制订学习计划的九大要求

这九条刚学完你可能觉得不太好记，没关系，用得多了，不用刻意去记忆就能熟记于心。大家要坚持用起来。

3.4　制订学习计划的九步法

我们前面讲了很多内容，可能还有一些同学之前没做过计划，不知道该从哪儿着手，接下来我给大家介绍一下制订计划的步骤，也分为九步。这九个步骤我们可以用一个菱形计划法来呈现，菱形计划法是什么样子的？如图 3-19 所示。**现在我来给出中间的七步，你们来猜一猜第一步和第九步应该是什么？**

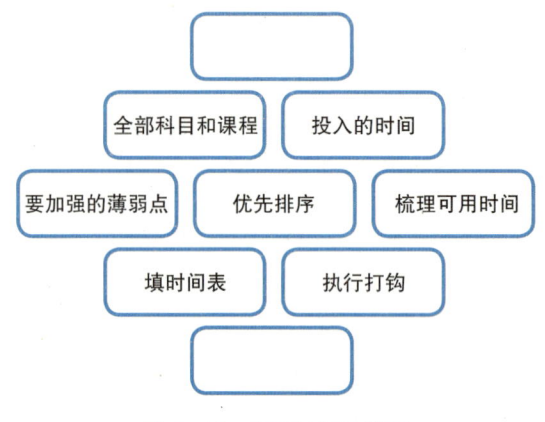

```
           ┌─────────┐
           │         │
           └─────────┘
   ┌──────────────┐  ┌──────────────┐
   │ 全部科目和课程 │  │  投入的时间   │
   └──────────────┘  └──────────────┘
┌────────────┐ ┌──────────┐ ┌────────────┐
│要加强的薄弱点│ │ 优先排序 │ │梳理可用时间│
└────────────┘ └──────────┘ └────────────┘
   ┌──────────────┐  ┌──────────────┐
   │   填时间表    │  │   执行打钩    │
   └──────────────┘  └──────────────┘
           ┌─────────┐
           │         │
           └─────────┘
```

图 3-19　菱形计划法填图

下面我们一起来看一下完整的九步法,你看看你猜对第一步和第九步了吗?

第一步:先写上自己的目标,周计划就写周目标、日计划写日目标。

第二步:列出需要学习的全部科目和课程。

第三步:思考每项任务需要做什么及需要投入的时间。

第四步:分析自己的学习特点和重点要加强的薄弱点。

第五步:根据自己的实际情况将学习任务进行优先排序。

第六步:梳理自己可利用的时间,包括常规学习时间及自由学习时间。

第七步:将之前的学习任务按优先顺序填进时间表,将自己的时间计划表贴在最显眼的地方,提醒自己。

第八步:执行计划,每完成一项打钩,如未能完成则写明原因。

第九步:回顾学习计划表,反思自己的学习情况,制定改进措施,及时调整学习计划。

同学们都清楚了吗?**请你尝试写一个周计划,可以不用太详细,把流程熟悉一下。**

同学们刚开始做计划的时候，需要注意几点，如图 3-20 所示。

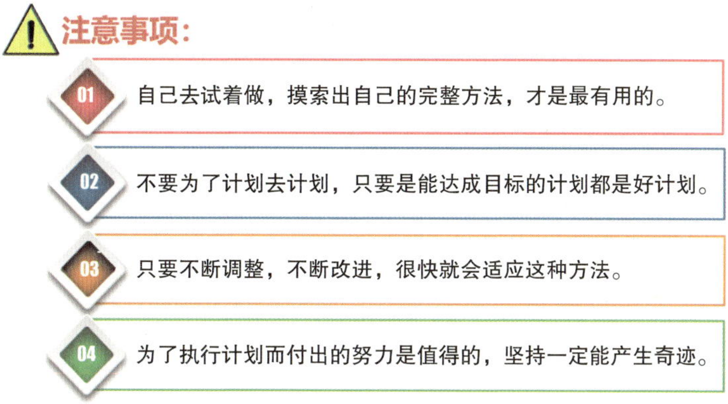

注意事项：

01 自己去试着做，摸索出自己的完整方法，才是最有用的。

02 不要为了计划去计划，只要是能达成目标的计划都是好计划。

03 只要不断调整，不断改进，很快就会适应这种方法。

04 为了执行计划而付出的努力是值得的，坚持一定能产生奇迹。

图 3-20　制订计划注意事项

（1）制订计划必须按自己的特点自己制订，不能仿制别人的计划，别人告诉你的方法最多只能充当一个指路标，很难完全套用。只有自己去试着做，摸索出自己的完整方法，才是最有用的。

（2）制订计划只是一种手段，绝不要为了计划才去计划，只要是能达成目标的计划都是好计划。不管什么时候，制定计划都只是为了完成一定的学习任务。

（3）刚开始制订计划的同学，可能不太容易掌握好难易的尺度，计划过高过低都是正常的，只要不断调整，不断改进，很快就会适应这种方法。

（4）任何学习计划刚执行起来都难免会遇到一些困难，但你应该知道为了执行这份计划而付出的努力是值得的，"坚持"是计划实施过程中最难的。如果缺乏毅力与恒心，极易虎头蛇尾，而学习是一个周期比较长的过程，今天的努力，并不能在明天就立刻得到回报，它需要量的积累引起质的飞跃。半途而废，最浪费时间与精力，并对人的自信心有很大的打击。所以，在实施计划时，一时看不到进步不要心焦，更不要气馁，不要轻言放弃。坚持一定能产生奇迹!

　　制订计划也是可以成为一种习惯的,当同学们习惯做学习计划,并能够按照计划去执行时,那得到的不仅仅是完成一个目标,你的计划性和执行力也会相应得到提升。所以制订计划和执行计划本身也是学习提升的过程,具备的能力越多,心态越好,成功的概率就越大。

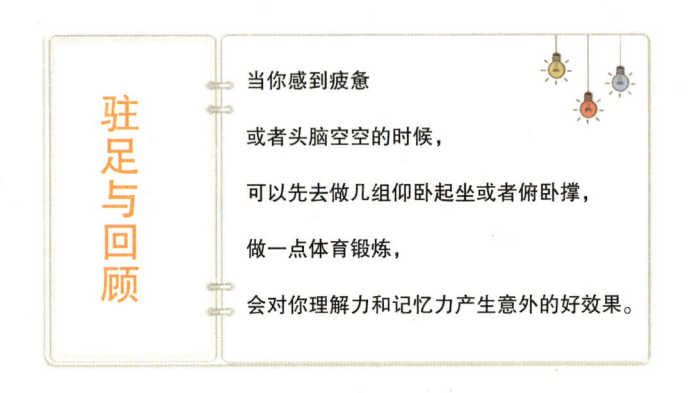

> **驻足与回顾**
>
> 当你感到疲惫或者头脑空空的时候,可以先去做几组仰卧起坐或者俯卧撑,做一点体育锻炼,会对你理解力和记忆力产生意外的好效果。

训练任务

　　这一节的训练任务是制订自己的专属周计划,并将周计划分解到日计划。

> **训练任务**
>
> 制订自己的专属周计划,并将周计划分解到日计划,写出你的周计划与某一日的日计划。
>
> 周计划　　　日计划

寄 语

放弃很简单，
但坚持很酷！

第四章

时间管理
—— 向时间要效益和价值

为什么要讲时间管理呢？时间管理说到底其实是自我管理，对于青少年来说，学习占据了大部分时间，性格和一些习惯的养成也是在这个时期打基础的。想要既学得好，又尽情享受课余生活的乐趣，就需要培养高效的时间管理能力，这也是时间管理的目标。只有高效地利用时间才能保证同学们在各项发展任务中平衡进步。

4.1 时间的特征

我们要想管理时间，首先要了解时间的特征。请同学们想一想时间都有哪些特征。时间的特征如图 4-1 所示。

图 4-1 时间的特征

（1）无法开源——时间的供给是固定不变的。

（2）无法节流——无论愿不愿意，时间都在流逝。

（3）不可取代——任何一项活动都有赖于时间的堆砌。

（4）不可再生——天可补，海可填，南山可移，日月既往，不可复追。

4.2 时间管理的对象和目的

1. 时间管理的对象

时间管理的对象是谁？是时间吗？时间可以管理吗？

时间对每个人都是公平的，每个人每天都是 24 小时，一秒也不会多，一秒也不会少。那么你怎么管理时间呢？时间会听从你的管理吗？

其实时间管理的对象不是时间，而是单位时间内选择和控制的事件，最本质的是人，因为事件也是由人安排的。

同样的一个小时的时间，你的安排是玩游戏，他的安排是打球，另外一个同学的安排是写作业，那么产生的价值是完全不同的。要想产生高效益，我们就得给时间安排上能产生高价值的事情。

2. 时间管理的目的

时间管理是为了高效地完成任务，有时间做自己想做的事，有时间休息、娱乐。

做好时间管理，是一个人能力的体现。世界管理大师德鲁克有一句经典名言：时间是最高贵而有限的资源，不能管理时间，便什么都不能管理。

在实际生活中，一些同学经常说自己每天都很忙，甚至写作业写到凌晨，总觉得自己的时间不够用，很累；或是觉得一天下来什么也没做成，很无聊、很郁闷。能不能做好时间管理，往往是一个人能力的体现。那些学业有成的人，成功的原因可能有很多种，但是他们的共同之处在于他们往往都是时间管理的高手。

由于时间的特殊性,决定了时间管理的对象是人,目的是高效地完成任务,本质是自我管理。如图 4-2 所示。

图 4-2 时间管理的对象和目的

我们如何给一天的 24 小时安排任务,如何给一年的 365 天安排任务,如何给处于学习最佳时期的青少年阶段安排任务,并把这些计划变成现实?这就是时间管理要解决的问题。

4.3 如何做好时间管理

如图 4-3 所示,一天 = 24 小时 = 1440 分钟 = 84600 秒,对每个人都一样,我们应该怎样合理利用这一笔宝贵财富呢?

一天 = 24 小时
    = 1440 分钟
    = 84600 秒

图 4-3 时间财富

说到时间管理，我们发现有些同学从早上 6：00 起床到晚上 23：00 休息，这 17 个多小时确实安排得满满的，可这就是时间管理了吗？其实这只是时间安排，并不是真正意义上的时间管理，这更像是学生的作息时间表。时间管理是要产生效益的，效益 = 效能 × 效率 × 勤恳，也就是做正确的事情 × 正确地做事 × 充分利用时间才能产生效益。如图 4-4 所示。

图 4-4 时间效益公式

作息表只是给自己安排了充足的时间而已，具体怎么利用，如何利用就看个人能力了。

在介绍时间管理的工具之前，我们大家一起来玩一个游戏。要求如图 4-5 所示。

> 第一步：请同学们先准备一张长条纸。
> 第二步：用笔将长条纸划成10等份，每一份代表生命中的10年。
> 第三步：请同学们按要求做答。
> （1）请问你现在几岁？
> （2）请问你想活到几岁？
> （3）请问你几岁高考？
> （4）请问一天24小时你会如何分配？
> （5）面对剩下的时间，请问你现在有何感想？
> （6）请问你会如何看待你的未来？

图 4-5 撕纸游戏要求

第一步：请同学们先准备一张长条纸。
第二步：用笔将长条纸化成 10 等份，每一份代表生命中的 10 年。
第三步：下面我问同学们几个问题，请同学们按要求作答。

（1）请问你现在几岁？把相应的部分从前面撕掉，如果你是 15 岁，那就撕掉前面的 15 年，过去的生命是再也回不来的！请撕彻底、撕干净！

（2）请问你想活到几岁？把多出的那部分从后面撕掉，中国人目前的平均寿命是 78 岁，假如你想活到 80 岁，那就把后面的 20 年撕掉。

（3）请问你几岁高考？一般人是 18 岁或 19 岁，请把后面的时间撕掉。一下子所剩无几了对吧？如果你现在是初一，那你还剩下 5 年，如果你是高一还剩下 2 年。

（4）请问一天 24 小时你会如何分配？一般人通常是睡觉 8 小时，占了 1/3；吃饭、洗漱、上厕所、聊天、发呆、游玩等又占了 1/3；其实真正可以学习的时间约 8 小时，也仅仅是 1/3，所以请将剩下来的部分折成三等份。有同学说："等等，我没浪费那么多时间，学习时间很长。"没关系，我们一起来看看某知名中学的作息时间表，如图 4-6 所示。

时间	安排	时间	安排
5:30	起床	14:05-14:45	第六节
5:45	早操	14:55-15:35	第七节
6:00-6:30	早读	15:35-15:55	眼保健操
6:30-7:10	早饭	15:55-16:35	第八节
7:10-7:35	早预备	16:45-17:25	第九节
7:45-8:25	第一节	17:35-18:15	第十节
8:35-9:15	第二节	18:15-18:50	晚饭
9:25-10:05	第三节	18:50-19:10	看新闻
10:05-10:30	课间操	19:15-20:00	晚一
10:30-11:10	第四节	20:10-20:55	晚二
11:20-12:00	第五节	21:05-21:50	晚三
12:00-12:45	午饭	21:50-22:10	洗漱
12:45-13:45	午休		

图 4-6　某中学作息时间表

一天 10 节正课，每节课 40 分钟，一共 400 分钟，3 节晚自习每节 45 分钟，共 135 分钟，再加上早读 30 分钟，一共是 565 分钟，不足 10 个小时，我们就按 10 个小时计算。这 10 个小时里，你一定是一门心思地在学习吗？就没有走神发呆的时候？你自己想想，你的时间有没有浪费？如果你不是住校生，是不是还要算上每天往返学校的路程时间，还有聆听家长教诲的时间，甚至是因为家长的教诲心情不好需要放空自己的时间？所以加加减减真正投入的学习时间也就8个小时。

（5）面对剩下的时间，请问你现在有何感想？

（6）请问你会如何看待你的未来？

这个游戏，你按要求完成了吗？你有什么感想？是不是一下子就有了紧迫感？有的同学说我更心慌了。别慌，你是这样，其实你周围的大多数同学和你一样，接下来我们就一起来吃几颗定心丸，让你学会时间管理的方法，战胜心慌、战胜周围大多数的同学。

1. 第一大工具：要事急事象限图

这是提高效能的最好工具，很多同学可能都接触过时间管理四象限图：重要且紧急、重要不紧急、紧急不重要、不紧急也不重要。我们为什么要使用这个工具呢？

先来回顾一下，你平时是按照什么喜好来安排自己的学习的？

（1）先做喜欢做的事，然后做不喜欢的事；

（2）先做熟悉的事，然后做不熟悉的事；

（3）先做容易的事，然后做难做的事；

（4）先做花少量时间可做完的事，然后做需要花大量时间才能做完的事；

（5）先做紧迫的事，然后做不紧迫的事；

（6）先做有趣的事，然后做枯燥的事；

（7）先做别人的事，然后做自己的事；

（8）先做筹划过的事，然后做未筹划的事；

（9）先做已发生的事，然后做未发生的事。

以上各种行事准则，从一定程度上说，大致上符合有效时间管理的要求。我们一直强调以目标的实现为导向，那么在一系列以实现目标为依据的待办事项中，到底哪些应该先着手处理，哪些可以拖后处理，哪些甚至可以不予处理呢？一般情况下，我们会按照事情的紧急程度来进行判断。可是在很多情况下，越是重要的事偏偏并不紧迫。所以，为了提高学习效率，我们要熟练运用时间管理四象限法，如图4-7所示。

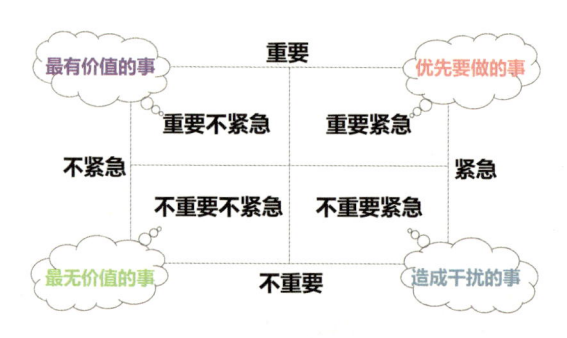

```
                    重要
 最有价值的事                     优先要做的事
              重要不紧急  重要紧急
 不紧急                              紧急
              不重要不紧急 不重要紧急
 最无价值的事                     造成干扰的事
                    不重要
```

图 4-7　时间管理四象限法

要熟练应用四象限法，首先要对四个象限的范围有所了解。那么，四个象限各自包含日常学习和生活中的哪些事情呢？如图 4-8 所示。

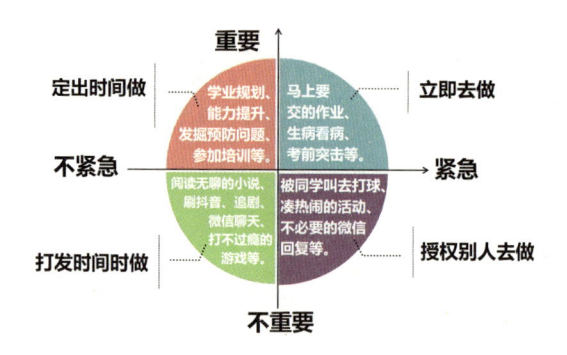

```
              重要
 定出时间做  学业规划、 马上要    立即去做
             能力提升、交的作业、
             发掘预防问题、生病看病、
             参加培训等。考前突击等。
 不紧急                              紧急
             阅读无聊的小说、被同学叫去打球、
             刷抖音、追剧、凑热闹的活动、
             微信聊天、   不必要的微信
             打不过瘾的   回复等。
             游戏等。
 打发时间时做              授权别人去做
              不重要
```

图 4-8　四象限任务参考

第一象限是重要又紧急的事，如马上要交的作业、看病、考前突击等。

这一象限的本质是因缺乏有效的计划，导致本应处于"重要不紧急"这个象限的事情转变成重要又紧急的事情，这也是传统思维状态下的常态，就是"忙"。如十一假期可能老师布置了很多作业，如果从第一天我们就安排好学习计划，每天完成定量的作业，我们就是在做重要但不紧急的事情。那如果放假的前六天都在玩，留到最后一天再恶补作业，这样我们就把本来不紧急的事情拖成了紧急的事情。对于健康也是同样的，如果我们把运动和锻炼作为重要的事情一直在做，每天都坚持，那就不用等我们的身体出现问题时才想起锻炼了。

第二象限是重要但不紧急的事，主要与学习和生活品质有关，包括长期的规划、问题的发觉与预防、参加培训，就像我们的 3D 高效学习力训练营、学业规划等，都是属于防患于未然的。

这更是低效学习者与高效学习者的主要区别之一，建议同学们把 80% 的精力投入第二象限中，这样可以让第一象限的"急事"变少，不再瞎忙。

第三象限是紧急但不重要的事，如突然被同学叫去打球、不必要的微信回复、凑热闹的活动等。这些事表面上看和第一象限的事很像，因为很迫切，会让我们产生"这件事很重要"的错觉——实际上就算重要也是对别人而言的。我们往往会被这些事情牵绊，导致我们的计划受阻，对于这类事情我们要学会说"不"。

第四象限属于不紧急也不重要的事，如阅读无聊的小说、刷抖音、追剧、微信聊天、打不过瘾的游戏等。简而言之，就是根本不值得花那么多时间在这个象限的事，所以我们尽量不去做。

同学们不妨想一想，你上周的生活与学习，在哪个象限花费的时间最多？请注意，在划分第一象限和第三象限时要特别小心，急迫的事很容易被误认为是重要的事。其实二者的区别就在于这件事是否有助于你完成自己的目标，如果答案是否定的，就应该归入第三象限。

我们来看一下普通人士和高效人士在时间分配上有什么不同，如图 4-9 所示。

低效能人士在不紧急地不重要的事情上投入了 50%~60% 的时间，在重要又紧急的事情上投入了 25%~30% 的时间，而在重要但不紧急的事情上只投入了 5% 的时间。反观高效能人士却恰恰相反，在投入的时间上，重要但不紧急的事占 65%~85%，重要又紧急的事占 20%~25%，紧急但不重要的事占 15%，不紧急也不重要的事占 1%。

以上就是时间管理的要事急事四象限的内容，利用好时间管理四象限可以帮我们提升效能。

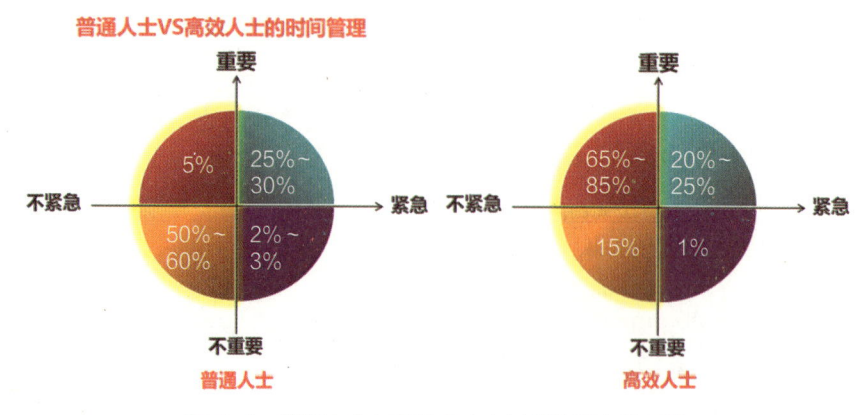

图 4-9　普通人士与高效人士在时间管理上的区别

2. 第二大工具：5S 时间管理

这是提高效率的有效方法，5S 时间管理的核心理念是将我们所有的"工作"都从大脑中清出来，放在一个"任务篮"中，然后进行统一的管理，让脑子里只装一件事，这样才能心无挂念，提高效率。

5S 的核心就是五步：收集、整理、计划、执行、回顾，如图 4-10 所示。

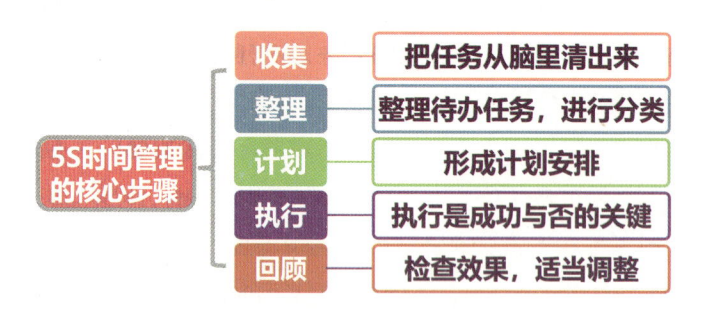

图 4-10　5S 时间管理的核心步骤

第一步：收集——把任务从脑海中清出来，形成待办列表。你可以想象面前有一个篮子，把所有要做的事情全都丢到这个篮子里，这个篮子相当于你大脑之外的存储器。当你还没写下来的时候，你可能只是觉得脑袋里一团乱麻,却不知道怎么做,而当你知道哪些事情还没有做的时候,就会轻松很多,因为这比未知带来的焦虑要好得多。记住,你的大脑是用来思考的,而不是用来记事情的。把这些事写下来以后,你就可以直接对它们进行管理了。所以,当你在清理这个工作篮的时候会特别有成就感。很多人可能对收集材料这一步不屑一顾,但实际上这一步意义重大,它的价值是帮你首先把这些事情从你的脑海中赶出来,让它们不要如同一团乱麻在你的脑海中纠缠。有时想起一件事可能是非常突然的,好记性不如烂笔头,在这里同样适用,你可以随身带个小本子记下来,不要过于分散。

有了任务篮之后,接下来我们该做什么?行动,是吗?不管三七二十一马上撸起袖子开始干?不是的,千万别这样,这个时候重点不是马上去做,而是决定这件事到底要不要做。

第二个步骤:整理——整理待办任务,进行分类。我们要对任务篮内的任务进行整理,整理任务时我们可以采用二分钟法则和四象限法则。

二分钟法则就是任何事情只要你能在两分钟之内完成,那就想都不要想马上去干。两分钟是一个分水岭,很多人发现使用这个两分钟原则后,他们的学习效率大大提升了。如果不能在两分钟内完成那就继续进行分类,分类采用四象限法则,这个是我们刚刚讲过的,把所有事情分为重要且紧急、重要但不紧急、紧急但不重要、不紧急也不重要四类。对于这四类事情我们应该怎么处理?还记得吗?

重要紧急的立即去做;

重要但不紧急的制订计划去做,而且要多花心思和时间;

对于紧急但不重要的,学会说"不",委婉拒绝;

对于不重要也不紧急的,那就尽量不去做,可以从任务篮中删除。

在这个步骤中还有一些原则需要同学们牢记。首先,一次只做一件事,很多同学都有这样的经历,准备做一件事时忽然又想起了另外一件事情,结果就开始开小差,都恨不得立即干完手上的所有事情。同学们一定要提醒自己,一次只能干一件事,这是原则,在干一件事情的时候尽量不要去想别的事,因为分心到最后往往只会让我们像狗熊掰棒子,一无所获。还有一个原则就是一旦一件事被你列出来了，就不要再把它丢到一旁。很多时候我们不愿意做决定，尤其是对一些比较复杂的任务，但如果我们一次次地想起一件事，但又一次次地不做决定，这本身就是一个浪费生命的过程。

我们已经梳理清楚哪些事情要做，哪些不要做了，下面我们要进入第三步：计划——形成计划安排。在这里我们也可以进行分类：一类是必须我们自己去做的，那我们可以预估一下完成的时间，然后分别列入年度计划、月计划、周计划和日计划；还有一类是可以委托别人待办的，如买文具、衣服之类的，那就不需要列入计划了。具体如何做计划上一节已经讲过，同学们可以去回顾一下。

有了计划之后该做什么了？第四步就是执行了，执行是5S时间管理最关键的一步，也是成功与否的关键，要言行一致，制订了计划就一定得做到，这样才能很好地提升自我认同感。执行时应当尽量专心，一次只执行一件事，既不要同时做多项任务，也不要让你的任务突然中断。每完成一项任务可以打勾，这样每天结束时，看到满眼的对钩就会非常有成就感。执行一段时间，如一个月，如果完成得非常好，可以适当给自己设置一些奖励。如一个月奖励自己半天假期安排做喜欢的事情，去和朋友看场电影，或买个喜欢的东西作为礼物等。很多时候，奖励是非常必要的，这是一种自我肯定。

最后就进入第五步了：回顾——检查效果，适当调整。

每隔一段时间我们就要对自己的目标和计划进行回顾，看看哪里做得好，有效果说明你做对了，要总结经验，继续保持。与此同时也要看看哪里需要改进，重新调整计划，这样能使计划更有效地执行。古希腊哲学家亚里士多德说过"优秀是一种习惯"，一些优秀的人之所以能够创造出令人瞩目的成就，正是因为他们在日常生活、工作和学习中养成了各种良好的习惯，回顾其实也是一种非常好的习惯。

以上就是5S时间管理法，这是提高学习效率的非常有效的方法。

3. 第三大工具：双轮矩阵

双轮矩阵是指在聚焦目标的前提下，被教练者通过对上一时间周期行为的反思，从而制订下一周期的行动计划。因此双轮矩阵是一个动态的时间管理工具。

双轮矩阵能通过图像化的方式，形象地展示成果和目标之间的关系，起到激励作用，驱动你向着目标努力。

接下来我们来学习双轮矩阵法的操作步骤。同学们可以拿出一张纸，在纸上画两个大大的圆，然后把每个圆平分成八份，分割线上可以画上刻度分为 10 份，如图 4-11 所示。

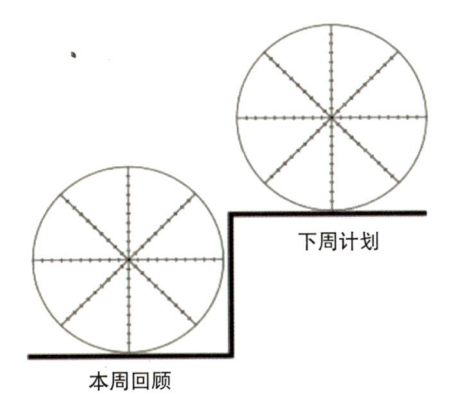

图 4-11 双轮矩阵法

在使用这个工具之前，你可以想想自己最近要实现的目标是什么，或者再具体一点，你这个月的目标是什么？接下来再问问自己为什么这个目标对你来说很重要？这个"为什么"的问题特别重要，它能够帮助你认识到目标的价值，激发自己对目标的渴望；也可以通过这个问题，确认这到底是不是你真正想要的目标，如果不是，就需要重新再选一个目标。

第一步：确定好目标，把目标写在纸上，如目标是月考提升 10 个名次。目标确定之后我们开始使用双轮矩阵，第一轮的步骤如图 4-12 所示。

第二步：我们可以画第一个轮子了——回顾一下上周你的时间和精力都花在哪些事情上了，列出最重要的八个，如你可能会写上课、写作业、背单词、阅读、运动等。有的同学可能会说，突然间想不起来了。确实会有这样的情况，上节课我们的训练任务是列周计划和日计划，你们可以参考自己的计划完成情况来看一下时间都去哪儿了。

01 写下目标　02 上周最花精力的八件事　03 满意度打分1~10分　04 根据分数刻度涂色　05 观察发现与感受

图 4-12　双轮矩阵第一轮的步骤

第三步：上一周花费精力最多的这八件事情，按满意度从 1~10 进行评分，为每一件事分别打分，或者根据完成的质量、效果进行打分。

第四步：每评完一个分数，就在对应的轮子的刻度上涂上颜色，如评分为 8 分，就涂到"8"的刻度上。

第五步：颜色涂完之后，自己观察一下，有什么发现，有什么感受。如果上周的时间安排非常好，那就给自己"点个赞"，然后总结一下好在哪里，继续坚持，这样也可以鼓舞自己。

当然，你可能会发现上周的时间、精力安排得不太合理，如有些项目，像追剧、玩游戏，好像并不能帮助你实现自己月考提升 10 名的目标，而我们却在这些事情上花费了很多时间。又或者你会发现有些任务的得分很低，说明你对自己的完成情况并不满意。那怎么办？有什么改进措施吗？需要在下周的时间安排上进行调整吗？

接下来就是画第二个轮子了，如图 4-13 所示。在接下来的一周里，为了实现月考提升 10 个名次的目标，你需要做什么？

第一步：列出下周要做的八件事。有的同学会写睡觉、运动之类的，这和目标有关吗？要看具体情况。如我有个学生一直熬夜，每天只睡五个小时，睡眠不足，严重影响学习效率，所以为了实现目标，他必须调整睡眠时间，每天保证七个半小时睡眠，这个时候睡眠就是有助于实现目标的，就可以写上。如果你的睡眠充足那就不用写了。运动也一样，身体免疫力差会影响健康，影响学习，所以需要每天增加运动时间来增强免疫力，那这个行为就是有益于目标的。所以每个人的情况不同，要根据自己的实际情况去写。

01 下周要做的八件事　02 按满意度赋分并涂色　03 对比两个轮子的分数差　04 发现与感受　05 聚焦三个行动

图 4-13　双轮矩阵第二轮的步骤

第二步：针对每一个行动，按满意度进行赋分，并涂上颜色。

第三步：就是对比这两个轮子，去观察自己期望的这个分数和过去一周的这个分数有什么差异。这也是一个察觉的过程。

第四步：通过两个轮子的对比，自己会发现在时间管理方面还可以做哪些调整。

第五步：聚焦三个行动，看一看本周在时间管理方面，特别应该要做的三件事是什么。很多同学做完这个之后，突然就意识到自己的问题在哪儿，需要做哪些调整了。

有的同学可能会想：我是不是每件事都要做到 10 分？不一定，人的精力是有限的。我们聚焦的三件事，你的预期可以定高一些，因为它们一定是有助于你完成目标的，那对于其他的任务可能我们一开始的预期就不是满分，有可能是 8 分，有可能是 6 分，要给自己留出弹性。图 4-14 是一个学生的案例，可以参考一下。

有同学说我觉得画这个太麻烦，我直接写八件事，后面再列上分数不也一样吗？也不是不可以，但是你觉得有什么不同吗？图形更直观，更利于加深思考和记忆，所以如果想有更好的效果还是要按要求去做。这个工具可以用来锻炼觉察能力和反思能力，看看我们上周的时间是不是合理，完成情况是不是达到了预期，下一个阶段的任务需要做哪些调整，这就为时间管理奠定了良好的基础。

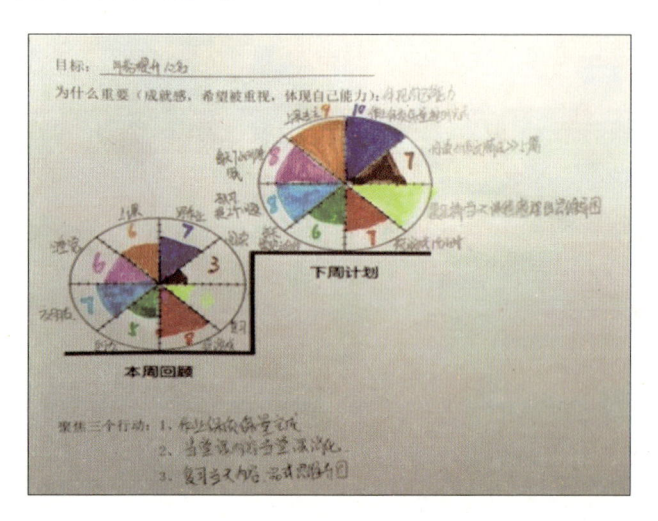

图 4-14　学生完成的双轮矩阵案例

如果你用这个工具直接做周计划也是可以的，只是对于已经学完目标和计划管理的学生来说，八项任务要符合 SMART 原则，明确、具体、可达到、和目标相关及有时限，这样效果才能更明显，也更直观。

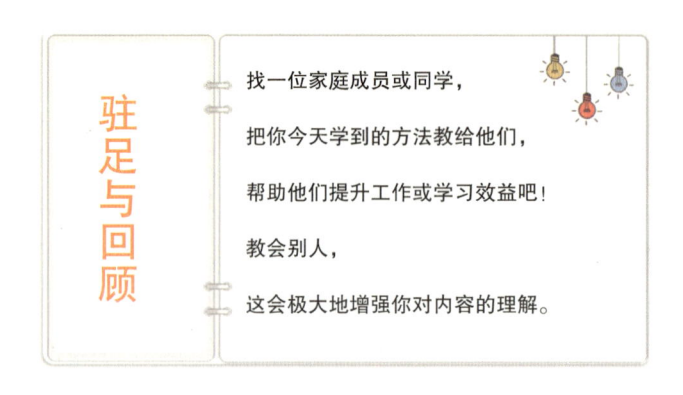

驻足与回顾

找一位家庭成员或同学，把你今天学到的方法教给他们，帮助他们提升工作或学习效益吧！

教会别人，这会极大地增强你对内容的理解。

训练任务

用双轮矩阵法管理自己的目标、计划与时间，按步骤完成本周回顾、下周计划，对比后聚焦三个行动。

训练任务

制定用双轮矩阵法管理自己的目标、计划与时间，按步骤完成本周回顾、下周计划，对比后聚焦三个行动。

本周回顾　下周计划

聚焦三个行动：
1.
2.
3.

寄　语

没用＝没用
再好的方法和工具，
如果不坚持用，
那就真的没用。

第五章

多模块综合运用
——如何规划一个月后的考试

关于 3D 高效学习力的第一模块学业规划与管理能力的基本理念和方法，我们在前几节进行了相应的学习和实操训练，接下来我们就要综合运用了。在中学阶段，我们基本是每月一次考试，俗称月考，所以我们今天的主题是：假如一个月后面临一次考试，你将如何规划？大家回忆一下，之前每次面临考试时是怎样的一种状态呢？

网上流传着一个关于考试的网络段子，我觉得特别有意思，如图 5-1 所示，我们一起来看一看。

有一种填空叫完全不会，
有一种选择叫看着都对，
有一种计算叫边做边累，
有一种问答叫做着崩溃，
有一种挂科叫无所谓，
有一种考试范围叫整本书都要考，
有一种考试重点叫讲过的都是重点。
听第一句心已下沉，听第二句泪已夺目。
一个月前我问佛祖怎么办？佛祖送我四个字，事在人为；
半个月前我又问佛祖，佛祖又送我四个字，一切随缘；
今天我又问佛祖，佛祖沉默半晌，说再送你四个字，重在参与。

图 5-1　关于考试的网络段子

网友们是不是特别有才？正所谓"弹幕出人才，高手在民间"。这个段子有没有戳中你？是不是把我们临考的心声描绘得淋漓尽致？**那我们要怎样摆脱这种境地呢？**

大家看过《大话西游》吧，我们改编一下经典台词：曾经有一次重要的考试放在我的面前，我没好好答题，没发挥出水平，等到分数公布的时候我才追悔莫及，如果上天再给我一次机会，我会说我想认真复习再考一次。

我们每次考完试，是不是都会想：我这次要好好复习，下一次好好考！但是好像每次又都不尽如人意，那我们该如何着手规划好一次月考呢？给同学们两分钟思考一下：**要想在下次月考的时候打个"翻身仗"，你需要做些什么？**同学们可以写下来，这里需要用到我们之前所学的知识。

为了下次月考能逆袭，我需要做到以下几点：

_____

_____

_____

有的同学已经写好了，你的思路是不是这样的：制定月考的目标—制订计划—执行计划—自我检查—计划调整，如图 5-2 所示。

思考：要想在下次月考的时候打个"翻身仗"，你需要做些什么？

01 制定月考目标　02 制订计划　03 执行计划　04 自我检查　05 计划调整

图 5-2　考试规划思路

有些同学可能还没有思路，没关系，今天带大家学习 PDCA 理论。**PDCA 是美国质量管理专家休哈特博士首先提出的，由戴明采纳、宣传，**

获得普及，所以又称戴明环。熟悉日本经济史的人都知道，二战后日本经济的发力点是以质量管理为突破口的，而推动日本拥有世界一流产品品质的正是戴明。戴明是日本经济奇迹背后的驱动力，因此也被日本人尊称为"品质之神"。PDCA理论同样适用于我们改善学习品质。

PDCA是英语单词Plan（计划）、Do（执行）、Check（检查）和Act（处理）的第一个字母，PDCA循环就是按照这样的顺序进行质量管理，并且循环往复的科学程序的，如图5-3所示。

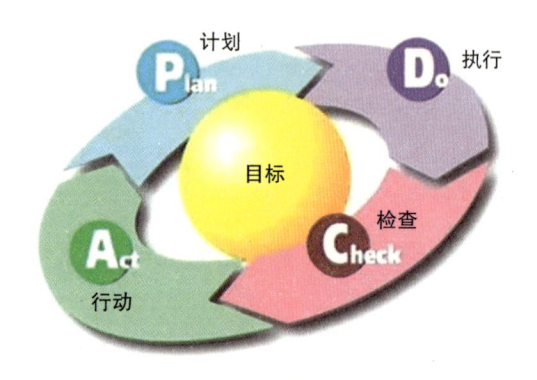

图5-3　PDCA环（戴明环）

我们分别来看一下：

P（Plan）指计划，根据目标，制定方针、计划。

D（Do）指执行，实地去做，实现计划中的内容。

C（Check）指检查，总结执行计划的结果，分清哪些对了，哪些错了，明确效果，找出问题。

A（Act）指处理，对总结检查的结果进行处理，对成功的经验加以肯定，并予以标准化；对于失败的教训也要总结，引起重视；对于没有解决的问题，应提交到下一个PDCA循环中去解决。

以上四个过程不是运行一次就结束了，而是要周而复始地进行。一个循环结束，解决了一些问题，未解决的问题则进入下一个循环，是阶梯式上升的。接下来我们就一步步地来实际应用这个方法。

5.1 PDCA 的核心：目标

各位同学分别想一想，你下次月考的目标是什么？还记得如何制定目标吗？请你回顾一下，**制定切实可行的目标需要五个步骤，都有什么？**闭上眼睛想一想。没想起来的可以参考图 5-4。

图 5-4 制定可落地目标的步骤

第一步知道自己为什么要制定目标；第二步找到核心目标；第三步检查自己的目标；第四步把目标进行分解；第五步制订行动计划。

接下来请同学们想一想自己**为什么要制定下次月考的目标？**

是为了考上理想的高中或大学？

还是为了实现自己的年度目标或者学期目标？

又或是为了完成父母和老师的期待？

还是说上次考得太差了，自己都看不下去了？

总之希望你的**目标是发自内心的、真的想要的**，而不是为了完成父母和老师的期望。为什么目标一定要发自内心呢？因为如果是别人给的目标，你心里可能会有这样的想法："我可以接受，但是否完成这个目标，我没有最终的把握。"**一旦有一天这个目标真完成不了，你会有一百个理由推卸责任，你可能会说**："你看我早就说过，这个目标肯定完成不了，你非坚持要压给我。"当然，也许你想要达成的目标不止一个，那就必须确定一个核心目标，也就是你最想要实现的那个目标。

再回忆一下：目标制定要符合什么原则？对，SMART 原则：明确性、衡量性、实现性、相关性、时限性，如图 5-5 所示。

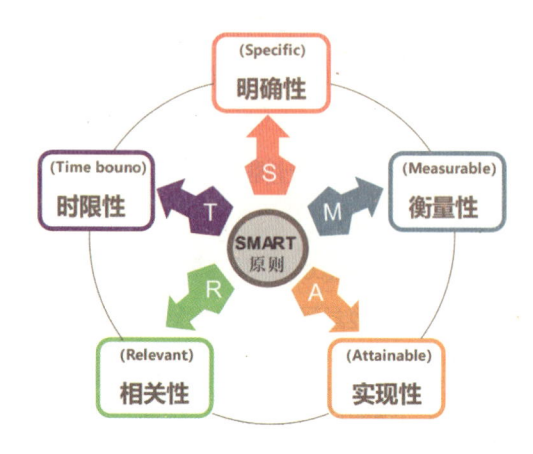

图 5-5　制定目标的 SMART 原则

时限我们已经限定了，就是下次月考，也就是大概一个月的时间；明确性和相关性也就是月度目标最好和自己的大目标，即学期目标或学年目标相关。接下来最重要的就是衡量性，衡量性是指这个目标必须是可以衡量的，不然你不知道自己到底做得怎么样。如你的目标是我下次月考一定要考好，那么什么叫考好？好的标准是什么？比上次多了一分算不算好？是提升一个名次还是某一科有进步？要尽量地量化目标。这五个原则中最重要的指标是什么？是可实现，这就决定了在制定目标的时候，这个目标一定要符合你自己的实际情况，目标是在付出努力之后可以实现的。要避免设立过高或过低的目标，目标过高达不到，会打击自己的积极性；目标过低则会导致没有全力以赴的动力。所以目标一定要符合 SMART 原则。

例如，你的目标有可能是以下几种之一。

（1）目标：下次月考整体提升 30 分。

当然也有可能提升得更多，具体多少分要根据自己的实际情况来分析，有可能你上次因为某些原因考试失利，与实际水平相差太多，那你的目标也许是回到之前的分数或名次。这是一种自己和自己较量的比赛，就是要超越之前的自己。

（2）目标：**下次月考提升 5 个名次**。

同学们都知道，对于目前学习成绩排名靠前的同学，提升 10 分、8 分可能都会差好几个名次，这类同学适合把目标定位为提升名次。当然还有一些情况，就是每次月考的出题难度不同，用名次能更好地衡量自己的提升情况。这种目标设定不仅是要超越自己，还要超越对手。这种目标制定方式就是要评估排名在你前面的同学，他们这次发挥得怎么样，如果要超越他们，你大概需要做哪些努力，当然也可以把差距转化为大概的分数。

（3）目标：**下次月考语文提升 15 分**。

还有一些同学有偏科现象，只有某一科的成绩不理想，其他的都不错。我就遇到过这样的同学，数理化能考满分，但语文成绩不及格。15 分的差距是什么概念，如果是高考，一分能挡掉几百上千人，那 15 分的差距意味着什么，同学们应该都明白。因此针对偏科的同学，制定目标的时候一般就是针对薄弱学科进行重点提升。

总之，制定目标从实际出发，只要符合自己的实际情况，有利于激发自己学习动力的目标，就是好目标。

制定好月目标之后，你就需要把月目标分解为周目标，每周都有学习的侧重点。**给同学们几分钟时间，把月目标分解为四周的周目标**。还记得**近期目标效应**吗？目标分解得越细越好，现在就用**目标倒推法**分解一下。

有同学可能会觉得目标细化到周也太细了，不知道该怎么操作，在此我给同学们**举个例子**。

第一周的目标：把前三次月考的错题全部整理出来，并把相关知识点梳理出来；

第二周的目标：把知识点分类，哪些是已掌握的，哪些是模棱两可的，哪些是没掌握的，然后把模棱两可的全部掌握；

第三周的目标：对于整理出来的没掌握的知识点至少掌握 80%；

第四周的目标：把重点的知识点全部复习一遍。

这时有同学可能会说："我学习不好，落下的知识太多，一个月根本学不完。"没关系，你就根据自己的实际情况去分解，一个月学不完，一个学期，一个学年总能赶上来，只要注意安排好自己的学习节奏就行。

5.2　PDCA 的计划环节

目标已经分解到了周目标，那对应的就是制订周计划，我们先来回顾一下，**制订计划有哪些要求**，同学们能全部回想起来吗？九大要求如图 5-6 所示。

图 5-6　制订计划的九大要求

1. 学习计划要与学习目标相结合

你的目标是什么？如月目标是月考要提升 30 分，第一周的周目标是搞定前三次月考中的错题及相关知识点。

2. 长远计划和短期安排相结合

对月考来说的长计划指月计划、周计划，短安排指的是日计划。

3. 常规学习时间和自由学习时间要分开

我们之前讲过常规学习时间指按学校规定的学习时间，主要用来完成老师布置的学习任务，消化当天所学的知识。而自由学习时间指除常规学习时间外的归自己支配的时间，你可以用来弥补自己在学习中欠缺的知识。同学们根据你自己目前的状态梳理一下你每天可以自由支配的时间有多少，用1分钟时间进行梳理并写下来。这些自由支配的时间就是我们的计划时间。

我可以自由支配的时间有：

_____

_____

_____

4. 突出学习重点

重点一是指学习中的弱科，重点二是指知识体系中的重点内容。你自己比较弱的科目是什么？你目前的学科知识有哪些重点内容？

5. 必须以自己的实际情况为出发点

（1）知识能力的实际：你目前的知识掌握程度怎么样？是知识点不熟悉，还是知识点背得很熟但是不太会运用，一做题就错？如果是后者，那就一定要在计划中安排多做练习题。

（2）时间的实际：常规学习时间和自由支配时间分别有多少？刚才同学们已经大概梳理出自己可以自由支配的时间了，现在要做的就是合理安排这些时间。

（3）教学进度的实际：同学们实际学习生活中能自由支配时间可能很少，这就要求在常规的课堂时间要跟上老师的进度，争取当堂课弄懂，这样就可以减少课后时间的消耗。

6. 计划要留有余地

这个要求同学们都清楚，就是不要把时间安排得太满，要留出机动时间；也不要过于机械，可以根据自己的精力和学习进度做出适当的调整。

7. 脑体结合，文理交替

同学们还记得我们讲计划这个主题的时候举的例子吗？例子中的同学数学之后安排了语文，历史之后就是物理，生物之后就是英语。另外在午休和晚饭后安排的是休闲和运动锻炼，这就是典型的脑体结合、文理交替。

8. 提高学习时间的利用率

同学们自己在家做时间分配统计了吗？知道自己什么时间段是高效时间，什么时间段是低效时间吗？还不知道的同学，请你再去观察总结一下。我们可以在高效时间安排比较重要、比较难的学习任务，在低效时间安排一些相对不容易走神的学习任务，如做试卷。当然，为了将低效时间转化为高效时间，做试卷的时候一定要给自己限定时间。研究表明：一个人在稍微紧张的状态下反而可以激发潜能，提升学习效率。

9. 注意效果，及时调整

这一条要求在此不再赘述，PDCA 有专门的检查环节来详细讲。

同学们刚刚结合自己目前的情况回顾了一下制订计划的九大要求，那接下来就是制订计划了，你还能想起菱形计划法吗？九个方块组成的菱形，还记得吗？如图 5-7 所示。

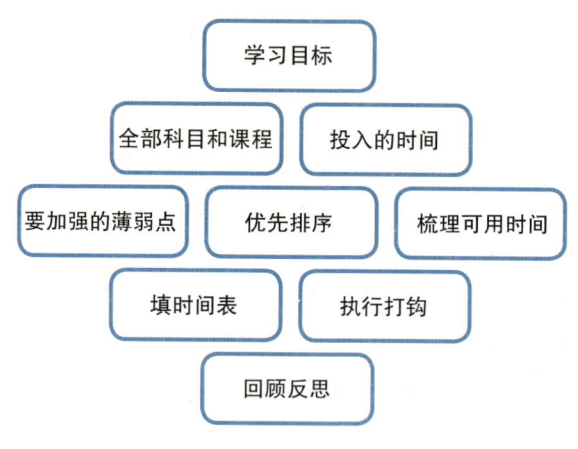

图 5-7 制订计划的九大步骤

接下来我们就以周计划为例，请同学们行动起来，**制订你自己第一周的计划。**

第一步：先写上自己的目标，如第一周的周目标是搞定前三次月考中的错题及相关知识点。

第二步：列出需要整理的全部科目，上次月考的科目分别是哪几科？写下来，语文、数学、英语、物理、化学、历史、政治、生物、地理……

第三步：**思考每科需要整理的任务量及需要投入的时间**。每错必登，多错多登，少错少登。错得少的是不是需要的时间就少，这里要考虑错的是论述题还是填空选择题，根据实际工作量计算一下时间。

第四步：**分析自己的学习特点和重点，要着重加强的薄弱点**。这里其实从错题登录之后可以分析一下错误的原因，并进行归类，这样就知道哪一类问题比较严重，迫切需要解决。如我曾经指导的一个学生单是计算错误就能丢 20 分，那相应的他连续两周的重点就应该是提升计算能力。将错题原因进行归类是寻找自己薄弱点非常有效的方法。

第五步：**根据自己的实际情况将学习任务进行优先排序**。这个排序怎么排，你有什么想法吗？没错，就是用**要事急事四象限**。

第六步：**梳理自己可利用的时间，看看下周的自由时间有多少**。将自由时间进行分类。例如，**相对比较长的自习课，45 分钟一节**；**早起、午休和睡前的时间**；还有**课间的零散时间**。不要小看零散时间，同学们记一个知识点或做一道选择题用这些零散时间是足够的。还记得 **2 分钟法则**吗？就是做任何事情，只要你能在 2 分钟之内完成，那就想都不要想，马上去干。2 分钟是一个分水岭，利用好 2 分钟原则，你会发现自己的学习效率得到了很大的提升。

第七步：**将之前的学习任务按优先顺序填进时间表**，给同学们两分钟时间，初步整理一下自己的周计划。这里给同学们一个示例，如表 5-1 所示。

表 5-1 周计划示例

		第一周周计划
		目标：搞定前三次月考中的错题及相关知识点
1	周一晚一	20 分钟整理三次月考的数学错题，重做一遍、统计错题类型及分数
2	周一晚一	20 分钟整理三次月考的英语错题，重做一遍、统计错题类型及分数

续表

第一周周计划		
目标：搞定前三次月考中的错题及相关知识点		
3	周二早起	20分钟做两篇英语阅读，正确率90%以上，并背诵文章中的生词
4	周二中午	30分钟复习数学错题中三个知识点，每个知识点做两道题
5	周二晚二	20分钟整理三次月考的物理错题，重做一遍、统计错题类型及分数
6	周二晚二	25分钟整理三次月考的语文错题，重做一遍、统计错题类型及分数
7	周二晚睡前	闭上眼睛回顾语文错题涉及的知识点，想不起来的部分看一眼笔记
……		

制订计划不要怕麻烦，之前讲过，在计划上多花一分钟，执行时便可节省10分钟。一分的付出10倍的收获，没道理不做，对不对？其实我总结自己工作高效的原因就是，我有自己的月计划、周计划，甚至是日计划，在此我给同学们分享一下我的日计划。如表5-2所示，这是我某一个周末的日计划，同学们可以看一看。

表5-2 日计划示例

3.14日工作计划			
时间	计划事项	完成情况	备注
7:30	起床	√	
7:30—8:00	刷新闻	√	
8:00—8:30	洗漱	√	
8:30—8:45	吃早餐	√	
8:45—10:45	录两节课：学习力、六大秘籍	√	
10:45—11:00	休息：喝水、吃水果	√	
11:00—12:00	带孩子做手工：给大树穿衣服	√	

续表

3.14 日工作计划			
时间	计划事项	完成情况	备注
12:00—12:30	吃中饭	√	
12:30—13:30	午休	√	
13:30—14:00	课前准备：第六次课	√	
14:00—15:30	上课：高三刘同学 三模分析	√	
15:30—16:00	休息	√	
16:00—16:30	督导：衡水郭同学	√	
16:30—17:00	课前准备：第三次课	√	
17:00—18:30	上课：初三纪同学 记忆力	√	
18:30—19:00	吃晚饭	√	
19:00—20:00	室内活动，陪孩子玩积木	×	19:00—20:30 临时加杨同学的测评诊断
20:00—21:30	写两个课程总结	√	20:30—21:00 陪孩子玩半小时积木
21:30—22:30	休息：1.5 倍速刷剧 2～3 集	×	21:00—22:30 写课程总结
22:30—23:30	洗漱	√	
23:00—24:00	PR 一本书：刻意练习，输出思维导图	√	
24:00	睡觉	√	

同学们写完日计划最好贴在最显眼的地方，提醒自己。在制订计划的时候有**四个注意事项**，我们还是要强调一下。

（1）制订计划必须按自己的特点自己制订，不能仿制别人的计划，别人告诉你的方法最多只能充当一个指路标，是很难完全套用的。只有自己去试着做，摸索出自己的完整方法，才是最有用的。

（2）制订计划只是一种手段，绝不要为了计划而计划，只要是能达到目标的计划都是好计划。不管什么时候，制订计划都只是为了完成一定的学习任务。

（3）刚开始制订计划的同学，可能不太容易掌握好难易的尺度，计划过高过低都是自然的，只要不断调整，不断改进，很快就会适应这种方法。

（4）任何学习计划刚执行起来都难免会遇到一些困难，但你应该知道为了执行这份计划而付出的努力是值得的。

5.3　PDCA 的执行环节

执行不是简单的干就行了。执行力，这个词同学们应该并不陌生，无论是学习还是工作，执行力都是我们应该具备的非常重要的能力。在工作中执行力强的人往往会被公司优先录取；在学习中执行力强的同学往往能更有效地完成工作计划。通过对执行力的深入研究，我得出一个结论：**执行力不是单纯的行动力，而是目标 + 行动 + 挑战 + 执着**，如图 5-8 所示。

执行力不是单纯行动力

目标 + 行动 + 挑战 + 执着 = 执行力

图 5-8　执行力公式

时刻想着自己的目标，为了完成目标那就必须要有行动；在学习的过程中一次次超越自己，克服困难就是我们要面临的挑战；我们有没有坚持，能不能执着，决定了我们有没有成果，有多少成果。所以要将我们的**学习任务执行到位，需要做到以下几点**，如图 5-9 所示。

图 5-9　执行的要点

1. 服从计划安排，摆脱高期待值

跟着计划进度走，不要偶尔超额完成任务，就马上定更高的目标，循序渐进地完成计划效果才最好。

2. 记录与追踪完成情况

完成了多少，完成得怎么样，通通写进自己的记事本里，并在每天临睡前回顾一下。

3. 每天持续行动

学习是一个周期比较长的过程，今天的努力，并不能在明天立刻得到回报，需要量的积累才能实现质的飞跃。半途而废是最浪费时间和精力的，还会对我们的自信心产生很大的影响。所以在实施计划时，一时看不到进步不要焦虑，更不要气馁，不要轻言放弃。坚持！坚持一定能产生效果。

4. 建立回报机制，以奖励提升成就感

计划执行一段时间，比如说一个月，完成得非常好，可以适当给自己设置一些奖励。可以是买自己喜欢的物品，也可以奖励自己自由支配的时间，甚至是打一场游戏，总之是能让你感到喜悦的事物，由此提升自己的成就感，获得自信心。

5.4 PDCA 的检查环节

这个检查的过程就是一个自我反思的过程。回顾学习计划表，可以是周计划也可以是日计划，反思自己的学习情况。哪些做得好，哪些做得不好，效果如何，分析出原因。在此我需要明确一下，同学们以往有个**误区，就是总结经验教训的时候总是看做得不好的地方**，以为总结就是要把不好的改正，而**往往忽略了做得好的地方**。一定要注意总结经验，这个经验就是你要继续发扬的，我们能够取得成功更多是靠做得好的可以复制的经验，与此同时总结教训，分析出执行不好的原因。

检查环节主要从两个方面着手，一是回顾时间安排是否合理，时间是不是得到了有效的利用。**第二是回顾内容，如我们的内容制定得是不是合理**。同学们还记得我刚刚给你们分享的有关我自己的日计划吗？如表5-3 所示，计划里有一栏完成情况，还有一栏备注，我每完成一项都会打"√"，如果没完成就画"×"，并且备注原因。这样我就知道是不是可控的，以及下次需要怎么改进了。针对日计划，同学们可以按照刚才的思路去检查。

表 5-3 日计划检查要点

3.14 日工作计划			
时间	计划事项	完成情况	备注
7：30	起床	√	
7：30—8：00	刷新闻	√	
8：00—8：30	洗漱	√	
8：30—8：45	吃早餐	√	
8：45—10：45	录两节课：学习力、六大秘籍	√	
10：45—11：00	休息：喝水、吃水果	√	
11：00—12：00	带孩子做手工：给大树穿衣服	√	

续表

3.14 日工作计划			
时间	计划事项	完成情况	备注
12：00—12：30	吃中饭	√	
12：30—13：30	午休	√	
13：30—14：00	课前准备：第六次课	√	
14：00—15：30	上课：高三刘同学 三模分析	√	
15：30–16：00	休息	√	
16：00—16：30	督导：衡水郭同学	√	
16：30—17：00	课前准备：第三次课	√	
17：00—18：30	上课：初三纪同学 记忆力	√	
18：30—19：00	吃晚饭	√	
19：00—20：00	室内活动，陪孩子玩积木	×	19：00—20：30 临时加杨同学的测评诊断
20：00—21：30	写两个课程总结	√	20：30—21：00 陪孩子玩半小时积木
21：30—22：30	休息：1.5 倍速刷剧 2-3 集	×	21：00—22：30 写课程总结
22：30—23：30	洗漱	√	
23：00—24：00	PR 一本书：刻意练习，输出思维导图	√	
24：00	睡觉	√	

针对周计划，我们可以用什么工具进行检查呢？对，用双轮矩阵，这个工具不但是合理利用时间的时间管理工具，更是一个很好的自我反思的工具。如图 5-10 所示，做本周回顾。

图 5-10　本周回顾

第一步：确定好目标，把目标写在纸上，如周目标为"搞定前三次月考中的错题及相关知识点"。

第二步：回顾一下上周你的时间和精力都花在哪些事情上，列出最重要的八个。如你可能会写"订正三次月考的错题""错题原因分析归类统计""针对性地练习数学和物理习题""做英语阅读理解""背诵语文文学常识""做作业""追剧"等。同学们到时可以根据自己的实际情况进行统计。

第三步：问问自己，上一周花费精力最多的这八件事情，根据完成的质量、效果，你的满意度可以打几分。如语文复习打 5 分，代表不满意，数学订正打 10 分，代表非常满意。

第四步：每评一个分数，就在对应的轮子的刻度上涂上颜色，打 5 分，就涂到 5 的刻度范围内。

第五步：颜色涂完之后，自己观察一下，有什么发现，有什么感受。你可能会发现，上周的时间安排非常好，那就给自己点个赞，然后总结一下好在哪里，继续坚持。你也可能会发现，语文只有 5 分，代表不满意，原因是什么？原计划背文学常识，也用了很长时间，但是感觉效果不好，记不住；还是说自己的任务制定得太重，完成得不好；又或是用的方法不对，没有达到期望的效果；或者自己太累了，学习语文的时候状态不好等。一定要分析出具体的原因再加以调整。

5.5 PDCA 的行动环节

行动就是对成功的经验加以肯定，下周计划的时候继续使用；对于失败的教训引起重视，制定改进措施，并将改进措施体现在第二周的计划里，这一步还是用**双轮矩阵做下周的行动计划**，如图 5-11 所示。

图 5-11 下周行动计划

第一步：列出下周要做的八件事。

第二步：根据你对每一个行动所期望的满意度，进行赋分，并涂上颜色。

第三步：对比本周回顾的总结，观察自己期望的这个分数和过去一周的这个分数有什么差异。这也是一个觉察的过程。

第四步：通过对比，你会发现在计划和时间方面可以做哪些调整，如你觉得给语文的时间少了，毕竟语文的分值这么重，需要多给一些时间；或者把语文的学习放在高效时间里，又或者向同学或老师请教一下学习这部分内容的技巧和方法等。

第五步：聚焦在三个行动上，看一看下周的目标，最重要的行动是什么，毕竟精力有限，可以根据时间管理四象限原则进行聚焦。很多同学做完这步之后，会突然就意识到自己的问题在什么地方，需要做哪些调整。

PDCA 理论是提升学习品质的有效工具，学习是一个过程，这个过程就是按照 PDCA 循环，不停地周而复始地运转，相信经过四周，至少 28 天的努力后，你一定能在下次月考中打赢这场翻身仗。

驻足与回顾

好，大家闭上眼睛想一想，

今天的主要内容是什么？

对于下次的月考你有了初步的规划了吗？

是不是也增强了信心呢？

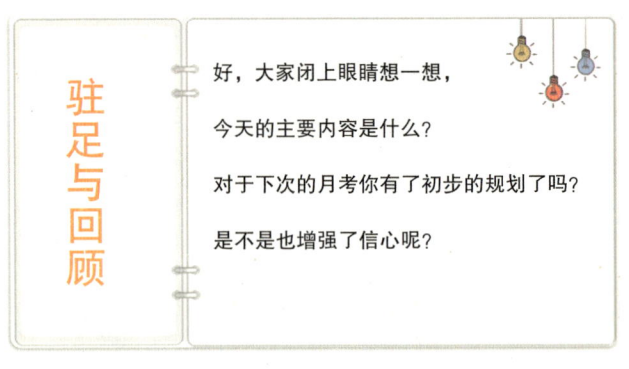

训练任务

本节课的训练任务就是完善下次月考的目标，并将你的月目标分解为周目标，并制订第一周的周计划。

训练任务

完善下次月考的目标，并将你的月目标分解到周目标，并制订第一周的周计划。

月度目标：

第一周目标：
第二周目标：
第三周目标：
第四周目标：

第一周周计划		
目标：		
1	周一晚一	
2	周一晚一	
3	周二早起	
4	周二中午	
5	周二晚二	
6	周二晚二	
7	周二晚睡前	

寄 语

能够到达金字塔顶端的只有两种动物：一是雄鹰，靠自己的天赋和翅膀飞了上去；另一种动物也到了金字塔顶端，那就是蜗牛。

第二部分

学习能力与学习效率

第六章

自信力
——自信是成功的开始

同学们思考一下：是不是成功的人都很自信？

答案是：不一定。

你觉得意外吗？都成功人士了还能没自信？**自信取决于两个方面，一个是客观的成功，一个是主观的评价**。一般情况下，人取得的客观成就越大，其自信心也会越强。但客观上的成功与其自信之间并不是一一对应的关系，也就是说，人在客观方面的高度成功不会直接带来高度自信，原因就是自信还要取决于主观的自我评价。

6.1 什么是自信？

自信本身就是一种积极性，自信就是在自我评价上的积极态度，自信是发自内心的自我肯定与相信。如图6-1所示。

自信是对自身力量的确信，深信自己有足够的力量做成某件事，实现所追求的目标和价值。

自信是一种信念，这种信念影响学习潜能的发挥及学习效率的提高。研究表明，学生自信心的提升有利于学习成绩的提高，在学校里，往往学习成绩越好的学生对自己越充满自信。美国著名作家爱默生说过："自信

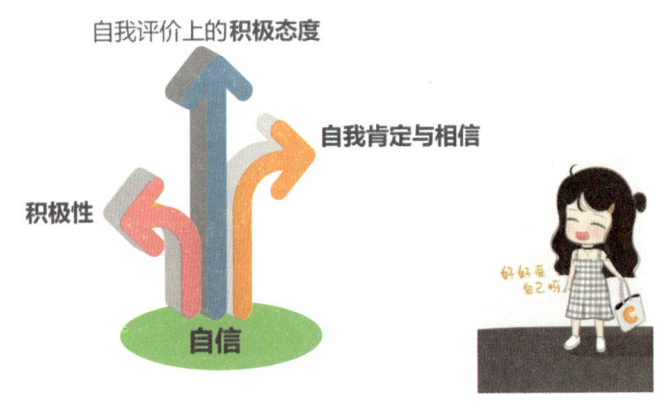

图 6-1　自信的定义

是成功的第一秘诀。"由此可见自信的重要性。

6.2　潜意识里的自我定义

要想提升自信力,我们首先得了解自己是如何评价自己的,然后和过去的自己告别,开始新的自信人生。

我们先做个小游戏:**镜子里的自己**。

首先找一面镜子,如果没有镜子,就闭上眼睛想象一下自己的容貌或回忆一下自己以前照镜子的感觉。不用思考,就关注下意识的反应,你看到镜子里的自己第一反应是什么?如图 6-2 所示。把你的评价试着写下来。

你看到镜子里的自己第一反应是什么?
我的第一反应是:

其实你的第一反应
就是你内心深处**对自己的潜在定义**。

图 6-2　镜子里的自己

我的第一反应是：

_____

_____

_____

有没有同学这样写："我今天好丑""黑眼圈好大""我的鼻子不够挺""我头发都乱了""我不够优秀"等。

是不是也有同学感觉自己"今天真帅""真漂亮""真精神""好有亲和力""好喜庆""好可爱""真有魅力"等。

同学们写的内容是正面积极的词汇较多，还是负面消极的词汇多？**其实你的第一反应就是你内心深处对自己的潜在定义。**

我们再来看一看另外一个场景：

当你看到一个非常优秀的同龄人，也就是父母眼中"别人家孩子"时，你的第一感受是什么？如图6-3所示。

图6-3 看优秀同龄人的感受

我的第一感受是：

_____

_____

_____

你是会感到烦躁、焦虑、压力、不屑一顾，还是会觉得很振奋、欣赏、开心、佩服呢?

其实这个感受里面也藏着你对自己的真实想法,因为引发我们这些感受的都是我们脑海中下意识升起的念头。

1. 觉察是改变的前提

如果你仔细去觉察的话,你可能会发现这样的念头:别人做得这么好,学习能力这么强,我怎么不行呢?又或者是我真的可以成功吗?类似这样的念头来得很快,有的时候我们都无法及时觉察,甚至我们中有些人已经学会了否定自己的真实感受,假装为别人开心,口中不知不觉说出的好像也是赞扬别人的话,但是**我们可以欺骗自己的大脑,却欺骗不了自己的感受。**如图 6-4 所示。

我们可以欺骗自己的大脑,却欺骗不了我们自己的感受。

图 6-4　觉察的意义

我们心中那个隐隐约约的压力感、自卑感并不会自我消化,也不会随着时间的流逝而自动消失,只会在你表现得让自己满意的时候,或者说你在和别人比较的时候感受到某种优越感时,才能得到暂时的缓解,可是这些压力感、自卑感随时可能在下个关口又卷土重来。

可能有同学会说我每次的感觉都不一样,这是因为在我们的内心中有一部分是非常认可自己的,可是还有一部分潜在的思维是不够认可自己的,所以我们有的时候对不同样子的自己会产生不同的反应。我们这一节要学习的是让我们尽可能多地、甚至是每时每刻都深深地认同和认可自己。

2. 成就不等于自信

我们为什么要关注潜意识里对自己的自我定义？

因为自我定义决定了我们的自信。积极的自我定义让我们感觉到自己有价值，消极的自我定义让我们感觉到自己缺乏价值且会感到不安。如图6-5所示。

图6-5　自我定义决定了自信

有些同学会说："比起探索自己内心深处的信念，我觉得更高效的是抓紧时间多学习，提高一点成绩或取得一些成就，我们取得成就之后不就自然而然能够自信了吗？"其实不然，我们的人生中遇到困难是不可避免的，如果一个人只在取得成就时才自信，那成就不在了，自信也就没了。另外我们在开篇讲过，**客观的成就不一定会让你感受到真正的自信。**

案例分享

我之前遇到一位女生，她是名校毕业，在学校时就是学生会的风云人物，组织过上百场的大型活动，毕业后第三年，年薪六七十万元，你们觉得算不算优秀？

大多数人都会觉得已经很优秀了，但她自己一直认为自己很失败，因为周围有太多比她优秀的人，她总觉得怎么也追赶不上那些优秀的人，所以就非常自卑，觉得自己没有价值。所以说成就不等于自信，如图6-6所示。

成就 ≠ 自信

潜在的自我定义，会影响我们的自信。

图 6-6　成就不等于自信

每个人对成功的定义不同，如果你对成功的定义是超越别人，那你注定会输，因为在你的人生中会不断遇到比自己更强、更有天赋的对手。如果你对成功的定义是超越自己，那就很简单，你只需要努力，就一定会成功！所以说，潜在的自我定义，会影响我们的自信。接下来我们就看看都有哪些自我定义模式。

3. 两类常见的自我定义模式

我现在给同学们一些定义，如图 6-7 所示，你们看一看，可能会发现"这不就是我嘛"，请你们把能产生共鸣的词划出来。

01 自我否定：我不够好、我太胖了、我太懒了、我不够优秀、我能力差、我学习不好、老师不喜欢我、我太懦弱了、我没有主见。

02 自我肯定：我很幸福、我很优秀、我做什么都容易成功、我非常有价值、我有自己的优点、我非常有魅力、我总是能获得支持。

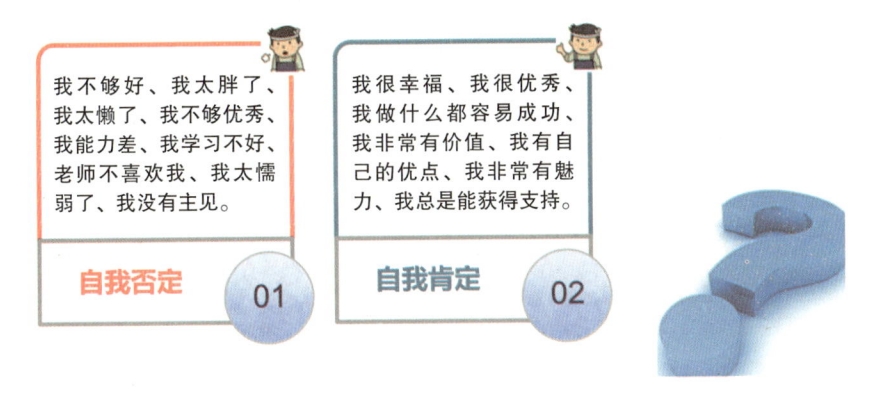

图 6-7　自我定义的模式

第一组：我不够好、我太胖了、我太懒了、我不够优秀、我能力差、我学习不好、老师不喜欢我、我太懦弱了、我没有主见。

第二组：我很幸福、我很优秀、我做什么都容易成功、我非常有价值、我有自己的优点、我非常有魅力、我总是能获得支持。

第一组是否定式的，第二组是肯定式的，你总结一下让你产生共鸣的是肯定式的多，还是否定式的多？

其实这就是自我定义的两类模式，自我肯定和自我否定。如果你一直是自我肯定的模式占上风，那说明你很棒，自信力不错；如果是自我否定的模式居多，我们就要想办法提升自信力了。有同学可能会问：提升自信就能提升成绩吗？

我们来看一个著名的实验案例。

1968 年的一天，美国心理学家罗森塔尔和助手们来到一所小学，准备进行一项名为"未来发展趋势测验"的实验。他从一至六年级各选了三个班，分别对这 18 个班的学生进行了预测。之后，罗森塔尔以赞许的口吻将一份"最有发展前途者"的名单交给了校长和相关老师，并叮嘱他们务必要保密，以免影响实验的准确性。

其实，罗森塔尔撒了一个"权威性谎言"，因为名单上的学生是他和实验助手随机挑选出来的。八个月后，罗森塔尔和助手们对那 18 个班级的学生进行复试，结果奇迹出现了：凡是上了名单的学生，他们个个成绩都有了较大的进步，且性格活泼开朗，自信心强，求知欲旺盛，更乐于和别人打交道。

显然，罗森塔尔的"权威性谎言"发挥了作用。这个谎言对老师产生了暗示，左右了老师对名单上学生的潜在能力的评价，在日常教学中老师又将自己的这一心理活动通过自己的情感、语言和行为传达给了学生，使学生变得更加自尊、自爱、自信、自强，最终使这部分学生各方面得到了飞速的提升。这个实验就是心理学上著名的罗森塔尔效应。

罗森塔尔效应说明积极的心理暗示能够对人产生积极的影响，如图 6-8 所示。**你期望什么，你就会得到什么，你得到的不是你想要的，而是你期待的。**只要充满自信地期待，只要真的相信事情会顺利进行，事情就一定会顺利进行。

图 6-8 罗森塔尔效应

可现实生活中，我们可能遇不到罗森塔尔，怎么办？

案例分享

我曾经遇到一名学生，他的学习成绩非常好，理科成绩经常是满分。有一次他和某位学科老师发生了一点矛盾，当堂顶撞了这位教师，这位教师和他的班主任反映了情况，因为马上就要月考了，班主任也不想节外生枝就没找学生了解情况。月考结束之后，这个学生成绩排名前三，非常不错，老师在班里表扬了前十的同学，唯独没有提到他。老师当时的想法就是这个学生刚和学科老师闹了矛盾，之前还没来得及批评，这时候再表扬他，怕他骄傲，也没法和学科老师交代，所以实行了冷处理。

可这名学生并不知道是什么情况，他就觉得："我成绩是前三，理化满分都得不到老师的认可，那我还学什么劲儿。"这种想法一产生他就不想学了，上课睡觉，下课作业也不做，老师提问也不回答，反正就是不学习，结果可想而知，各科成绩直线下降。紧接着又赶上疫情停课在家，他迷上了游戏，几个月后成绩从前三跌落至倒数第四。这个学生就是典型的自我否定型，他太依赖别人的认可，把自信建立在别人的认可之上，你不认可我，我就不学。你自己不学，老师自然也不会认可你这种行为。

一个老师如果带两个班级，一个班级 50 人，那就是每天要面对 100

个学生，她要权衡学生和其他老师的关系，你能指望老师天天捧着你吗？你放逐了自我，老师也就放弃了你。所以**很多时候我们怎么对待自己，别人就会怎么对待我们。**如图 6-9 所示。

后来这个学生通过自信力训练，**重塑了自我**，学习成绩也慢慢提升，更重要的是他学会了如何自我肯定，自我鼓励，自信让他变得成熟。我们**要学会自我肯定，自己做自己的罗森塔尔，成为自己人生的伯乐！**

图 6-9　自我定义

6.3　提升自信力的三大魔法工具

那如何能让自己变得更自信？有什么好方法吗？接下来我们就学习提升自信力的三大魔法工具。

1. 第一大魔法工具：自信特语

我们应该认识到自身的可塑性，我们不应该被他人贴标签和评判，我们要从被别人认可转为自我认可。

什么是自信特语？就是能够给予自己信心的特殊语言。这句话不是别人说给你听的，而是要你需要自己去发现并把它写下来的。

举例来说，如果让你总结过去的一年或一个月或一周，你回想一下你对自己最强烈的一个批判是什么？

当我问很多同学这个问题的时候，有些同学会批判自己不够高效，也有同学会批判自己太胖了，还有同学批判自己不够自律，有同学批判自己不够有行动力等，那你可以想想你自己对自己批判最多的一句话是什么，**把它写下来**。

_____

_____

这就是**自信特语**的第一步，写下自己对自己最大的批判。

接下来第二步：写出这句话的反面，也就是将批判反转过来。比如说，如果你对自己的批判是我非常没有行动力，那它的反面就是我很有行动力；如果你对你自己的批判是我太胖了，那它的反面就是我的身材刚刚好。这样写出来并不是说我们就会相信，我们不是要教同学们自欺欺人、掩耳盗铃。

接下来这个练习所要做的第三步是为你刚刚在第二步写出的那句反面语句，**找出三个真正的证据**。如图 6-10 所示。

自信特语，就是能够给予你自己信心的特殊语言。

01 **写下自己对自己最大的批判**
我行动力太差了；我专注力太弱了……

02 **写出这句话的反面，也就是将批判反转过来**
我很有行动力！我专注力非常强！

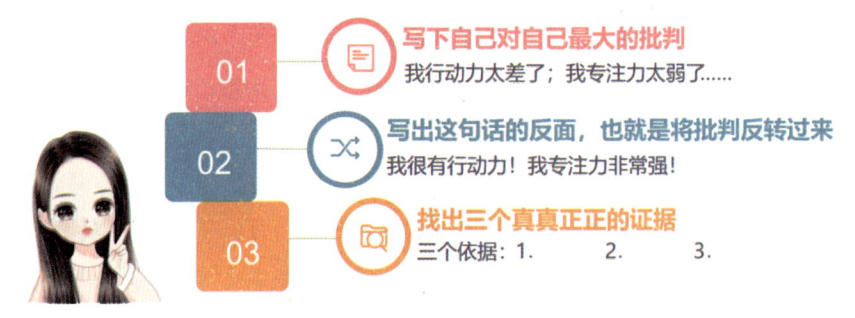

03 **找出三个真真正正的证据**
三个依据：1.　　　2.　　　3.

图 6-10　自信特语的步骤

举例来说，如果你觉得你自己是个非常没有行动力的人，这是你给你自己贴的标签，或者说是其他人经常给你贴的标签，那你现在写出了它的反面肯定句，就是"我很有行动力"。然后你就要找出在日常生活中或其他任何领域，你有行动力的证据。当你去自我探寻的时候，你会发现你总能找到证据，你会发现你根本就不是一个总没有行动力的人。

在这里你一定要清晰具体地找出三个证据，并且把它写下来。当然，不是说你写下这个证据以后，你就变成了一个有行动力的人，还没有这么快。因为过往我们对自己的负面评判，每一句的评判，每一次的思考都会在我们的大脑里面形成一个负面的神经元连接，重复得越多神经元就越强大。从现在开始，如果你希望成为一个有行动力的人，就开始把自己往你期望的方向去塑造。当然这也不是只通过对自己说一句我很有行动力，找三个证据就能够完全实现的，但这会是一个非常好的开始，同时它能产生的涟漪效应会令你感到吃惊。

案例分享

记得我第一次听到这个工具的时候，一直在不停地摇头。我心里想这也太小儿科了，这不就是自我鼓励吗？我很擅长啊，我也不觉得这种方法可以改变我的状态。但我有一个优点，就是在我亲身验证某件事之前，我不会完全给它盖棺定论，因为当时我非常信任给我推荐这个工具的老师，我认为不管怎么说，我应该先练习一个月再下定论。于是在进行练习的一个月里，每天早晨醒来的第一件事，我会打开自己的手机备忘录，在备忘录里写下我自己想要的那句自信特语。我记得当时我的自信特语是"很有行动力"，因为以前我总觉得自己是一个有拖延症的人，而且我对自己拖延症的负面评判，已经给我造成了很严重的影响。因为我已经进入越评判我自己，我就越低能量，越低能量我就越拖延的恶性循环里。

回想一下，当你自己觉得能量很高，很开心很幸福的时候，你是不是能完成很多意想不到的事情？所以，没有任何一个人是绝对低效或者愿意拖延的，而是很多时候陷在低能量里面，对自己不认可、不信任，才会造成拖延。于是我开始每天去写下"我很有行动力"，并且找出三个我能做到的证据，哪怕小到我刚才毫不拖延地就把垃圾给倒了，或者我刚才一回到家就给我的花浇水了等。当你写完了三条后，如果你还能想到更多，你可以再写更多的例子。

一个月之后,非常神奇的事情发生了。我身边开始有越来越多的人主动对我说:"哇,你好高效啊,你很有行动力,你是怎么做到的?"甚至还有朋友邀请我去讲有关行动力的课程。

为什么突然之间大家对我的看法改观了呢?是不是因为我自我麻痹地说"我很有行动力,我很有行动力",就改变了他人对我的想法?其实并不是这样,也不是说我现在就能够每时每刻都有行动力,但是当我每天去写出这句话并且找出三个证据的时候,会发生什么?我把我所有的注意力都放在"我有行动力"和"我可以更有行动力"的方面。

Where your attention grows will go stronger,**你所关注的地方必将增强,或者说你的注意力在哪里,你的世界就在哪里**,如图 6-11 所示。

图 6-11 关注的地方必将增强

当你把注意力全部转移到你有行动力这件事情上时,你会发现你自动自发地想要变得更有行动力,而在那些你没有行动力的地方,你会深刻地发掘其中的原因。如我会发现,可能某一天我的状态很差时,我不会一味地非黑即白地批判自己——我没有行动力,而是客观分析原因,同时我会做出调整,下一次我该如何做才能保持好状态,以便让我更有行动力。

我们可以从自己对自己最大的批判着手,进行**自信特语**的练习,练习一个月或者至少一个星期,发现这个批判有改善之后再换下一个。我相信同学们在不断地练习之后,真的会发现自己是多面的,会发现你开始可以很中性地看待自己。同时你也会发现，你自己是可塑的，并不是你昨天是一个什么人，你今天就必须是一个什么人。你可以把自己引导向你想要的方向，拥有你想拥有的特质，得到你自己认可的品质。

2. 第二大魔法工具：欣赏日记

欣赏指的是你站在和自己平等的位置上，欣赏你过往所做出的一些行为。 很多时候我们很容易欣赏别人，却总是很难看到自己的闪光之处。

同学们平时有写日记的习惯吗？如果喜欢写日记，那就可以尝试用欣赏日记的方式来帮助自己提升自信，如图6-11所示。所有你能察觉到的都可以写下来。

1. 我欣赏自己今天早起了十分钟；
2. 我欣赏自己今天上课积极地参与老师的互动；
3. 我欣赏自己今天的计划都完成得很好；
4. 我欣赏自己今天对没完成的计划分析了原因，制定了改进措施；
5. 我欣赏自己今天帮同学讲解了一道题目；
6. 我欣赏自己今天的作业提前20分钟完成了；
……

图6-12 欣赏日记示例

案例分享

我曾经指导过一个女生，她学习成绩不好，总觉得老师不喜欢她，父母也经常数落她，以至于她越来越自卑。我就让她每天写欣赏日记，发现自己有哪些做得好的地方。经过一个月的时间，她发现她的自我欣赏练习开始起作用了。她说："每天有意识地去做自我欣赏练习，当想要表扬自己'你很棒'的时候，就会停下来想，我到底棒在哪？"如图6-13所示。

图 6-13 欣赏日记案例

当你开始自我欣赏的时候,在原来你觉得失败的领域,你也会有不一样的全新眼光,你会发现你不再觉得某件事情是单纯的失败,你总能发现在整个事件过程中,你欣赏你自己做到了哪些,同时你也欣赏你自己愿意在未来做得更好。

这个女生就是用欣赏日记的方式摆脱了自卑,她发现她真的可以做好很多事情,而且我还鼓励她把绘画的能力运用到日常学习中,增加学习的乐趣,她也做得很好。

有位欧洲理财大师说过:当你把你所有的关注点都放在你已经拥有的和你可以拥有的及你可以做到的事情上的时候,你就无所不能了。

3. 第三大魔法工具:镜子练习

我们的内心里住着一个批评员,这个批评员经常发出这样的声音:我真的学不会,我成绩不好,这肯定行不通,我办不到,我很笨,等等。所以**不是外在的因素让我们办不到,而是我们对自己说:"我办不到!"**

镜子练习是一个强大的自我疗愈工具,是学会爱自己最简单实用的方法。一般镜子练习的一个周期是 21 天,而且每天都有相应的内容。对于同学们来说,不必那么复杂,做镜子练习只有一个要求:每天当你路过镜子的时候,如早晚洗漱的时候,看到教室窗户上的玻璃或者看手机的时候,请对自己说三句肯定的话,每天的内容是一样的,重复即可。这三句话一定是你最期待自己成为的样子,如图 6-14 所示。

某某某，
你今天的状态真好！
某某某，
你今天的课堂效率一定很高！
某某某，
你今天真漂亮，整个人都发着光，我好爱你！
某某某，
你今天的学习一定很高效！

图 6-14　镜子练习示例

请试着写出你对自己的 10 条期待：

（1）_____
（2）_____
（3）_____
（4）_____
（5）_____
（6）_____
（7）_____
（8）_____
（9）_____
（10）_____

这个工具很简单，就是要改变我们潜意识里的自我认识模式，如图 6-15 所示。

图 6-15 改变自我认识模式

当你意识到又要批评自己的时候，请立刻停止，把它变为鼓励。语言会长久地作用于心志，这是一种古老的心理暗示法且屡试不爽。无论是写下来还是说出来它们都会产生强有力的影响。

很多同学经过一段时间练习之后，发现自己原来紧锁的眉头变得舒展了，脸上会带着自然的微笑，甚至连皮肤都变得很光滑，越来越漂亮或越来越帅气。

6.4 接纳不完美的自己

有的同学会说："我是真的太差了，我怎么做都感觉很自卑，怎么办？"当你觉得自己不好的时候，请不要自暴自弃，我们要学会接受，才能试着改变。有同学会说："我也想要自我接纳，我怎么才能做到自我接纳？"世界上最遥远的距离就是知道和做到之间的距离了。在此，介绍三个切入点，接纳"不完美的自己"。

1. 第一接纳"我失败了"

人的一生不可能是风平浪静的，总会或多或少遇到一些阻止自己前进的障碍物。成功和失败是可以互相转化的，要允许自己失败，不要把失败看成是一种不可挽回的错误。此时此地的失败不代表彼时彼地的失败，今天的失败不代表明天的失败。我们经常说**错过的代价远远大于试错**，如图 6-16 所示。所以我们要敢于去做，敢于试错，哪怕失败了，那也是难得的经历。

图 6-16　错过与试错

你们想一想，如果你们身边有一群**完美先生，完美小姐**，不允许自己和别人犯错，处处挑剔，吹毛求疵，这样"完美"的人你们会喜欢吗？我相信大多数人都不会喜欢，既然不喜欢，那为什么又强求自己成为完美的人呢？要勇敢地接受"我失败了"，然后努力去改变现状。

有同学可能会担心，自己太过于接纳自己的现状，就会变得懒散，变得不自律，没有办法成长，所以做不到接纳自己失败，觉得那样会更加痛苦。确实，纠结在这个漩涡当中是非常难受的，特别是有的时候，如一次考试或一次活动，如果我们没有达成自己想要的结果，不管旁边的人怎么跟我们说"你已经很棒啦"，我们都无法接受。

要了解**自我接纳的本质**，如图 6-17 所示，你会发现自我接纳**不会让你的成长停滞不前**，因为自我接纳可以**让你处在一种动态的成长中**。也就是说你一边非常愉快地成长，一边以一种很平和的心态去面对你自己的不足，同时也正是因为你的这种平和，才能够在接下来的时光里有更快的发展。

就像这次考试考得不好，那就接受"考试失败"，马上转移焦点，去总结考得不好的原因，然后制定改善措施，争取下一次成功。这就避免了你在考试失败的漩涡里挣扎，浪费时间，消耗能量。

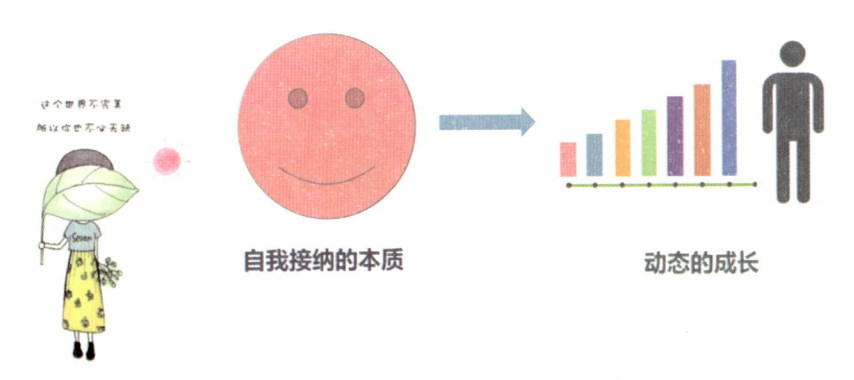

图 6-17　自我接纳的本质

2. 第二接纳"我没有"

你们知道**火星爷爷的故事**吗？

火星爷爷许荣宏（台南人，1966 年生）曾任职于花旗银行、滚石唱片、蕃薯藤、汇丰银行、电视豆，上班做行销，下班写故事。这似乎跟普通人没什么不同，但是他八个月大时得了小儿麻痹，七岁才学会走路；常一个人出国自助旅行，横跨过日月潭两次，也曾跨越北极圈拜访圣诞老人；拍过微电影，演过 MV，在网站发表个人文章后结集成书……身体的不便，并未阻止他丰富自我。他说："困住我们的从来不是'没有'，而是我们如何看待'没有'。"如图 6-18 所示。

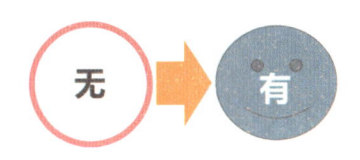

图 6-18　火星爷爷向"没有"借东西

向"没有"借东西，便是放下抱怨，思考自己还缺少什么，哪些能力还需要提升。是目标管理能力、时间管理能力还是记忆力、专注力？看看自己缺什么，再一一弥补。弥补的过程可能会很艰难，就像许荣宏一样不知用坏了多少根拐杖，在台上说错过多少词。但不要紧，有一颗敢于化不可能为可能之心，你已迈出了一大步，**相信你会找到从"无"到"有"的力量**。

3. 第三接纳"我做不到"

同学们看过《海贼王》这部动漫吗？如图6-19所示，没看过也没关系，下面我给大家介绍一个片段。

图6-19 海贼王路飞的成功秘诀

在《海贼王》中，草帽海贼团当家路飞曾经说过一句话："我的确不会什么剑术，我不懂航海术，也不会做菜，也不会骗人，我相信没有别人的帮助我就活不下去！"鱼人阿龙讥讽他说："跟了像你这么无能的船长，你的伙伴一定觉得麻烦吧。真不明白你的伙伴为什么要那么拼命地救你。像你这种既没尊严又没用的人，哪里是做海贼船长的料。你能做什么？"他回答："我能打赢你！"之后，他打败了阿龙，解救了同伴娜美及其村落。

为什么路飞能拥有忠心的伙伴，带领着十人小团队成为新世界的神话？因为他相信：人不是万能的，需要同伴，需要分工。只有集结大家的力量，才能做更多的事。对于每个同伴，只要找准定位，各司其职，草帽海贼团就可以航行得很远，就能够一路沿着伟大航路寻找终极宝藏"ONE PIECE"。

对同学们而言也是如此，你们不是万能的，在学习的过程中会遇到很多困难，会有很多光靠自己做不到的事情，这时就需要同伴的支持和帮助。这个同伴可以是同学，可以是父母，可以是老师，也可以是朋友。这就强调我们要学会合作，不要闭门造车。你可能不会制定目标、不会做计划、时间分配不合理、记忆不好、专注力不强、课程效率不高、考试成绩不好，没关系，3D高效学习力可以给你一些思路、方法和工具，这也是你成长路上的同伴，是另一种合作者。你读到这本书，就已经迈出了合作的第一步，已经开始向同伴学习了，所以你们都很棒，通过合作学习来提升自己的能力，进而增强自信心。

我们做到了以上这三点接纳，就会发现用这种泰然处之的心态对待不完美，思路就会变得开阔，遇到问题就会想办法解决，最终获得成功。

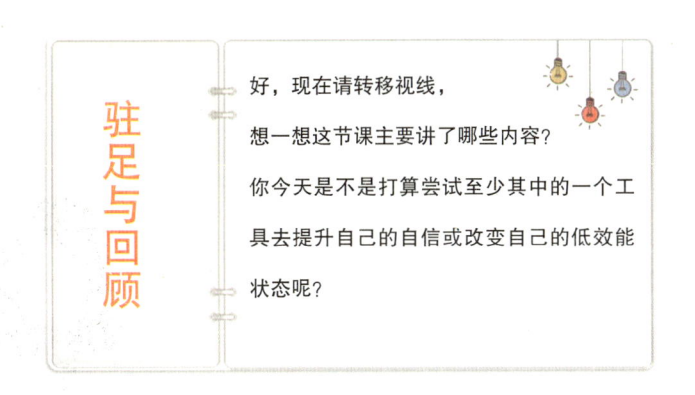

> **驻足与回顾**
>
> 好，现在请转移视线，想一想这节课主要讲了哪些内容？你今天是不是打算尝试至少其中的一个工具去提升自己的自信或改变自己的低效能状态呢？

训练任务

根据自身情况，选择三大魔法工具之一，连续训练一周，然后感受一下你自己有没有什么变化。

训练任务

据自身情况,选择三大魔法工具之一,连续训练一周,然后感受一下你自己有没有什么变化。

寄 语

自信是与生俱来的天赋,让我们一起来拿回属于自己的力量与光芒吧!

第七章

专注力
——打开大脑的引擎

大家有没有听说过一句话"**专注力已经成为这个时代非常稀缺的心理资源之一**"。这种说法并不是危言耸听，在这浮华喧嚣的社会，人们的专注力日益减弱，2017年来自盖洛普公司的一项调查结果显示，**中国职场人士中能够全身心投入工作的仅有6%**。

专注力缺失的问题在青少年身上表现得更为明显。随着智能手机的普及，青少年更容易被五光十色的信息和花样百出的游戏转移专注力，想要集中精力在自己的学业上变得更加困难。缺少专注力，我们便无法进入专心致志、浑然忘我的状态，更加体验不到其中的乐趣和充实感。专注力的缺失让我们变得十分浮躁，做事急于求成，三分钟热度，遇到一点挫折就会轻言放弃，以致于让我们离成功越来越远。

巴菲特和比尔·盖茨第一次见面时问过彼此一个问题："人一生最重要的是什么？"

他们不约而同地在纸上写下了一个单词："Focus"，也就是专注。专注的重要性如图7-1所示。

只有足够专注，才能进行深度的思考；

只有足够专注，才能最终实现自己的目标；

只有足够专注，才能对抗来自外界环境和自身情绪的各种干扰；

只有足够专注，才能让平凡的学习和生活变成一个又一个无可取代的"当下"，并让我们从中品尝快乐和满足。

▶ 思考

人一生最重要的是什么？

"Focus"，也就是专注。只有足够专注才能

1. 进行深度的思考；
2. 最终实现自己的目标；
3. 对抗来自外界环境和自身情绪的各种干扰；
4. 让我们从"当下"中品尝快乐和满足。

图 7-1　专注的重要性

7.1　如何进入高度专注模式

专注模式是有规律可循的，一般会经历四种状态，如图 7-2 所示。

专注模式会经历的四种状态

开始专注 ➡ 开始走神 ➡ 觉察到自己走神 ➡ 注意力拉回

图 7-2　专注模式的规律

我们做一件事开头一般会专注而且高效；十几分钟后我们开始走神，注意力不那么集中；然后我们觉察到自己在走神，几乎每小时会觉察到

4~5次走神的状态；我们要将注意力拉回到当下的目标。

根据专注模式的规律，我们要**进入高度专注模式**，需要做到以下四步，如图7-3所示。

第一步　要有意图地设定专注目标
第二步　要尽可能地弄清楚分心物
第三步　对选定的目标预设专注的时间段
第四步　走神后将注意力拉回最初的目标

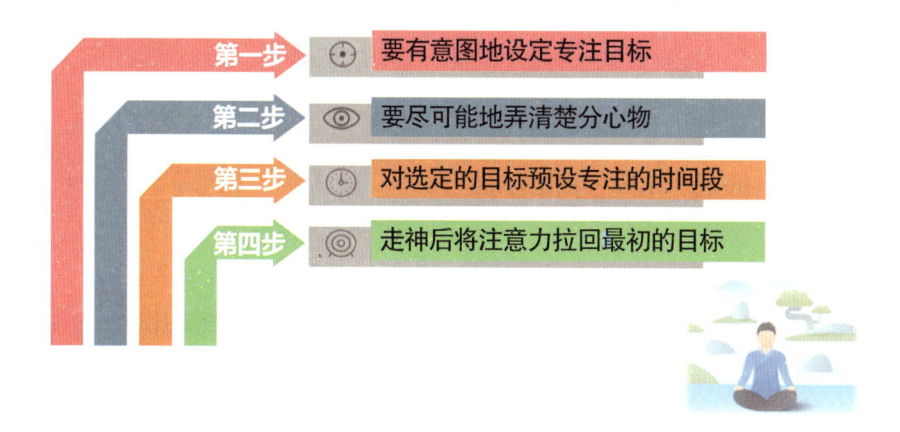

图7-3　进步高度专注模式的步骤

第一步：**就是要有意图地设定专注目标**。如何制定目标我们前面已经讲过，要根据SMART原则设定自己的核心目标，然后用目标倒推法把目标进行分解，大目标分解成小目标，最后结合近期目标效应，将长远目标分解为近期目标。

第二步：**就是要尽可能地弄清楚自己的分心物**。我们分心的原因很简单，那就是当下的分心物比我们真正应该做的事情更吸引我们的注意力。同桌的一个小动作，教室内的一个响动，天空开始打雷、下雨等，这是**外在的分心物**。我们还必须控制**内在的分心物**，如我们不时冒出来的一些想法和随机的联想画面，以及对没有吸引力的任务产生的抗拒。所以我们在设定目标的时候一再强调要发自内心，而不是注重别人的期待。我们需要提前预估可能的分心物，等到分心物出现时就尽量清除。

第三步：**就是对选定的目标预设专注的时间段**。我们需要设定一个让你觉得具有可行性又稍微有些挑战性的时间长度，这里我们可以借助番茄闹钟法，一个番茄钟25分钟，具体时间你可以根据实际情况进行调整。

第四步：**是走神后将注意力拉回最初的目标**。我们每天几乎有一半的时间在走神，除了生活时间，真正专注于学习的时间大概也就八小时。因此我们不要为察觉到自己总走神而心慌、焦虑，走神很正常，关键是学会如何控制，我们要尽快察觉并把注意力拉回当下正在做的事情上。

7.2 如何找回我们的专注力

了解如何进入高效专注模式之后，我们就要想办法去寻找我们的专注力了。其实每个人自身都具备一定的专注力，只不过我们没有让这个潜能充分地发挥出来，所以要想办法**找回我们本身具有的专注力**。具体方法如图 7-4 所示。

1、树立目标，寻找专注力的第一途径

2、立即行动，寻找专注力的关键一步

3、橘子集中，进入专注状态的仪式感

4、适当奖励，正强化激发专注的意愿

5、心流状态，让专注点燃快乐的火种

图 7-4　找回专注力的方法

1. 树立目标，寻找专注力的第一途径

我经常听到家长反馈孩子缺乏专注力，这背后的原因有很多种，重中之重就是缺乏学习目标及对目标的认可度，学生们不知道为什么学习。因此，树立目标，是寻找专注力的第一途径，如图 7-5 所示。

图7-5 树立目标是寻找专注力的第一途径

请你思考一下：在你还没想明白为什么要学习或者为什么一定要考上父母期望的理想大学之前，你在学习的时候是什么状态？

你现在可以写下来：

_____

_____

_____

迷茫困惑、压力大、提不起精神、心不在焉、动力时有时无甚至是厌学等，在这种状态下，你可能投入自己全部的专注力吗？显然是不可能的。你必须先给自己树立一个目标，在整个3D高效学习力实操训练过程中，我一直在强调目标的重要性。只有拥有清晰明确的目标，你才可能在某一领域投入专注力并有所建树。所以在进行目标制定的时候，我要求你一定要问问自己："我为什么要这么做？我想要得到什么样的结果？"你可以拥有多个目标，但一定要有一个核心目标，并为这个核心目标找十条以上的非要实现不可的理由，以此来激发自己的专注力。

谁都想成功，哪怕你现在学习成绩不好，但你曾经也一定想过要在某些方面表现突出获得认可。任何一个小小的成功，都需要从树立目标开始，要通过目标在心里种下一颗小小的种子，然后投入你的专注力，去精心培养它，期待它生根发芽。我们不太可能实现心里从来没有期待过的事情，没有目标，就没有明确的方向，专注力就会涣散。相反，树立目标之后，你就会拥有一股内驱力，这种发自内心的力量会驱使你朝着目标专注地走下去。目标一旦达成，你的成就感就会提升，这种成就感会给你迈向更高目标的勇气。

因此，如果你之前还没意识到目标的重要性，那就从现在开始树立自己的目标，一并开启寻找专注力之旅。关于如何制定目标，如果还不十分清晰，请重新返回第二节去寻找方法，希望你早日找到自己的专属目标。

2. 立即行动，寻找专注力的关键一步

你们当中有些人是不是已经制定了目标，也做了相应的计划，但迟迟没有真正开启行动？为什么？可以写出你的顾虑和想法。

我迟迟没有开启行动的原因：

_____

_____

有的同学可能没有这方面的经验，对这件事不熟悉，不知道自己能不能做好，会不会实现预期的结果。这些想法一直在脑海中盘旋，越想越不能专注，由此造成逃避和拖延，同时也使自己陷在焦虑和烦恼的负面情绪之中。一般情况下，让我们无法开始行动的原因无非就是以下三点：一是对失败的恐惧；二是迷茫，不知道如何着手；三是习惯性的懒惰和拖延，如图 7-6 所示。

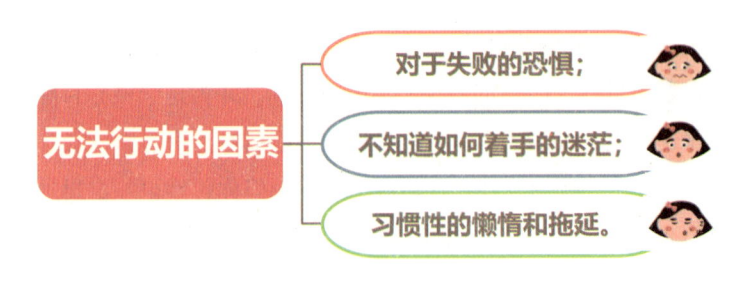

图 7-6　无法行动的因素

其实，面对这种情况，最好的解决方法就是"立即行动"，先说服自己放下那些没有意义的想法，然后试着去做，哪怕很小的一个行动。你可以从 5 分钟、10 分钟开始，只有行动才能让你的专注力有落脚点。你尝试之后才知道是否可行，如果可行，就会激励自己专心致志地继续做，直到达成目标为止；如果不可行你也要分析原因，制定改进措施，准备尝试新的行动。当你开始专注在行动上时，之前那些让你困扰的情绪仿佛一瞬间就烟消云散，这时你会发现你觉得那些会让你头疼和棘手的问题其实并不存在，也没有想象中的那么困难，就像心理学上的"飞轮效应"。

飞轮效应指为了使静止的飞轮转动起来，一开始你必须使很大的力气，一圈一圈反复地推，起初每转一圈都很费力，但是每一圈的努力都不会白费，飞轮会转动得越来越快，你也会觉得越来越省力。

专注学习行动也一样，一旦开始行动，有了一点点成果，后续的行动就会像飞轮一样转起来，这和我们常说的"习惯成自然"是一个道理。在制订行动计划的时候可以参考计划制定这节课的内容，制订的计划越科学、合理越有利于行动。相信同学们练习几次之后，都能找到自己的节奏，制订出可落地可实现的目标与计划，这样行动起来也能更专注。如果你还是觉得按制订计划的要求和步骤太麻烦，也可以用以下三个步骤开启你的行动，如图 7-7 所示。

按照以下步骤去开启你的行动：

找一件你马上就能付诸行动的事情 → 找出一个最为细小的步骤 → 投入专注力，迈出第一步

图 7-7 立即开启行动的步骤

第一步：找一件你马上就能付诸行动的事，这件事对你当前来说很重

要，如马上写作业或者为了明天的考试马上要进行复习等，一次只做一件事，专注当下，不要去想其他的事情。

第二步：**找出一个最为细小的步骤**，确定要做的重任务后，你还需要进行细分，找到其中难度最低、最容易操作的环节。如你想复习英语，那么打开生词表背几个单词就是容易操作的；再如想要复习物理，拿出之前的试卷，分析几道错题就可以成为你行动的第一步。

第三步：**投入专注力，迈出第一步**。任务及开始行动的小环节明确之后，你可以设定一个10分钟的起步时间，然后开始专注于行动。10分钟非常短暂，不会对你构成压力，很容易坚持下来，你很有可能在这个过程中让"飞轮"旋转起来。到时候你会发现10分钟可能不够用，为了完成任务，不得不加快脚步，这样效率就会得到提升。

3. 橘子集中，进入专注状态的仪式感

行动开始之后，同学们是不是经常发现不一会儿自己的专注力就不知道去哪儿了？一会儿摸摸这个，一会儿看看那个。要解决这个困扰，我们不妨尝试建立"仪式感"。所谓"仪式感"，就是在行动之前的某些程序性的行为，如饭前洗手、睡前洗漱，它能对你的内心做出提示，让即将要做的事情变得更重要，也可以说是激活专注力的"开关"，按下"开关"，你就进入专注模式了。

追求仪式感时，不用拘泥于某一种方式，每个人习惯不同，可以根据自己的喜好来定，也不用太复杂，重要的是通过追求仪式感让自己变得更专注。如打一个响指、坐直身体、做一次深呼吸等。在此给同学们介绍一种我常用的快速集中注意力的方法——**橘子集中法**，如图7-8所示，我们一起来体验一下。

第一步：先闭上眼睛想象一个橘子的形象，想象它的色泽和香味、重量以及手感。

第二步：想着学习的目的，如要学会什么知识点、要完成哪个学习目标等。

橘子集中法步骤：

深呼吸1~3次　　想着学习的目的

舒缓嘴角和眼角　　后脑45度放橘子

图 7-8　橘子集中法

第三步：用手将橘子举到头上方 15~30 cm，斜后方 45° 的位置，想象它安稳地固定在那，无论怎么动，都不会掉下来。

第四步：舒缓嘴角和眼角，露出微笑，睁开眼睛，开始学习。

试着多练习几次，也可以把这个方法教给其他同学，和他们一起练习一起分享感受。在做橘子集中的时候，每个人的感受可能会不一样，有人觉得眼睛更亮，看东西更清晰；有人觉得更清醒，更精神；还有人后脑勺放橘子的位置会感觉热热的。每个人感觉不一样，这没关系，当你察觉自己走神时就做一次，我自己一天要使用十多次，这个方法可以让我快速进入专注状态。

如我指导过的学生，他们有的会在学习前，花五分钟把书桌收拾干净，只留此次任务所需的物品，这样可以减少干扰；还有的学生会在学习前做一分钟的腹式呼吸，帮助自己进入专注状态；也有同学通过积极的心理暗示，在心里对自己说"我要专注学习了"。

请不要小看这些小小的仪式，它可以作为强有力的杠杆，大幅度提升你的专注力。你不妨从现在开始就找一找最适合自己的"仪式"，看看有哪些行为可以成为打开你专注力的开关。

我自己喜欢的仪式感有：

4.适当奖励，正强化激发专注的意愿

同学们想一想，在你们的日常生活和学习当中，有什么行为可以激发你的专注力，让你愿意投入其中？我经常听家长朋友们说："什么时候我家孩子的学习，能像他打游戏一样投入啊？"为什么打游戏这么投入，玩过游戏的同学有没有分析过？

第一，游戏让你认为"我行"。不管中间输多少把，最后一把基本是赢，因为不玩到赢你不会罢手，久而久之你的潜意识会产生一个特写：哦，我总能赢！那么学习为什么不行？你一般在什么情况下会停止学习？基本是学不下去、学不会的时候就不想学习了，在最厌学的时候停止学习，你对学习的印象就是我学不好，我总是学不会。我们要改变这种状态，可以人造一个完美结局，如在学习结束之前设置10分钟的简单任务，这样能改变你对学习的印象，印象越好越想学，这就是用正强化激发我们专注学习的意愿。

第二，游戏有及时的奖励。如玩《王者荣耀》，你所有的操作都能立刻得到反馈，击败对手有赞美，打怪有金币，这种快速反馈的奖励能让你获得成就感。日常学习为什么不行？因为反馈慢，你期待的是一双手、一个夜晚、一支笔、一个奇迹，事实上是暂时看不到明显的效果。我们可以把这种奖励机制引入到平时的学习任务中，可以根据任务的难度和取得成果的大小制定自我奖励机制。我们每完成一项任务就可以适当地奖励自己，这样可以让我们产生动力，鼓足干劲、专心致志地完成更多的任务。比如你想提升十个名次，你就可以把每一个名次设为一个关卡，一共十个，每过一关就给自己一个小小的奖励，这种奖励的快感和成就感会激励你专注地过下一关。

这种奖励机制，正是利用了心理学上的"正强化"原理。正强化就是用某种有吸引力的结果对某一行为进行奖励和肯定，以期在类似情况下重

复出现这一行为。我们来看一个故事：**四块糖的力量**。

著名教育家陶行知先生当年在育才学校当校长时，在操场上看见一个调皮的男生正用一块砖头砸同学，他立即上前制止，并让这位男生等会儿去他办公室等他。等陶行知先生来到办公室，见那男生已经在办公室等候了。陶行知先生就掏出一块糖递给男生说："这块糖是奖给你的，因为你比我先到了。"还没等男生反应过来，陶行知先生又掏出一块糖递给男生："这也是奖给你的，因为我让你住手，你听了我的话，这说明你很尊重老师，尊重我。"男生接过糖果，满脸狐疑。接着，陶行知先生又说："我了解过了，你打同学时因为他欺负女生，你是打抱不平，这说明你有正义感。"说着又奖给男生第三块糖果。这时，男生又激动又惭愧："校长，我错了，同学再不对，我也不能打他。"陶行知先生露出了笑容，他拿出第四块糖，欣赏地说："这块糖更应该奖给你，因为你认识到了自己的错误。"

这个故事就是"正强化"的经典示例。根据正强化原理，我们对自己的专注力进行奖励，就能够巩固专注行为，使我们专注的意愿越来越强。

在此我也必须指出一点，用奖励来强化专注可千万不能过于随意，否则不但达不到目的，还有可能适得其反。例如，有的同学在设置奖励时只重视对高难度任务的奖励，忽略了对小任务目标的奖励，结果大目标完不成，获得奖励的日子也遥遥无期，这样就无法达到强化专注的目的。还有一些同学把奖品设定为各种各样的娱乐活动，如"我写完数学作业就去看一集电视剧""我攻克这道物理题就去打 30 分钟游戏"等，结果一下子就玩上瘾，专注力也收不回来，无心开启新的学习任务。

设置奖励要注意合理性：一是再小的任务也值得奖励，强调量变产生质变；二是尽量采取可控的方式，如一顿大餐，一个精美的日记本，而不是玩游戏、看电视等容易上瘾的活动；三是奖品最好与专注成果相匹配，任务越难奖励越大。如图 7-9 所示。

图 7-9　奖励的合理性

5. 心流状态，让专注点燃快乐的火种

同学们，回想一下你是否有过这样的经历：当你在做某件事情时，会全神贯注、全情投入、享受其中、废寝忘食？

有同学可能说：看小说的时候、刷手机的时候、打游戏的时候；也有同学会说：潜心研究某个感兴趣的难题时也会有这种状态。这就是心理学上所描述的达到"心流"的状态。心流就是你在专注进行某事时所表现出的心理状态，当你的专注力完全投入某种活动上，心流的产生会让你有高度的兴奋及充实感，让你进入自动专注模式。

咱们还是用游戏和学习来比较：当你打开一款游戏，进入游戏界面的时候，你根本不用调整状态，也不需要仪式感，几乎一秒入局，长时间高度集中，外界任何干扰好像都与你无关，甚至有人叫你，你都听不见。到了饭点，父母使劲敲门叫你吃饭，你还觉得烦，玩得无比带劲儿。在学习上又是什么状态呢？父母催了又催，还没开始行动，磨磨蹭蹭，好不容易开始学习，有点动静就把你的注意力吸引走了，到了饭点，闻着香味不用父母叫就自动出现在餐桌前等着开饭。

为什么会出现以上两种截然不同的状态呢？我们来分析一下**如何才能在日常的学习中获得心流**。想要让心流发生，就要尽量让你的任务具备以下这些特征，如图 7-10 所示。

图 7-10　心流的特征

（1）**意愿强烈**。这项任务是你自己主动愿意做的，而不是被强迫的无奈之举，如玩游戏、看小说是你自己特别想做的，见缝插针都想，而学习是被迫的，甚至是在被监督的情况下进行的，你心里会不舒服，甚至会感到痛苦。当我们的主观意愿越强、积极性越高时越容易进入专注状态，心流便会由此产生。

（2）**目标清晰**。清晰的目标能增加积极的精神体验，更容易产生心流。同样是玩游戏，如果你参加竞技比赛或组队比赛，一开始就是想赢，想得到多少分，达到什么等级，这些目标就会完全占据你的大脑，你专注到没时间想别的，沉浸其中，你会觉得非常快乐。但如果你玩游戏的目的是打发时间，你的内心就不会获得充实和幸福的体验。

（3）**即时反馈**。即时反馈是一个非常好的鼓励方式，前面我们也讲到了如何运用游戏思维设置学习反馈奖励。及时反馈能使你了解自己的进度与可能出现的结果和得到的相应奖励，这样你会对完成任务充满信心和热情，因而也更容易产生心流。

（4）**主控感强**。主控感指的是你对自己的行为负责，你自己才是完成任务取得成功的关键性影响因素。主控感会让你不由自主重视要做的事情，因此变得非常专注，在完成任务的过程中你会更容易进入心流状态。

（5）**适度挑战**。挑战性会影响情绪变化，挑战性过高，容易产生挫败感，引发负面情绪；挑战性过低，又会觉得无聊、没有意义。只有适度的挑战才能唤醒心流，让你感觉到兴奋和适度的紧张，这样达成目标后你才会获得强烈的满足感和愉悦感。

在这里说明一下，以上这五点并不需要同时满足，只要能满足一项或几项，就可产生心流。当你感觉自己无法专注、情绪越来越差的时候，可以从以上五点进行分析，并采取措施进行调整，为心流的出现创造条件。而心流将会带给你积极的情绪体验，让你获得对任务的掌控感，使你能够更加高效地完成自己的工作，并能够从平凡的任务中不断收获幸福和快乐。

以上这五种方式可以帮助我们找回专注力，同时也是让专注力这个潜能得到发挥的引擎。

7.3 如何训练我们的专注力

有些同学会说，我要是本身专注力不强怎么办？接下来我们再介绍几种提升专注力的训练方法，如图 7-11 所示。

图 7-11 提升专注力的方法

1. 自我暗示，给专注力以动力

自我暗示是一种很好的专注力训练方法。心理学研究认为：暗示能对人体产生积极作用，它是一种启示、提醒和指令，会告诉我们注意什么、追求什么、致力于什么和怎样行动，因而能支配和影响我们的专注力。一些准备参加大型赛事的运动员，他们在紧张、怯场而无法专注于当下的比赛时就会采用积极的自我暗示。比如在心里和自己说"我的实力远超对手""我一定能够取得胜利""我今天的状态很棒"等，通过自我暗示，排除杂念，专注于比赛本身，使自己进入最佳的竞技状态。我们也可以效仿运动员的做法，用自我暗示来向自己发出有益的刺激，以达到提升和锻炼专注力的目的。在进行自我暗示的时候，需要注意以下四个原则，如图7-12所示。

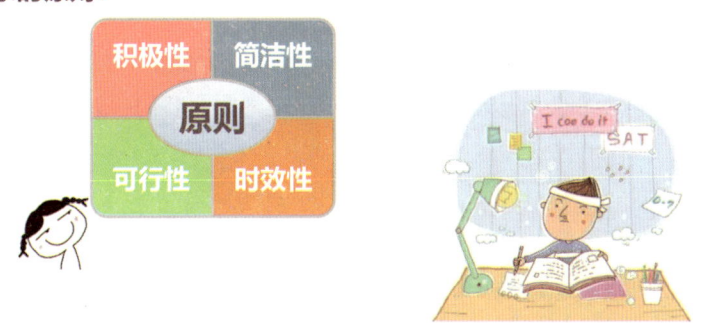

图 7-12 自我暗示的原则

（1）**积极性原则**。自我暗示可以分为积极的自我暗示和消极的自我暗示两种。我们要避免在不知不觉中对自己进行的消极暗示，如"我不行""我做不到"等，这会降低我们专注力水平。我们要多用积极肯定的词语来激发专注力，如"我能行""我可以""我肯定能成功""我一定能考好"等，这样才能为我们的专注提供动力。

（2）**简洁性原则**。自我暗示的语句应尽量简洁，多用"一定""肯定""必须"之类的词语，在脑海中形成深刻的印象，让我们的潜意识接受这种信念，变得更加专注。

（3）**可行性原则**。自我暗示的内容具有可行性时才能产生强大的力量，你不能暗示自己无论如何也做不到的事情。例如，"我一定能保持30分钟的专注力"，这个暗示具有可行性，但如果是"我必须保持12小时的专注力"，就会适得其反。

（4）**时效性原则**。自我暗示一般用在当下专注的任务上，我马上要怎样，而不是"我将来会好的""我以后会努力"，寄希望于以后的暗示没有任何意义。

坚持积极的自我暗示，这样积极的信息就会进入潜意识，影响你的思维方式和行为方式，久而久之专注做事就会成为习惯。

2. 腹式呼吸，让你精力更集中

同学们，你知道调整呼吸也能提升专注力吗？特别是情绪不稳定导致的专注力减弱。通过腹式呼吸调整你的生理和心理机能，达到调整情绪、消除紧张、恢复平静的目的。同时，腹式呼吸能够让你将专注力放在当下，让你的注意力更集中、思维和记忆更清晰。我们一起来体验一下腹式呼吸，具体的做法如图7-13所示。

（1）保持正确的坐姿；
（2）闭上眼睛，放松身体，有意地拉长呼吸的节奏；
（3）用鼻吸气，保持嘴巴闭合；
（4）屏住呼吸三秒，再慢慢地呼气；
（5）重复练习深长的呼吸，同时将专注力集中呼吸上。

图 7-13　腹式呼吸

（1）保持舒服的坐姿，双脚平放在地面上，给自己五分钟的时间进行练习。

（2）闭上眼睛，放松身体，开始拉长呼吸的节奏，保持舒服的感觉。

（3）开始吸气，吸气的时候嘴巴闭合，用鼻子吸气，想象大量的新鲜空气从鼻腔一直输送到胸部、腹部,接着小腹会慢慢地鼓起。可以将手掌轻轻贴在腹部,去感受腹部的微微起伏。

(4)你可以一边吸气一边在脑海中数"1、2、3、4",数完第四下后,屏住呼吸三秒,再慢慢地从鼻子呼出。想象气体被呼出,小腹会有收缩的感觉,注意千万不要憋气。

(5)重复地深长的呼吸,注意鼻吸鼻呼,同时将专注力集中于呼吸上。一旦你的脑海中出现了杂乱的想法,就要把注意力拉回,直到心神完全沉浸在呼吸中,这样就能达到训练专注力的目的。

按照以上步骤,你可以练习3~5分钟,每天练习2~3次,所用的时间不多,但只要坚持下去,你一定能够体会到其中的变化,并能够逐渐找回你丢失的专注力。

3.脑力游戏,提升训练趣味性

(1)鼻子耳朵转

游戏规则:左手耳朵,右手鼻子,来回换,打乱顺序,加快速度。如图7-14所示。

游戏规则:
左手耳朵,右手鼻子,来回换,打乱顺序,加快速度。

图7-14 鼻子耳朵转

你们自己练习一下:鼻子耳朵,右手鼻子,左手摸右耳朵;耳朵鼻子,左手鼻子,右手摸左耳朵;来回反复训练。

(2)一枪打四鸟

右手大拇指和食指比画成"枪",其他三根手指并拢在掌心;

左手大拇指收拢贴近掌心,其余四指竖起,即为"四鸟";然后,左手迅速变"枪",右手变"鸟",左右手迅速交替。如图 7-15 所示。

右手大拇指和食指比划成"枪",其他三根手指并拢在掌心;
左手大拇指收拢贴近掌心,其余四指竖起,即为"四鸟"。
然后,左手迅速变"枪",右手变"鸟",左右手迅速交替。

图 7-15　一枪打四鸟

大家练习熟练之后,可以增加难度,从一枪打一个,一直玩到一枪打十个,如图所示 7-16 所示。

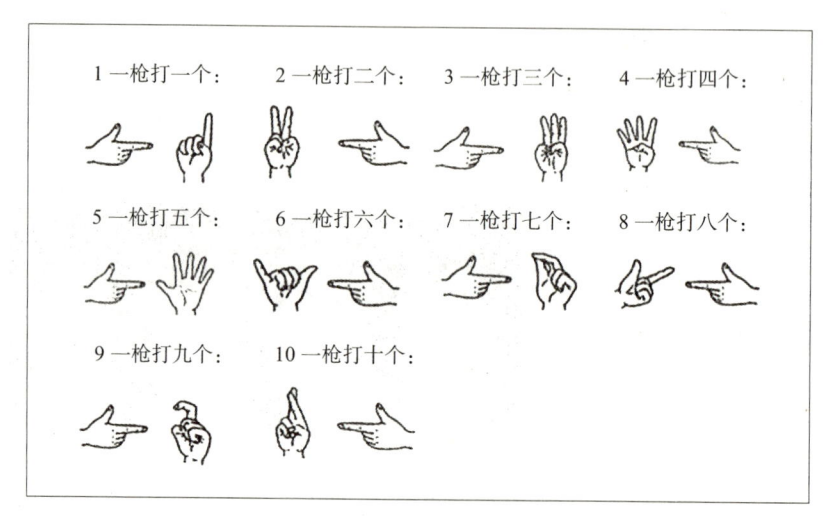

图 7-16　一枪打十鸟

你们学习累的时候或者课间,可以和同学一起玩这个游戏,看谁做得好,娱乐的同时锻炼专注力,给乏味的学习加点料。

4. 舒尔特表,有效提升专注力

舒尔特方格是最简单、最有效也是最科学的注意力训练方法。

（1）操作方法

第一步：如图 7-17 所示，先画个 1cm × 1cm 的 25 个方格，格子内任意填写上阿拉伯数字 1-25 中的任意一个数字，每个数字只能出现一次。

第一步：先画个 1cm×1cm 的 25 个方格，格子内任意填写上阿拉伯数字 1-25 等共 25 个数字。

第二步：保持科学的坐姿，身正、腰直、肩平、足安、目视前方。

第三步：视线自然地放在表格的中心，头不要晃。

第四步：按数字从小到大的顺序找出表格中每个数字所在的位置。

6	25	5	23	8
19	21	16	9	22
3	2	24	7	10
15	18	1	13	11
4	20	17	12	14

图 7-17　舒尔特表

第二步：保持科学的坐姿，身正、腰直、肩平、足安、目视前方。

第三步：视线自然地放在表格的中心，头不要晃。

第四步：按数字从小到大的顺序找出表格中每个数字所在的位置。

（2）衡量标准

平均一个字符用一秒钟，25 格用 25 秒，为优良。

刚开始练习达不到标准是正常的，切莫急躁。也可以从 16 或 20 格开始练起。感觉熟练或比较轻松达到要求之后，再逐渐增加难度，千万不要因急于求成而使学习热情受挫。

（3）注意事项

请大家自行设计表格来练习，在设计的过程中要注意三点：

1）要不停地更新表格，一个表格一天最好只用一次，因为表格用久了我们就会熟悉，训练的效果会降低。

2）数字填入时一定要无序，随意，不要有规律；如果想增加难度，也可以用诗词或句子，把顺序打散放到格子里。

3）每天最好练习 10 次左右，当然越多越好。

驻足与回顾

这节课我们讲了要进入高效专注模式，我们需要找回自己专注力的五种方法，以及提升专注力的四种方法，哪些是你课下愿意尝试的呢？可以去教给你的小伙伴们，让他们知道你有多棒！

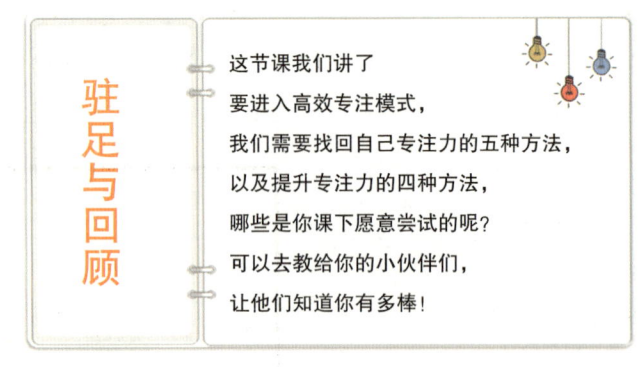

训练任务

1. 对比练习：先用普通阅读方法阅读一分钟，再尝试用橘子集中法阅读一分钟，比较一下效果，谈一下两种方式对比后的感受，有什么不一样？

2. 自制三张舒尔特表格，进行专注力训练，并记录时间。

训练任务

1. 对比练习：先普通阅读一分钟，再尝试橘子集中法阅读一分钟，比较一下效果，谈一下对比后的感受，有什么不一样？

2. 自制三张舒尔特表格，进行专注力训练，记录时间。

对比后的感受：
_____
_____
_____

三张舒尔特表，分别____、____、____格，用____、____、____秒。

寄 语

即刻开始，
打开专注力的开关，
发挥这一神奇力量，
创造高效学习的巅峰体验吧！

第八章

课堂效率
——提高成绩的高速公路

请同学们思考一个问题：为什么同一个老师教学，有的同学不仅学习成绩好，学习兴趣浓厚，而且将学习当作快乐的事情，学习之路越走越开阔；有的同学付出很多时间努力学习，但是依然写作业难，考试难，觉得学习很痛苦？

就是因为课堂效率！课堂效率高的同学，学习用时相对较少，但是收获的知识较多，而且学习有成就感和快乐感；课堂效率低的同学看似在听课，实则是在无效学习，课下花费很多的时间来补课，负担重，压力大，学习就成为一件痛苦的事。**课堂听课效率的高低，直接影响学生学习成绩的优劣。** 如图 8-1 所示。

课堂听讲效率的高低，直接影响学生学习成绩的优劣。

图 8-1 课堂效率对成绩的影响

8.1　提高课堂学习效率的要点

同学们想一想：此刻你是一位小老师，对于提高课程效率，你有哪些好的建议？请写下来。

我的建议有：

_____

_____

_____

你是不是把平时自己的听课心得、经验教训都写下来了？这一节我来分享提高听课效率的七个要点，如图 8-2 所示。同学们看看是不是和你的建议一致？如有雷同，不是巧合，说明咱们英雄所见略同。

图 8-2　提高课程效率的七个要点

1. 积极回答问题

同学们可能都有这样的体会：上课的时候，某一个问题曾被老师提问过，即使当时答错了，但往往在很长时间内对这一问题的答案，仍有清晰的记忆。这是因为参与回答时大脑的思维活动比平时要活跃得多，能充分调动人体感知能力，并在头脑中形成强烈的刺激。

做课堂学习的主人，就是要主动、积极地参与课堂内的所有学习活动，不做旁观者。课堂上，老师会经常提出一些问题让同学们解答，其实这个时候，正是锻炼和提高自己的最好时机，同学们在课堂上要积极大胆地举手发言，回答错了也没关系，把存在的问题暴露出来才更便于纠正。有些同学学习成绩平平，担心回答错了，同学们会嘲笑自己，因此很少发言；有的同学更害怕发言与提问，当老师提问时，心跳得咚咚直响，眼睛不敢正视老师，唯恐老师提问到自己，这种害怕被提问、视老师提问为痛苦与麻烦的想法不利于学习成绩的提升。

从此刻开始改变自己的认知，积极回答问题，如图 8-3 所示。在你觉得自己知道答案，但又不确定对错的时候，才更应该回答问题，只有这样，你才能知道自己这个想法到底有没有价值。不是正确答案不代表没有价值，也许它恰恰给老师和同学提供了另一种思路，很多问题并不是只有一种解法、一种答案，尤其是主观题，同学们可以从不同的角度锻炼自己的认知能力。如果一堂课是一场戏，那么课堂内的每一个同学都应该是这场戏的一个角色，并且人人都应该争唱主角。

改变认知
01 积极参与，不做旁观者
02 调整心态，不要怕答错被嘲笑或轻视
03 问题暴露出来才便于纠正
04 通过回答问题验证想法到底有没有价值

图 8-3　积极回答问题

2. 带着问题听讲

明尼苏达大学教授肯尼斯·R. 莱伯德提出过一个观点：**困惑是学习过程中的有益部分**。如图 8-4 所示。

学习本来就是从困惑中摸索问题答案的过程，能够描述出来问题就已经成功了一半。只要发现了困扰你的东西是什么，那你就离解答出来不远了。

图 8-4　肯尼斯·R. 莱伯德的观点

听课效果好不好的一个关键因素就在于是否带着问题去听讲。如果能够做到带着问题去听讲，通过老师的讲解就能快速解决相应的疑问，当堂理解课上所讲的知识点；否则，则很容易陷入盲目的泛泛而听，不知道该听什么，也不知道哪里应该重点听，从而导致上完一节课后会感到很茫然，不清楚老师究竟讲了哪些知识。

建议同学们重视课前预习，通过预习知道这节课哪些是重点、难点、疑点，这样上课听讲的时候就有了目标。上课时老师讲的知识点，哪些自己已经知道，哪些需要弄明白，做到心中有数我们听讲就有了针对性。遇到不明白的问题，我们就会听得格外仔细、认真。如果老师对这处难点讲得不细、不透彻，还可以在课堂上及时提问，总之一个原则：争取当堂弄懂，当天掌握。

3. 理清思路、听门道

俗话说："会听听道道，不会听听热闹。"课堂上听讲也是这样一个道理，会听讲的同学能听出问题的来龙去脉，不会听讲的同学只是听听热闹。听讲时一定要听懂老师所讲的每一个重要环节，听老师是怎样思考、分析、判断和处理的，如图 8-5 所示。

有的同学课上不注意听老师讲的思路，只是偏重于记老师推导总结的结论或公式，认为这是一条捷径，其实这是一条死路。因为学习的目的是增长知识和发展智力，现在的考题都是侧重解决实际问题，知其然不知其所以然，只是死背结论，是不能达到考试（考核标准）要求的。

● **听懂老师讲的每一个重要环节**

图 8-5　老师讲解的几个环节

4. 全身心投入

父母、老师经常教育我们上课一定要集中精神，专心听讲，做到全身心投入。**请同学们思考一下："全身心投入"的标准是什么？**

你有答案了吗？如果有请写下来：

_____

_____

有的同学可能写出了自己的见解，有的同学会觉得看着好理解，可是真要说标准，好像很难，更多的是一种主观的感觉。在此我给同学们一个标准，供大家参考，**全身心投入的标准可以用五"到"来衡量，即耳到、眼到、口到、手到、心到**，如图 8-6 所示。

全身心投入的标准：五到

耳到　　眼到　　口到　　手到　　心到

图 8-6　全身心投入的标准

我们分别来看一下具体的内容，如图 8-7 所示。

全身心投入
- **耳到：** 听老师的讲解和答疑；听同学们的讨论和不同见解。
- **眼到：** 看教材、参考资料、黑板上的重点；看老师的肢体语言并和老师进行眼神儿交流。
- **口到：** 大胆提问；积极回答老师的问题；复述重点。
- **手到：** 记笔记；划重点；批注感受。
- **心到：** 注意老师分析问题的思路，学习老师的思维方法。

图 8-7　五到的具体内容

耳到，就是上课要听哪些内容，如注意听老师的讲解和答疑，听同学们的讨论和不同见解。

眼到，就是上课眼睛要看什么内容，如看教材、参考资料、黑板上的重点，看老师的肢体语言并和老师进行眼神交流。

口到，就是上课要说什么，遇到问题要大胆提问，积极回答老师的问题，还可以复述重点，总之把被动的听课变成积极主动的交流。

手到，指上课手要写什么，如记笔记，划重点，批注感受。日常指导学生的过程中发现对于笔记要记什么，怎么记，很多同学是不清楚的，后面我们会重点讲。

心到，其实也就是要学会思考，注意老师分析问题的思路，学习老师的思维方法。没有思考就没有学习，思考是一种深层次的学习，是将一般知识转化为智慧知识的唯一途径。

有了这样的标准，同学们执行起来是不是就容易了很多？其实大多数时候同学们不是不做，是不知道该怎么做，只能怪汉语太博大精深，只能意会不能言传，很多事情都要靠"悟"，这个"悟"让同学们不知所措。所以我相信：**如果你知道怎么做，你会去做的**。

5. 对比预习与讲解的异同

同学们可以对比自己在预习或自学中对学习内容的理解，和老师讲解的内容与方法有什么异同。通过比较，同学们一是能加深对知识的理解，二是能加强自己对认识的提高，三是能发现自己在预习中出现的错误，做出及时的调整。如图 8-8 所示，这样就能让预习更有效，让时间更有价值。

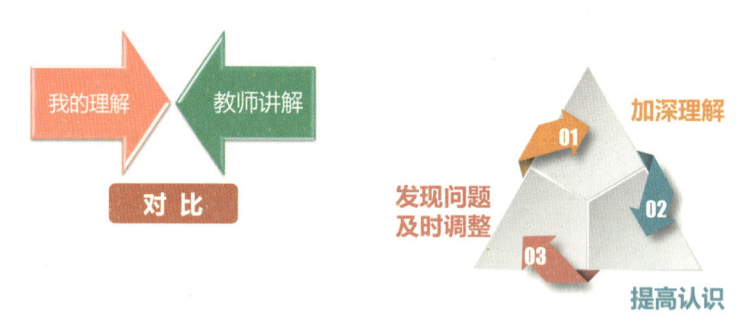

图 8-8　对比预习与讲解的异同

6. 自觉参与课堂讨论

在老师组织同学们进行小组讨论时，同学们一定要自觉参与，积极表达自己的观点。课堂讨论能提升同学们的学习效率，如图 8-9 所示。

图 8-9　参与课堂讨论的价值

一是积极思考，加深对所学知识的理解。

二是即使提出的观点不正确，你也能及时发现自己的问题，及时解决。

三是讨论时可以听取各种意见,自己容易受到启发产生新的创意。

四是讨论能锻炼一个人的口头表达能力,提高你的辩论能力。

根据学习金字塔原理,如图 8-10 所示,被动的听课只能吸收 5%,而参与小组讨论能记住 50%,同学们知道了这个学习的奥秘,下次小组讨论的时候一定要积极参与。

图 8-10 学习金字塔

7. 重视课堂总结

有的老师会要求同学们做课堂总结,但是大部分同学会把这个总结当成一个过场,殊不知,课堂小结是提升学习效率的不二法宝。课堂小结一般从以下几个方面进行,如图 8-11 所示。

图 8-11 课堂总结的要点

一是回顾，这节课主要内容是什么，老师开头是怎样引入的，中间是怎样引导分析的，最后是如何总结归纳的，同学们要弄清来龙去脉。

二是分析老师的思路，在理清老师思路的基础上，思索老师用了哪些思维方式，思维过程是怎样，你是否有不同的思路。

三是留心结束语，结束语是老师对一节课所教内容的概括总结，留心它，有助于把握这堂课的整体，做到心有全课。

四是概括本节课所学要点，将它纳入自己已有的知识结构，融会贯通。

讲到总结，同学们可能会产生疑问，为什么3D高效学习力实操训练的课堂上，每节课结束时老师不进行总结，而是让同学们去回顾？老师不是疏忽也没有偷懒，而是以一种全新的方法在训练同学们的记忆能力。

以上就是我们针对如何提高课程效率介绍的七个要点，我刚才留了一个伏笔，就是如何有效记笔记，现在很多同学都很重视记笔记，老师和家长也爱检查，好像没有笔记就没上学一样。那怎样记笔记呢，是不是老师讲的内容都需要记？如果这样就会出现忙着抄笔记，抄了前面的内容却没认真听老师讲的后面的内容的情况，得不偿失。究竟该如何做？让我们一起来学习如何运用笔记提高课堂效率。

8.2 如何运用笔记提高课程效率

1. 记笔记的好处

了解记笔记的好处，有助于同学们加强对记笔记的重视。记笔记的好处如图 8-12 所示。

（1）**记笔记有助于提升注意力**。我们人类的感知中，听觉反应速度会比讲话的速度快 3～4 倍，在老师讲话和我们接收信息的这个时间差中，很多注意力不是很好的同学，会出现分心的现象。如果你主动记笔记，紧跟老师的思路，可以有效地避免开小差的情况。

图 8-12　记笔记的好处

（2）**记笔记有助于发现知识的内在关系**。在记笔记的过程中，对要点、关键词、关键语句、教师总结语句的记录，实际上是帮同学们梳理知识的内在联系。

（3）**记笔记有助于新旧知识的链接**。在记笔记的过程中，同学们可以对新知识进行扩展、延伸，可以从旧知识中获取信息，补充新知识，让新旧知识之间建立起联系。

（4）**课堂笔记是重要的复习资料**。同学们在记忆的过程中，不可能将教师讲解的内容都记录下来，听课的过程中，当时你可能听懂了，但过一段时间之后，可能就全部忘记了，或者对一些细节和概念记不清楚了，笔记就可以帮助你快速地复习。这里要强调的是，笔记是用来复习的。有的同学，仅仅为了记笔记而记，之后就将笔记束之高阁，这样的笔记对学习起到的作用是有限的。复习笔记的过程，实际上也是对知识再加工的过程，这个过程可以让同学们更高效地学习。

2.怎样记笔记更有效？

在日常的学习中，课堂内容往往知识点多，信息量大而杂，同学们经常顾此失彼。日常教学过程中，我们发现学生在记笔记中常犯以下两种错误：

第一个是将老师所讲的内容一字不漏地记下来；

第二个是只记大小标题，漏掉许多重要信息。

1）笔记内容程序化

究竟该如何记笔记呢？在一定程度上我们可以把笔记内容程序化。什么是程序化？就是指在课堂学习中要依据一个标准，可以是老师的授课线索，也可以是同学们复习后的重点、难点部分，同学们可以根据自身的实际情况有选择地记录相关内容。

请同学们思考一下：你记了那么多年的笔记，有没有总结出一些心得，有哪些内容是值得记的，有没有一些明显的规律？如果有请你写下来：

_____

_____

_____

在这里我给同学们六条建议，如图 8-13 所示，希望这六条建议能让你记笔记时更有的放矢。

1	2	3	4	5	6
课堂上强调的重点	分析问题与解决问题的思路	课本以外的要点	听讲时的心得体会	听讲时的疑问	重要的图表和图解

图 8-13　有价值的笔记要点

一是老师课堂上强调的重点。比如老师在讲课上会强调：最重要的是……，记住……，因此……，由此可见……，总之……，结果……这些关键词后面都是重要的记录线索。

二是老师分析问题与解决问题的思路。线索是：首先……，然后……，分三步来看……，同学们要抓住这些关键词后面的内容。

三是课本以外的要点。如老师经常会说"补充一点"，这一点是什么就很关键，是同学们要记下来的（内容）。

四是听讲时的心得体会。听讲的过程中同学们会有一些自己的想法，可能是和旧知识衔接时迸发的火花，也可能是教师讲解过程中不同的看法，将这些记录下来，有助于你理清思路，举一反三。

五是听讲时的疑问。有时候我们在听课的时候没有听明白老师的思路，可能是由于之前基础知识的衔接不顺畅，也可能是你当时没理解老师讲解的思路。没有关系，你可以把这些记录下来，并做好记号，这些将是你课后学习和复习的重点。

六是重要的图表和图解。很多老师讲课的过程中，会将一些重点难点用图标表示出来，这样的教学设计是为了让同学们更好地理解，这些图标和图解通常伴随着重点、难点和考点，将这些图标和图解记下来，也能加深你的理解和记忆。

2）笔记形式多样化

笔记形式多样化是指记笔记的形式、方法有许多种，同学们可以根据学习情境选择适宜的形式和方法以达到最佳组合。

课堂笔记有**两点基本要求**：一是尽量不遗漏重要信息，包括对笔记内容的标注和评论；二是清楚明了，主次分明。为了达到这两点，我给同学们提供**笔记形式多样化的一些具体方法**，供同学们借鉴和参考，如图 8-14 所示。

具体方法：
- 选择大一点儿的本子，不要一次写满应该留有空间，以便以后补充
- 笔记内容有层次性、系统性、并有明确的标号，不要一段段、一团团
- 为快速和清晰地记笔记，对常用词汇采用简单标记、符号代替
- 充分利用书本上的留白，做页眉页脚批注或旁注形式的笔记
- 利用视觉、动觉和听觉等多种感官通道刺激，提高记忆效率
- 除了概念、定理、定义、法则，尽量用自己的语言表述观点
- 积极的思维和广泛的联想，记录产生的思想，这是知识的融入和利用

图 8-14 笔记形式多样化的要点

（1）应该选择大一点儿的本子做笔记，记笔记时一页不要写太满，应该留有空间，以便以后增加一些必要的补充。

（2）记笔记要注意笔记内容的层次性、系统性，并有明确的标号，不要一片片地写，最好分条。

（3）为了快速和清晰地记笔记，对常用的词汇采用简单标记，或者采用符号代替，但前提是自己复习的时候要明白，不能妨碍理解。

（4）充分利用书本上下及两边的留白，做页眉页脚批注或旁注形式的笔记。特别是在语文的古诗词学习中，在课本空白处做笔记能一一对应，既省时又清楚。

（5）记笔记过程中要充分利用视觉、听觉等多种感官通道刺激，提高记忆效率。

（6）笔记中除了定式化的概念、定理、定义、法则，尽量用自己的语言表述观点，能用自己的语言表述，就能够加深理解。

（7）记笔记时进行积极的思维和广泛的联想，对产生的思想进行记录，这就是知识的融入和利用。比如我在学一个新知识的时候，常做的就是会想我能把这一点用到什么地方，这样容易做到举一反三。

8.3 高效笔记的实用工具

1. 康奈尔笔记法

康奈尔笔记法又叫作 5R 笔记法，是用发明这种笔记法的大学校名命名的。这一方法几乎适用于一切讲授或阅读课，特别是对于听课笔记，5R 笔记法应是最佳选择。这种方法是记与学，思考与运用相结合的有效方法。具体包括以下**几个步骤，如图** 8-15 所示。

图 8-15 康奈尔笔记的步骤

第一步：记录。 在听讲或阅读过程中，在主栏内尽量多记有意义的论据、概念等讲课内容。

第二步：简化。 下课以后，尽可能及早将这些论据、概念简明扼要地概括在回忆栏，即副栏中。

第三步：背诵。 把主栏遮住，只用回忆栏中的摘记提示，尽量完满地叙述课堂上讲过的内容。

第四步：思考。 将自己的听课随感、意见、经验体会之类的内容，与讲课内容区分开，写在卡片或笔记本的某一单独部分中，加上标题和索引，编制成提纲、摘要，分成类目。并随时归档。

第五步：复习。 每周花十分钟左右时间，快速复习笔记，主要是先看回忆栏，适当看主栏。

我们来具体操作一下。

第一部分：准备笔记本，具体要求如 8-16 所示。

（1）准备出一个专门的笔记本，也可以用你现在的笔记本。

（2）画一条水平线，连接纸的左右两端的边线。这条线会把页面的上下两部分比例划分为 3:1，距离页面底端留出 2cm 的空隙。这块是预留出来做总结的区域。

（3）在左侧画一条垂直的线。这一竖线应该在距离左侧边线约 2.5cm

的地方，这一块是用来复习的区域。在页面右边空出了很大的一部分空白。这一块是用来做听课笔记或者读书笔记的区域，让你可以有充足的空间来记录一些要点。

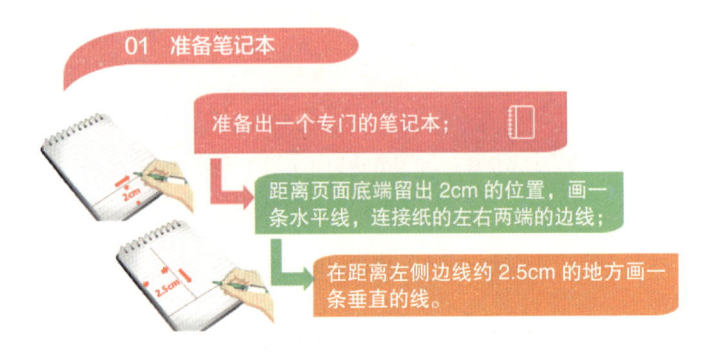

图 8-16　准备笔记本的具体要求

第二部分：记笔记，具体要求如图 8-17 所示。

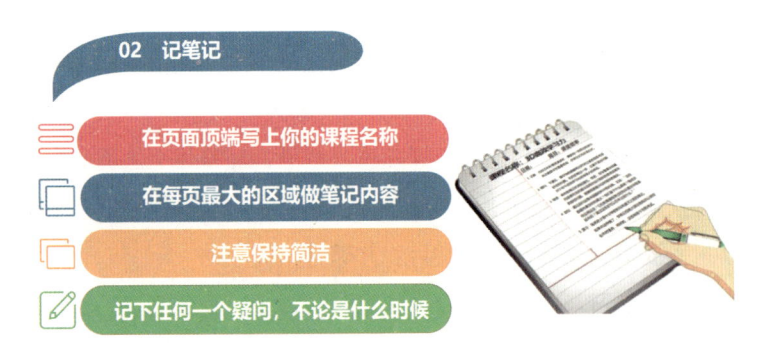

图 8-17　记笔记的具体要求

（1）在页面顶端写上你的课程名称。这样做会让你的笔记更加系统，而且当你复习的时候也更加容易找到你想要复习的那部分内容。

（2）在每页最大的一块区域做笔记。当你在听课或者阅读的时候，只能把笔记记在右手边的区域。笔记应该包括：老师在黑板上的所有板书内容或者是幻灯片中的内容。把遇到的每个要点都记下来，留意重要信息的发出讯号，如我们之前讲的那六条线索。

（3）要注意保持简洁。想着这一点：你的笔记最后要可以成为授课内容或者所读书本的一个大纲。专注于获取关键词或者关键语句，这样你才能跟得上老师的速度——之后你将有足够的时间查缺补漏。不要试图把每一个字都记在纸上，记得使用特殊符号或缩略词或者你自己"发明"的速记符号。这样你更容易保持注意力去跟上老师的思路，同时也没有遗漏掉信息。

（4）记下你遇到的任何一个疑问，不论是什么时候。如果有什么地方是不懂的或者不清楚的，就把它快速地记下来，这些疑问会有助于你消化这些当前的知识。

第三部分：复习和拓展，具体要求如图 8-18 所示。

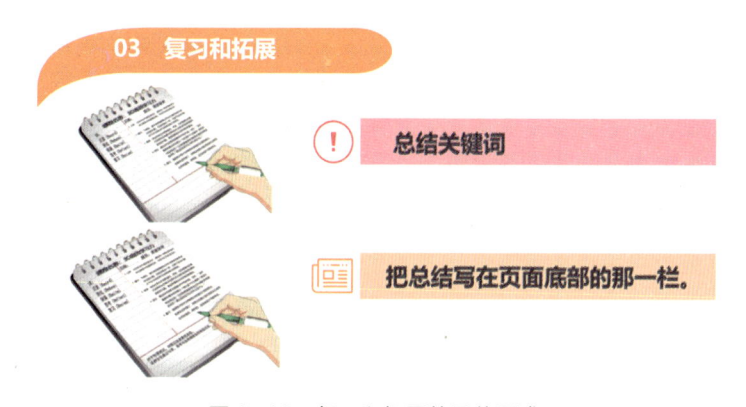

图 8-18　复习和拓展的具体要求

（1）总结关键词。比如"5R 分别是什么"。当你听完一节课或者看完一本书的时候，尽快从笔记本右手边的部分提炼出关键思想和关键事实。把浓缩后的要点记录在左手边的那一栏。关注那些关键的字词和最为重要的概念。花几分钟时间来重温一遍，这将会加强记忆效果。如果你是个视觉型学习者的话，你可以把页面右侧一栏中的主要观点划线标记，或者是用荧光笔圈出。

（2）把总结写在页面底部的那一栏。比如写："对于听课笔记，5R 笔记法是最佳选择，这种方法是记与学，思考与运用相结合的有效方法。"

这将会使你的思路更加明晰。一般来说，我们的总结写上短短几句话就足够了，如果有必要的话，可以再附上公式、方程、图表。你可以用自己的语言来总结内容的要点，这是检查你对内容理解程度非常有效的方法。如果你可以用自己的语言来总结要点，那么就说明你对课程内容有了一定的掌握。这时你或许可以问问自己："如果我要向别人解释这些观点，我该怎么说？"如果你在总结某段课程内容的时候遇到了麻烦，不妨看看自己的笔记中是否有什么问题还没弄明白，或者可以直接请教老师。

第四部分：把你的笔记学起来，具体要求如图 8-19 所示。

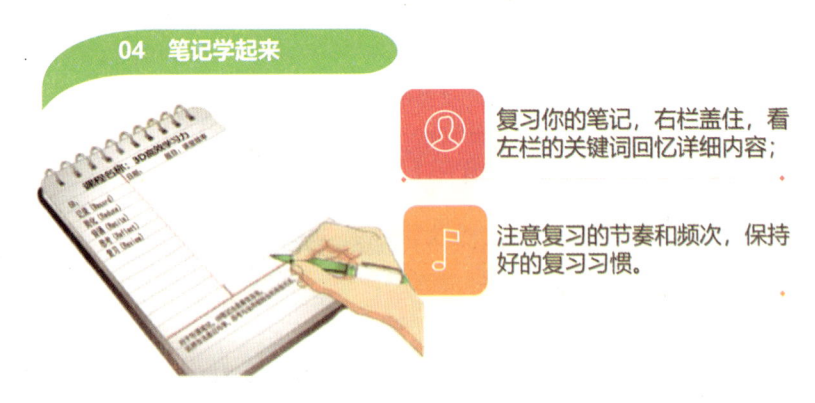

图 8-19　复习笔记的具体要求

1）复习你的笔记，把右栏盖住，看看根据左栏的关键词，你能不能回忆起详细的内容。自己考一下自己，如果有一部分忘记了，那就赶紧再复习一下右栏的内容。

2）注意复习的节奏和频次，保持良好的复习习惯，避免在考试前才临时抱佛脚。掌握好复习节奏能极大地提高你的记忆，并且深化你的理解。通过刚才的练习，同学们基本学会了使用方法，这种做笔记的方法初用时，可以以一科为例进行训练。在这一科不断熟练的基础上再应用于其他科目。

2. 思维导图法

思维导图是东尼·博赞发明的，思维导图如图 8-20 所示。

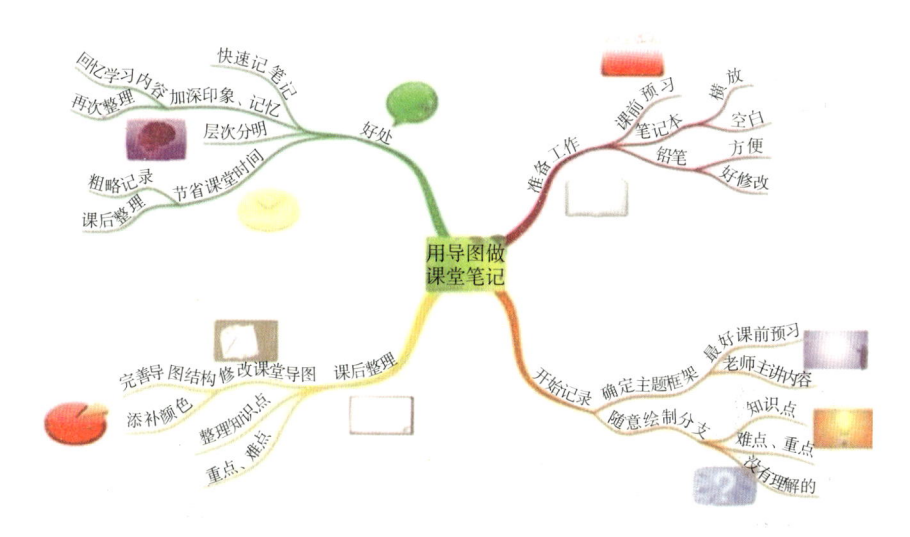

图 8-20 思维导图

1）思维导图记笔记的好处

用思维导图记课堂笔记的好处，如图 8-21 所示。

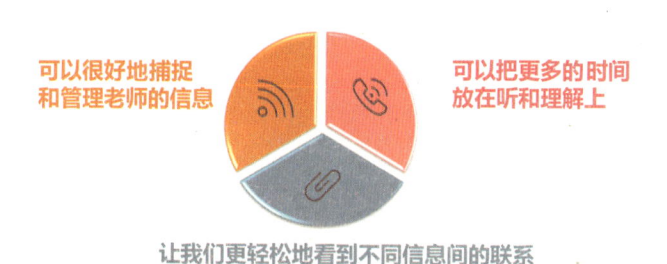

图 8-21 思维导图记笔记的好处

（1）思维导图只记关键词或图片，方便快捷，可以把更多的时间放在听和理解上；

（2）思维导图笔记将所有的信息，以关键词和图片的形式记录在一张纸上，可以让我们更轻松地看到不同信息间的联系，不仅给我们一个宏观视野，也带给我们一个微观感知；

（3）思维导图可以很好地捕捉和管理老师的信息。很多时候，老师会被自己的联想思维带偏，同学们在记笔记的时候就会面临着几个问题：我应该记什么？我应该把这条信息放在哪个位置？如果用思维导图，这些问题就不存在了，如果老师从一个主题跳到另一个主题，我们也可以跟随老师从一个分支自由地跳到另一个分支。

2）思维导图的画法

画思维导图之前我们需要做一些准备，如图 8-22 所示。A4 纸 1 张、彩色水笔、你的大脑再加上你的想象。

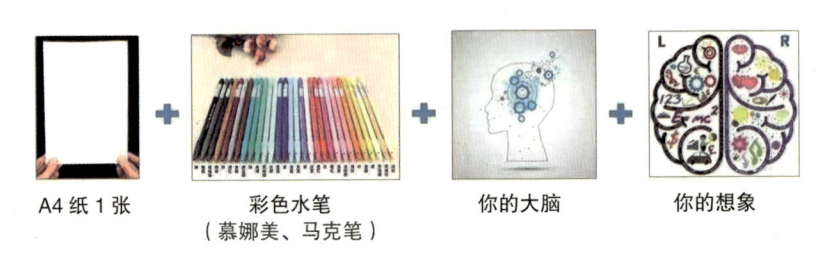

A4 纸 1 张 ＋ 彩色水笔（慕娜美、马克笔） ＋ 你的大脑 ＋ 你的想象

图 8-22　思维导图前的准备

手头没有彩笔也没关系，咱们先学习一下绘制方法，**绘制思维导图四部曲**，如图 8-23 所示。

第一部分 中心图案	第二部分 一级分支	第三部分 二级分支	第四部分 色彩和图标
• 与中心主题有关 • 中心图案在纸中央 • 颜色 3~7 种	• 12 点方向起顺时针转 • 双线、曲线呈现形式 • 左右归类形成结构	• 关键词提炼准确 <4 • 一词一线，词线等长 • 字在线上，字迹清晰	• 颜色 >3 种 • 关键词可用小图标 • 形成图标库

图 8-23　绘制思维导图四部曲

我们结合《爬山虎的脚》这篇文章，来讲解思维的具体步骤，如

图 8-24 所示。

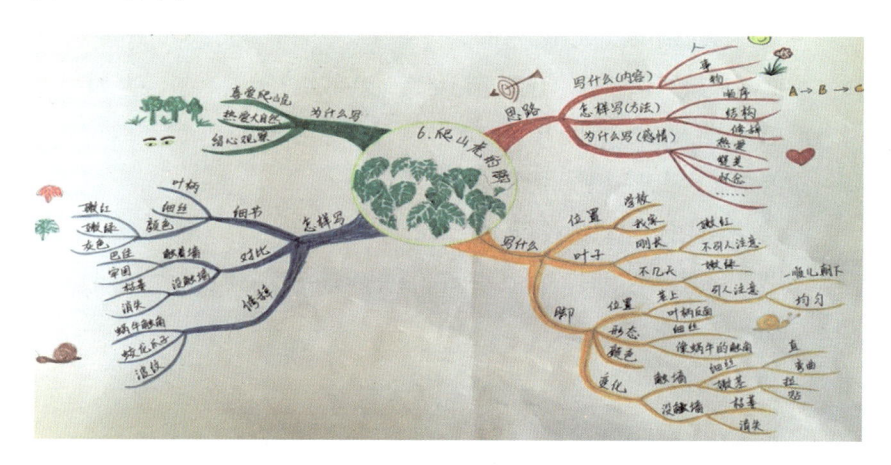

图 8-24 《爬山虎的脚》示例图

第一步：先画中心图案，把纸张横放，在中心位置划上这节课的主题，这篇文章讲的是爬山虎的脚。可以用一些色彩，颜色的种类一般控制在 3~7 种，这个图中直接形象地画出了爬山虎的样子。

第二步：一级分支，从 1 点钟方向开始，顺时针旋转，比如这篇文章画了四个一级分支，思路、写什么、怎样写、为什么写。有同学说老师，我不知道今天要讲什么内容，不知道没关系，老师讲到一个主题就画一个一级分支。一级分支的线要画得粗一些，有些弯曲的弧度。

第三步：二级分支，二级分支的重点在于提炼关键词，可以有多个并列的二级分支，每个分支上一个关键词，词线等长，字迹要清晰。比如写什么这个一级分支的下面就画了三个二级分支：关键词分别是位置、叶子、脚。二级分支的线比一级分支细一些。当然如果有三级分支，还可以继续往下分解。比如脚这个二级分支下面就有四个三级分支：位置、形态、颜色、变化，变化下面又有分支，有多少就可以画多少分支。

第四步：色彩和图标，也就是要完善思维导图，看看那些关键词可以用小图标来做个提示，便于理解记忆，比如这个同学画的嫩红嫩绿蜗牛等小图标。大家可以建立自己的图标库。

注意事项如下。

线条：按级别由粗到细，弯曲恰当，与线上文字等长；

关键词：简短、概括，有助于记忆，词在线上；

助记元素：背景鲜明，图画、颜色醒目，标记准确。

涂色原则：联想原则、情感原则。

3）思维导图记笔记的技巧

用思维导图记笔记时，有哪些技巧可用？这节课我们一起学习七个技巧，如图 8-25 所示。

1. 事先预习
2. 不用担心不能快速选取或整理出关键词
3. 把联想、灵感画到一个分支上
4. 没听懂的内容留下记号
5. 漏掉的内容画一个空白主干，课后补
6. 课后完善，给导图添加元素
7. 特定的课程内容使用模板记笔记

图 8-25　思维导图记笔记的技巧

（1）如果课程可以预习，一定要事先预习，这样对接下来的听课和课堂笔记的绘制有非常大的帮助。

（2）对于思维导图新手，刚开始记课堂笔记，经常会出现不能快速地选取或整理出关键词，而记下太多短语和句子的情况。这个很正常，不用担心，多记几次熟练之后你就会越记越少，你会发现只用几个关键词，就可以代替一大串文字，而且你的大脑可以根据这几个关键词搜索、联想到所有的信息。

（3）当你在听的时候，如果大脑忽然冒出一个观点或想法，不是老师讲的，那你就把它当作一个观点放到引发你联想的分支上。很多联想、灵感，往往就是一瞬间，如果你错过了，以后就不一定能够被再次发现。

（4）如果你在听的时候，出现了没听懂的内容，不要过分地陷入思考，在思维导图笔记对应的地方留下记号，然后继续听课，课后再去请教、思考、探讨，弄懂它们。你一旦绞尽脑汁过度思考，你就会忽略接下来老师讲的更多内容，得不偿失。

（5）听课的时候因为一些原因，偶尔会发现不知道刚才讲了什么的情况，如果你发现漏掉了一些东西，在你认为"漏"的地方画上一个空白主干或者次级枝干，课程结束后，这些空白分支会提醒你，让你去补全分支。

（6）虽然我们知道添加一些颜色和图画会对大脑有显著的帮助，但当老师讲得太快或者讲的内容太多，来不及换不同颜色的笔也没关系，你可以在课程结束后抽空去完善它，给思维导图添加上令你难忘的元素。完善思维导图的过程会加强你对课上所讲内容的理解和记忆。

（7）对于一些特定的课程内容，我们可以使用模版记笔记。把模板中的关键词添加到思维导图主枝干中，如六要素（时间、地点、人物、事件、经过、结果）等，然后把具体信息放入具体的位置即可。

我们来看一下之前参加3D高效学习力训练营的同学，用思维导图做的有关提升课堂效率的七个要点的笔记，如图8-26所示。

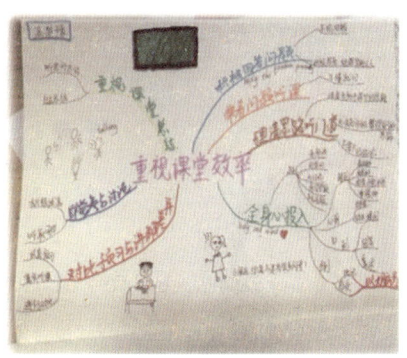

图 8-26　学生样图展示

可以看出，小小的一张图就可以把几千字的知识形象地描绘出来。需要说明的是，思维导图绘制的并不是简单的目录，我们在绘制思维导图的时候，要充分利用我们的大脑，充分发挥我们的想象。我们要充分利用思维导图的优势，用最少的文字和最丰富的色彩描绘尽量多的内容。

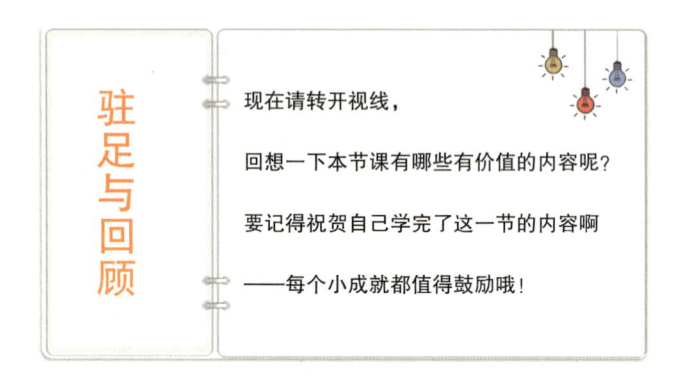

驻足与回顾

现在请转开视线，

回想一下本节课有哪些有价值的内容呢？

要记得祝贺自己学完了这一节的内容啊

——每个小成就都值得鼓励哦！

训练任务

练习使用思维导图，将之前学过的任何一节课整理成思维导图。

训练任务

练习使用思维导图，将之前学过的任何一节课整理成思维导图。

寄　语

提升课堂效率，
做课堂的主角，
让你的努力真正发挥价值吧！

第九章

记忆力
——我们都拥有最强大脑

记忆就像是大脑的自动提款机,外界的信息就和钱币一样,可以存到提款机里面,在有必要的时候,把它提取出来。可我们最大的困扰就是把钱存进去了,或者说觉得自己把钱存进去了,但考试要用的时候却取不出来了,心塞不,头疼不?别着急,这节课就带着同学们去破解这个难题。

9.1 记忆的类型

你有没有发现有些事情我们能记很久,比如小时候的一些事情,这些事情其实距离今天已经有几年或者十几年了;有些事情你刚看完就会忘记,可能只需要几秒的时间。这是因为记忆分为三种类型,如图 9-1 所示。

1. 感觉记忆

将信息以原始的形式短暂的保留,通常只会保留四分之一秒。就像我们拿着打亮的手电筒,在黑暗中快速地画圈,如果你移动得足够快,应该可以观察到一个完整的圆圈,如图 9-2 所示。如果稍微慢一点,你就看不到这个轨迹了,这个现象就和感觉记忆一样,非常短暂。

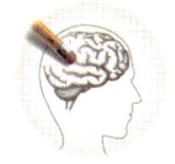

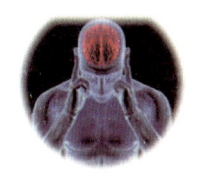

图 9-1　记忆的类型

将信息以原始的形式，短暂地保留。
通常只有四分之一秒。

图 9-2　感觉记忆

2. 短时记忆

先来玩一个游戏。

规则：一组数字 20 个，先不要看，自己定 40 秒的闹铃计时，在 40 秒内尽可能地去记住这组数字，看看自己能记住多少。你可以把自己记住的数字写下来，数数你记住了几个，如图 9-3 所示。

▶ **小游戏**：测测你的记忆力

规则：一组数字20个，**40秒，60秒**，你记住了几个呢？

43、57、12、33、81、72、15、44、96、7
44、18、86、56、57、6、78、61、83、73

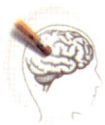

图 9-3　游戏测试

有同学记住了 5 个，有同学记住了 7 个，还有 9 个的、12 个的，没有人完全都记下来了是不是？

请用东西遮住刚才你写下的数字，我们一起来想一想为什么我们看了 20 个数字，记住的却不足一半？ 或者你回想一下，上次考试你因为记忆失灵错了几道题，丢了几分？

现在请大家再重新写一遍，你现在脑子里记住的数字是什么？还剩下几个？3 个、5 个、7 个，9 个，比刚才又少了对不对？没错，我通过提问给同学们设置了一个小干扰，一分钟后记住的就更少了。

这就是短时记忆，**短时记忆负责信息的接收、加工和暂时存储，时间大约为一分钟。特点是：容量有限、保持时间短，可存储 5~9 块**，如图 9-4 所示。所以如果你留存的数量在 5~9 个之间，说明你的记忆是正常的，并不是别人或自己眼中的记忆力差的笨小孩。

短时记忆负责信息的接收、加工和暂时存储。
时间大约为一分钟。
特点：容量有限、保持时间短，5~9 块。

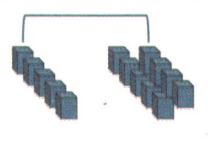

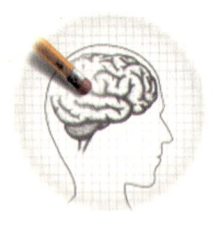

图 9-4 短时记忆

那你可能会问为什么 2015 年吉尼斯世界纪录保持者、来自印度的罗威尔·米纳可以背诵圆周率达到 7 万位？2016 年美国的亚历克斯·穆伦 1 小时可以记住 3029 个数字、28 副扑克牌，难道他们不是常人？为什么他们能记住那么多信息？

研究发现：记忆大师根本记不住随机摆放的棋盘，他们只是经过大量的"针对性任务"训练，从而才对所训练内容有超常的记忆，但比赛之外的测试，结果和你我相差无几。所谓"针对性任务训练"就像针对考试的内容，进行无数次重复训练一样。

3. 长时记忆

在感觉记忆中符合标准的信息会被大脑留下来进一步处理，这些内容会进入到短时记忆阶段，与此同时，没有经历过重复的信息就会丢失。这就是为什么老师会经常和学生们说，要复习、复习、再复习。只有这样才**能将短时记忆中的信息保留下来，通过思考、链接、实践等多个环节，使其最终成为长时记忆**，如图 9-5 所示。

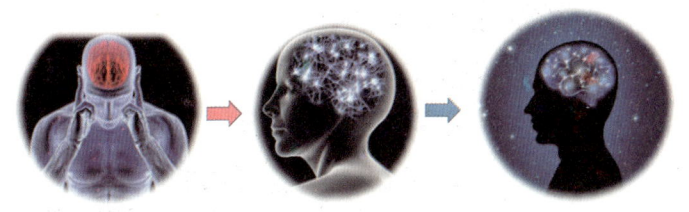

图 9-5　长时记忆

长时记忆是一个信息容量无限的存储器，所以，千万不要小看你的大脑，也不要觉得记得东西太多记不住，脑海里没地方了，大脑是不会出现这种现象的，这都是借口。

通过我们对记忆和记忆类型的了解，我们就很容易解释为什么有些东西记不住，有些东西忘不掉了，这都是因为信息经过了大脑处理进入到不同的记忆阵营中后出现的现象。对于学习者来说，我们都希望将学到的知识存入长时记忆，那我们具体该怎么做呢？德国著名心理学家艾宾浩斯给了我们一些有益的启发。

9.2 记忆的规律

1. 艾宾浩斯遗忘曲线

如图 9-6 所示，纵轴表示记忆保留量，横轴表示回忆的时间间隔。如果学完知识，马上就去复习，理论上来说能回忆出 100%；20 分钟后只能记住 58%；1 小时后就变成 44% 了；1 天之后还能记住 26%；1 周后则只剩 23%；到了一个月后，能想起的只剩 21% 了。以上数据说明学习中遗忘具有先快后慢的特点。

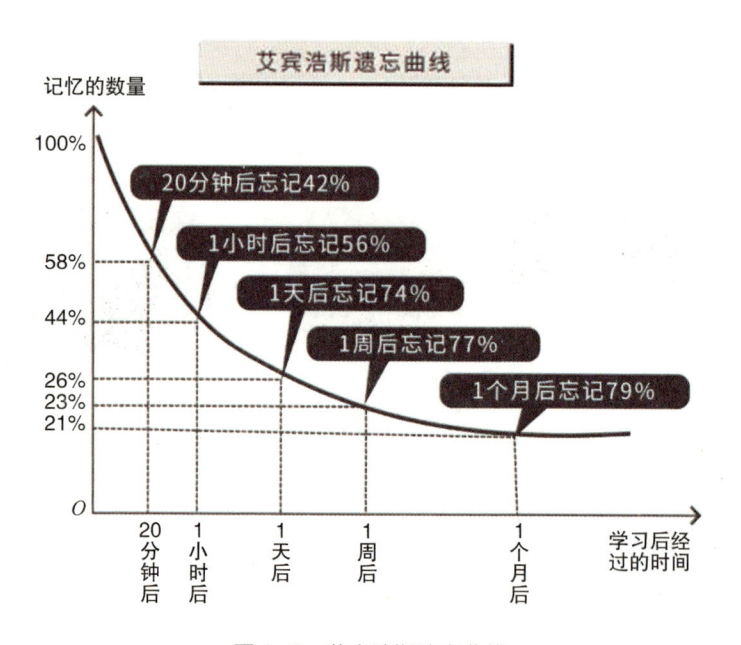

图 9-6　艾宾浩斯遗忘曲线

这个规律就可以解释为什么我们明明前一天学习的内容，第二天上课却怎么也答不出来。我们学习后没有及时复习，记忆的内容在接下来的一天内，迅速跌至 30% 以下，更何况有些时候其实你当时记得还没那么熟，所以我们学习任何知识时，及时复习都是必要的。

2. 过度学习

根据这个遗忘曲线或者说是记忆规律，艾宾浩斯提出了过度学习理论，主要含义是一个人要掌握所学的知识，一定要经常提醒自己只有通过反复练习，才能得到巩固。

这个规律用在我们提高记忆力中就是可以适度地过度学习，也就是我们常说的，用 120% 的努力换取 100% 的成功。一般来说，**过度学习的量控制在 50% 以内的效果最好**，如图 9-7 所示。

图 9-7　过度学习

就是在刚刚能够正确背诵一篇课文时，再用背诵课文时间的 50% 的时间来复习，就是最好的过度学习。比如你背 30 个单词用了半个小时，那你最好安排 15 分钟的时间进行复习，如果超过这个限度，也容易引起注意力分散、疲惫等情况，复习的效果反而会下降。

3. 间隔学习

我们该采用什么样的方式来复习呢？这就引出我们要掌握的第三个记忆规律：**间隔学习**。

艾宾浩斯将学习分为集中学习和间隔学习。所谓的**集中学习，就是在短时间内重复进行识记**。**间隔学习，就是前一次识记以后，间隔一定的时间再进行重复识记**。艾宾浩斯的研究结果显示，间隔学习要优于集中学习，如图 9-8 所示。

图 9-8　间隔学习

在学习中，间隔复习更有助于记住所有的学习内容。很多同学会在考前临时抱佛脚，突击复习考试内容，这种方式或许可以帮助你通过考试，但是这些知识并没有整合到你的记忆中，考完后，可能很多内容又被你忘记了，如果之后再考试，你又得从头复习一遍。而间隔复习却能最大限度地使所学的知识和技能拥有更长的保持期，这就是家庭作业、单元测验、阶段性复习的重要意义。

那对于同学们学习阶段最有利的间隔是什么样的？在这里我给同学们推荐**四轮学习法**。

对于新知识的学习，建议一天学四轮，如图 9-9 所示。

图 9-9　新知识的四轮学习间隔

对于考试的复习间隔,如图 9-10 所示。

图 9-10 考试复习间隔

9.3 记忆的方法

在四轮学习法的大原则指导下,我们来学习具体的记忆方法。

1. 过电影式记忆法

过电影就是回想,你们是不是感觉似曾相识?没错,我们每节课结尾的驻足与回顾部分,都是在运用过电影式的记忆方法,这种方法是目前联合国教科文组织承认的**最有效的复习方法**,如图 9-11 所示。

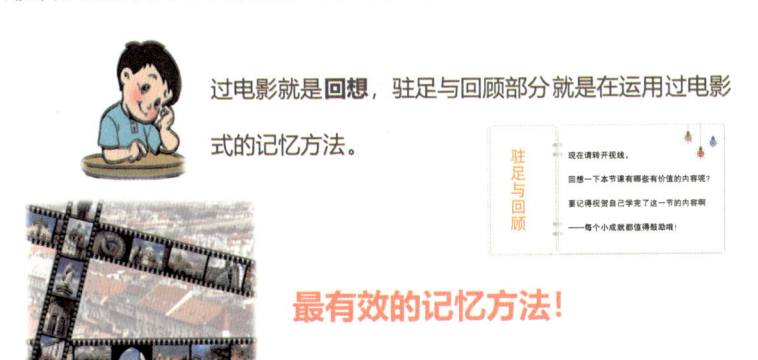

图 9-11 过电影记忆法

我们在回想时有些内容会非常清晰地呈现在脑海中，有些则比较模糊，甚至有时什么都想不起来。能想起来的部分说明已经对其进行了一遍很好的复习了，通过这样的方式间隔复习两到三遍，几乎终生不忘；而模糊和完全想不起来的就是缺漏部分，需要再学一遍。

案例分享

有一个同学，他给人的印象是爱睡觉，一到晚自习，别人都在埋头复习，他却经常趴在桌子上睡觉。可奇怪的是，每学期期末考试他都名列前茅。同学们心里很纳闷儿，便问他，他嘻嘻一笑，什么也不说，同学们开玩笑说他是不是有特异功能。后来有记者去采访他，他说他不是在睡觉，而是在"过电影"，他是趴在桌子上闭着眼睛回忆当天的学习内容，想想当天学了什么，哪些懂了，哪些还没弄懂，然后睁开眼翻书，看一下不懂的部分加深记忆，这样当天学过的知识就在这种"睡觉"中消化了，记住了。同学们看完书后，闭上眼睛，回想一下，归纳一下要点，这样能取得较好的复习效果，这种方法就是过电影记忆。

把记忆材料背到八成熟后，闭上眼睛，试着背诵，在脑子里过电影，这样可以断绝外界的种种刺激，排除干扰，使自己的精力高度集中，从而产生意想不到的记忆效果。同学们也可以尝试过电影的学习方法，如每学完一节3D高效学习力课程后，你们可以想以下几个问题，如图9-12所示。

以3D高效学习力课程为例
- 01 今天训练的主题是什么？
- 02 这个主题分为哪几部分？
- 03 这几部分的关系是什么？
- 04 我有没有跟上训练进度？
- 05 哪一种方法是我喜欢的？

图9-12 过电影时回忆的内容

把当天学的知识过一遍电影，把所学的知识做个总结，找出它们之间的联系，并围绕一条主线把这些知识串起来。这实际上是把老师讲的知识进行消化、记忆的过程，这也是一个去粗取精、由浅入深的过程，是把知识条理化、系统化的过程，这样就能把知识的精华牢牢记在脑海中。这种方法用的时间不长，但是效率很高，对提升学习成绩大有益处。

"过电影"的方式也有很多种，如图9-13所示。

"过电影"的方式

随时"过电影" 课后"过电影" 短时"过电影" 睡前醒后"过电影"

图9-13 过电影的方式

（1）**随时"过电影"**。如果你觉得某些知识应该记，那就及时地过电影，入睡前、起床、散步的时候都可以。

（2）**课后"过电影"**。老师讲课结束后不要急着边看书边写作业，而应闭上双眼把课上的内容像放电影一样回味一遍，把知识点真正印在脑海中。

（3）**短时"过电影"**。如果记忆的材料不长，你可以先看一两遍，然后马上合上书过电影。回想不起来的地方你就打开书看一下，然后继续过电影，直到记住为止。

（4）**睡前醒后"过电影"**。入睡前和早晨醒来都可以躺在床上过电影，回忆不出来的就立即翻书看一下。一般说来，凡是第二天清晨能回想起来的都能牢固地记在脑子里。实践证明，用这种方法既能省时间，又能取得好的效果，有的同学可能开始用会因此睡不着，但是坚持一段时间习惯就了，不会影响睡眠。

2. "组织"记忆法

这种方法在同学们日常的学习中可能都已经用到过，只是不知道方法的名称，我简单介绍三类。

1）关系图

我举个例子同学们就会明白，以《名侦探柯南》这部动漫为例，里边人物的关系错综复杂，如何能很快地记住人物关系？我们可以根据某种标准来划分，比如伙伴关系、同学关系、队友关系、对手关系。然后按照这种标准制成关系图，如图9-14所示，通过这张图你再去看人物关系，就不会觉得关系繁杂到理不清。

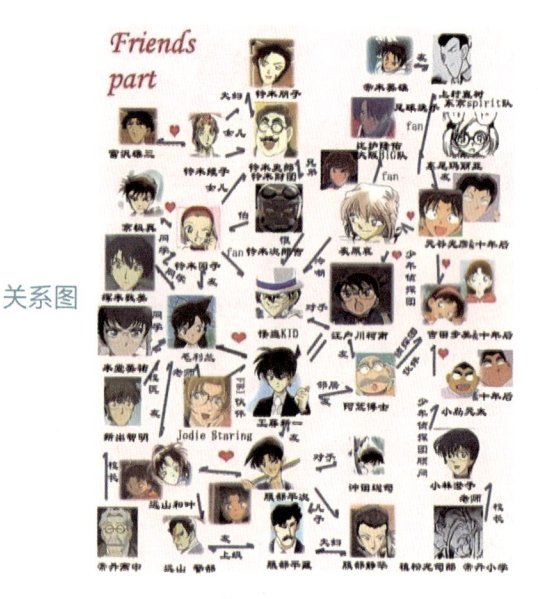

图9-14 《名侦探柯南》人物关系图

2）列提纲

提纲记忆法就是把所学的知识用线索"串"起来，就像钢绳总揽渔网，绳索串起铜钱。

提纲记忆法运用相对比较普遍，同学们日常学习中运用的频次应该比较高，如把一篇文章的主要脉络通过编写提纲的过程，分类、整理、综合、分析、概括成便于记忆的线索材料，在这个过程中自然而然消化了文章内容，巩固了记忆。

提纲记忆法主要有这样几个阶段，如图 9-15 所示。

提纲记忆法四个阶段

分析，通过分析力争对材料消化理解

综合，对识记材料进行全面概括，提炼出记忆的重点

表述，对需要记忆材料的总结过程

整理，对所提炼提纲最后确定的环节

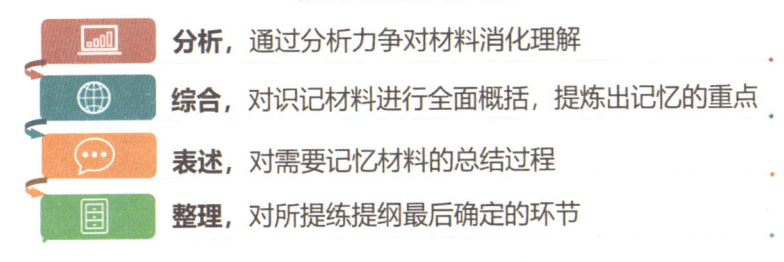

图 9-15　提纲记忆法的四个阶段

（1）**分析，通过分析力争对材料消化理解**。同学们回忆一下，你拿到一本新书之后一般怎么看？从第一页开始吗？我介绍一下自己的经验：一般都先看内容简介和目录，从宏观了解章节结构；然后看序或后记，了解写作背景和作者意图；再接着就是阅读正文，阅读正文时会先浏览每一章节的大标题，这样就能在较短的时间内，掌握文章的整体布局及脉络。

（2）**综合，对识记材料进行全面概括，提炼出记忆的重点**。对于某篇文章，你的记忆方法又是怎样的？语文老师是不是经常让我们写段落大意、总结全篇的中心思想？这是同学们非常熟悉的理解记忆方式，在此基础上，还需要进一步找出文章的重点、难点，并用提纲形式概括出来，这就是我们记忆的重点。

（3）**表述，对需要记忆材料的总结过程**。请你回想一下，如果要背诵一篇文章，你的记忆思路是什么？是从头到尾的记每一个字，还是先梳理一个框架提纲，然后再填充内容？如果是前一种，你可能经常记住后面就忘记前面，尤其是中间部分；如果是后一种，那你的记忆方法就相对比较科学，按提纲来记忆更容易掌握，不会丢三落四。

（4）**整理，对所提炼提纲最后确定的环节**。整理提纲的方法很多，对记忆都有较好的效果，常用的几种如图 9-16 所示。

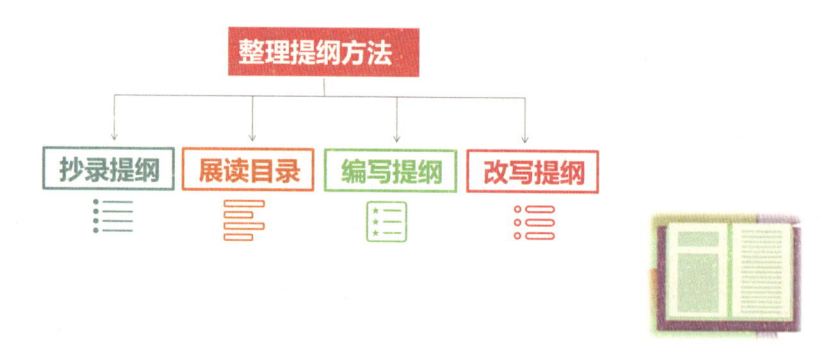

图 9-16　整理提纲的方法

一是抄录提纲，每本书都有目录，目录既精炼又概括。

二是展读目录，可以使记忆系统化，帮助你进行整体记忆。

三是编写提纲，用提炼关键词的方式编写提纲，记忆的提取是按关键词，而非段落，有了关键词，我们就抓住了主干。

四是改写提纲，对自己整理的提纲进行改写的过程，就是大脑重新编码的过程，这样可以使记忆更牢固。

3）思维导图

上节课我们学习过思维导图记笔记法，其实思维导图的应用非常广泛，在记录或储存信息时，思维导图尤为有效，它可以总结出你大脑中关于某一主题的所有相关要点，并且提炼出各个要点相关的所有信息。

我们一起来看一段**有关思维导图的介绍：给同学们 30 秒时间，看你能记住多少。**

思维导图是用图解的形式和网状的结构，加上关键词和关键图像，储存、组织和优化信息。每个关键词和图像都承担特定的记忆、鼓励新的思维，是记忆的激发器。思维导图之所以有效，是因为它动态的形状和形式，是根据脑细胞的形状和形式绘制的，目的是促使大脑快速、高效、自然地工作。

这一段文字你记住了吗？我们再换一种方式，如图 9-17 所示，同样给同学们 30 秒时间。

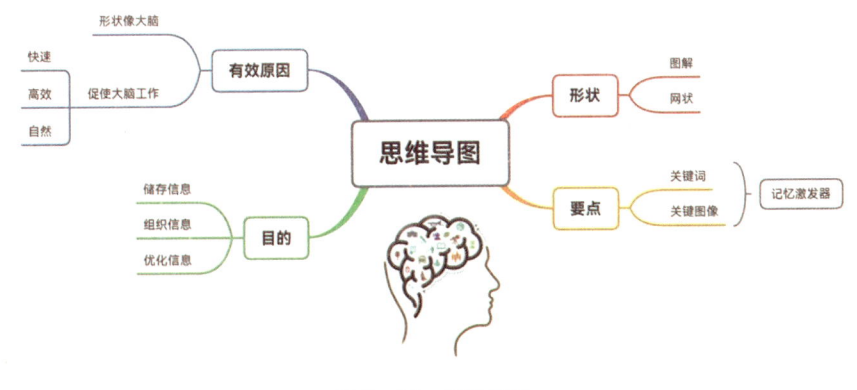

图 9-17　思维导图

根据思维导图记忆相同的内容，你的记忆效果是不是更好？要点是不是都可以记住？曾经有个实验：10 分钟记 600 张图，你觉得准确率能达到多少？

是 98%！想象不到吧？事实就是如此。但是如果换成 600 页文字，几乎没有一个人能全部记下来，这就是常说的**一图值千金**，人脑对图像的加工记忆能力是文字的 1000 倍。

同学们现在面临的现状是学习内容多、学习时间少，那么如何在有限的时间内掌握更多的知识，就成为我们在学习中苦苦追寻的目标。采用思维导图这种图文并茂的记忆方式，能够提高我们学习的效率，快速掌握学习内容，并且在短时间内记忆所学内容。所以说思维导图能够帮助我们把书读薄，在最短的时间内充分利用我们的大脑，把书上的知识内化吸收。

利用思维导图，我们不但可以把一堂课的内容变成一张薄纸，甚至可以把一本书变成一张图，如图 9-18 所示。一张图暗含几十个甚至上百个关键词，它会触发你的记忆，使你立刻能够想起一系列的信息，这就是思维导图强大的记忆功效。

我们介绍了三种组织记忆法，组织记忆法的本质是将需要记忆的内容进行关系和格式的梳理，将文字信息转化成图片或者符号信息，便于调动我们左右脑进行协同记忆，使我们的记忆力明显提升。

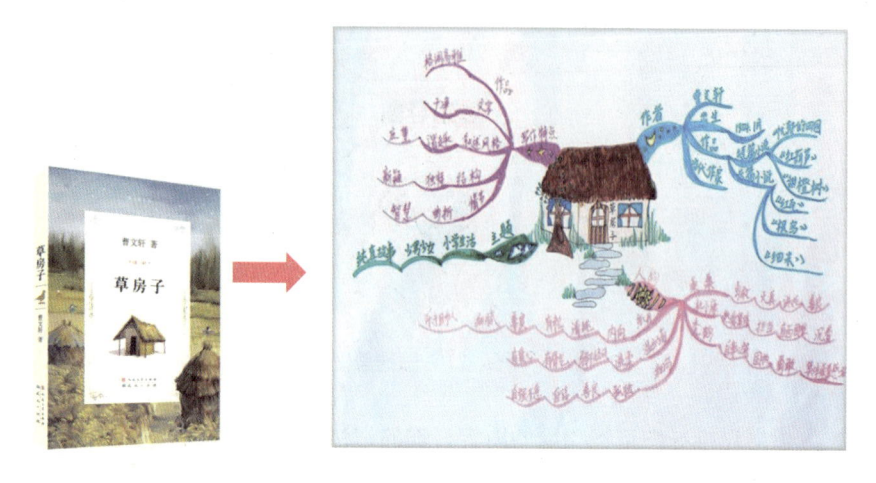

图 9-18 《草房子》的思维导图

3. 睡眠记忆法

大家看到这个方法是不是觉得很奇怪，还有这种记忆法吗？睡大觉也能提升记忆力？确实有的。

首先来看一道题，我们带着好奇心开始这部分的内容。

小蓝明天要考英语单词，小紫明天要考数学，但两个人都还没有准备好，以下哪种睡眠方式对她们来说更科学？

A. 小蓝和小紫今晚都早点睡，明早 5 点起床复习

B. 小蓝和小紫今晚都复习到半夜 12 点，明早睡到 8 点自然醒

C. 小蓝今晚复习到半夜 12 点，明早 5 点起床接着复习；小紫 10 点睡觉，明早 8 点起来复习

D. 小蓝今晚 10 点睡，明早 5 点起来复习；小紫今晚复习到半夜 12 点，明早 8 点起床，从容应战

E. 小蓝今晚复习到半夜 12 点，明早 8 点起来直接去考试；小紫今晚 10 点睡，明早 5 点起来复习

你会选哪个？不知道没关系，相信学完下面的内容后你就有答案了。

案例分享

你有没有这样的经历,深更半夜忽然坐起来唠叨一句"哦,是这样的",或者突然想起了那把丢失的钥匙放在哪儿了,或者某个之前没解开的难题有了思路了。我自己开发课程的时候,经常感觉脑子打结了怎么都进行不下去了,满心沮丧地躺下,半夜却忽然醒来,抓过床头柜的笔写下刚才梦境中脑海里的一些想法,早上起来看见不成句的潦草笔记,如果能有幸辨认出一部分,大概就能茅塞顿开。

当然并不是只有我会这样,在科学探索的历史长河中,从来不乏这种因梦启示而促成的重大飞跃。19世纪德国化学家弗里德里希·凯库勒曾声称,他能偶然发现苯的化学结构是因为梦见一条蛇咬住了自己的尾巴。俄国科学家德米特里·门捷列夫也曾告诉同事,他花了好几个通宵试图把所有化学元素整理成合理的排列方式,却始终一无所获,直到累得睡过去,他却在梦中看见了"一份表格,所有元素都各归其位",这便是著名的化学元素周期表的由来。神奇吗?

说到这里,同学们之前有没有想过一个问题,**我们到底为什么要睡觉?**

人生足足1/3的时间处于睡眠的无意识状态,我们应该相信大自然是不会如此浪费能量的,所以有**科学研究证明**"睡眠的主要目的是巩固记忆,是学习"。在最近几年里,脑科学家们发表了很多的研究成果,一致认为睡眠担当了一个重要角色,就是储存并标识重要的记忆,包括智力上的,也包括身体上的。睡眠还有一个作用,就是会把一些细微的、清醒的时候难以注意到的内容关联起来,另辟蹊径地解决某个问题。

如图9-19所示,睡眠的时候,大脑不是"宕机"状态,从脑波图可以看出来,大脑时而活跃时而舒缓。说明在我们睡觉的时候,大脑还工作。由此科学家研究发现了一个**学习巩固理论,或者叫"夜班理论"**——因为都是在夜间完成的。

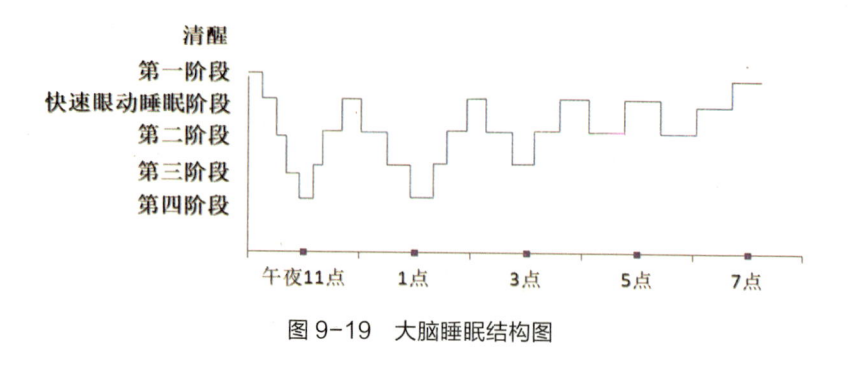

[图表：大脑睡眠结构图，纵轴从上到下为清醒、第一阶段、快速眼动睡眠阶段、第二阶段、第三阶段、第四阶段，横轴为午夜11点、1点、3点、5点、7点]

图 9-19　大脑睡眠结构图

按照睡眠阶段来划分，**夜班模式**具体应该是这样的，如图 9-20 所示。

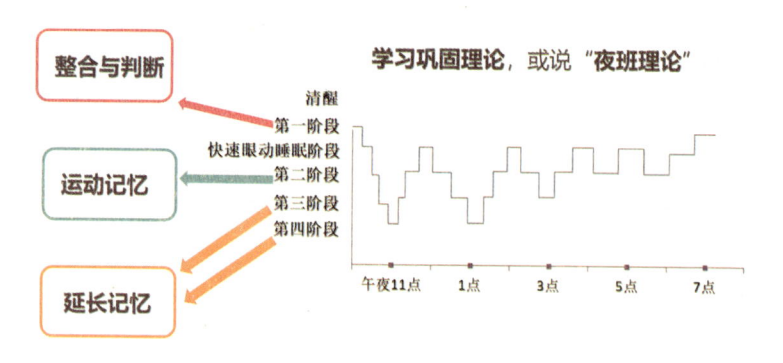

[图表：学习巩固理论，或说"夜班理论"。整合与判断→第一阶段、快速眼动睡眠阶段；运动记忆→第二阶段；延长记忆→第三阶段、第四阶段]

图 9-20　夜班模式

第一阶段：这是一个起始阶段，如果人真要睡觉的话，你不可能打断这一阶段的轻度睡眠，它对于巩固记忆的作用很难分离出来，虽然在这一阶段里也常常会有类似于快速眼动睡眠阶段的模式出现。我们知道快速眼动睡眠阶段，大脑异常活跃，忙着进行模式识别，帮助我们感知在白天的思维中显现不出来的各种关系，去解决创造性的难题。快速眼动睡眠阶段还有助于诠释带有感情色彩的记忆内容，其实它属于夜间心理治疗期，能帮助我们剥离情绪，发现事情的真相，起到整合与判断的作用。

第二个阶段，这是**运动记忆的专场，**为什么这么说呢？在这个阶段是对运动性学习最为关键的一个环节，如果打断这个阶段的睡眠，就会影响大脑工作的进度，所有不同类型的运动性学习都适用此理，无论是音乐学习还是体育学习，甚至包括机械操作技能的学习，都能在这个阶段得到加强。

第三和第四阶段，这两个阶段常常被当作**慢波阶段或者深度睡眠阶段**，它**是延长记忆的关键阶段**，如果让人缺少了这一阶段的深度睡眠，就会削弱睡眠对记忆的辅助效果。尤其是对于我们刚刚新学的数据信息、词汇、姓名、日期、公式等。有大量的证据说明，这个慢波阶段对于巩固陈述性记忆十分重要，而这样的辅助效果是快速眼动阶段达不到的。另外我们经常说的美容觉，也是在这个阶段实现的。

如果你是为了准备表演，比如音乐独奏会，那么这幅图就在告诉你，不妨晚点睡，但不要起太早，因为是运动记忆在帮助你；针对快速眼动睡眠阶段也是同样的道理，如果你需要应付一次数学及任何考验你针对不同模式及规律的判断能力的考试，那么最好晚一点睡，早晨睡个懒觉；如果你要应付需要发挥记忆能力的考试，比如默写单词或者填写化学元素周期表，那就要靠缓慢的脑波了，充分满足深度睡眠所需要的时间，然后早早起床，再复习一遍功课。

所以，那道选择题你有答案了吗？如图 9-21 所示所示，答案是 D。

▶ 思考

小蓝明天要考英语单词，小紫明天要考数学，但两个人都还没有准备好，以下哪种睡眠方式对她们来说更科学？

A. 小蓝和小紫今晚都早点睡，明早5点起床复习。
B. 小蓝和小紫今晚都复习到半夜12点，明早睡到8点自然醒。
C. 小蓝今晚复习到半夜12点，明早5点起床接着复习；小紫10点睡觉，明早8点起来复习。
D. ✓小蓝今晚10点睡，明早5点起来复习；小紫今晚复习到半夜12点，明早8点起床，从容应战。
E. 小蓝今晚复习到半夜12点，明早8点起来直接去考试；小紫今晚10点睡，明早5点起来复习。

图 9-21　选择题

英语单词是需要发挥记忆能力的考试，需要深度睡眠，晚上 10 点到凌晨 5 点更容易进入深度睡眠；而数学需要整合能力和判断能力，这是在快速眼动睡眠阶段完成的,所以晚点睡,早上不怕被打扰,补个觉也很容易进入快速眼动阶段。

上述理论也同样适用于白天,有同学会说白天怎么睡,哪有那么长时间?这里我们要强调"打个盹儿也算是睡眠",人在一小时到一个半小时的打盹儿过程中,也常常会有这个慢波深度睡眠期,以及快速眼动睡眠期。早上参加学习的人,无论是背单词还是说是对模式及规律的辨识,也就是说,无论是靠记忆力的学习,还是靠深度分析能力的学习,在傍晚的考试中,那些白天睡过一个小时午觉的人成绩会比没有睡过午觉的人要高出大约30%,如图9-22所示。

"夜班理论"也同样适用于**白天**,
俗话说"中午不睡,下午崩溃",实验证明:

成绩 ↑高出30%

午休一个小时　　没有睡过

图9-22　午休的重要性

这一发现其实非常符合人们的经验,很多人都有"中午不睡,下午崩溃"的切身体验。而现在你可以理直气壮地告诉那些觉得午休是一种偷懒的老师或家长这一研究结果。你可以举例说,人家谷歌早在2010年就在总部放置了一些"午休舱"来保证员工恢复精力,下午时间就可以取得更好的工作效率。在白天通过短暂的小睡,从6分钟到1小时,也能带来记忆力的极大提升。

睡眠理论告诉我们,如果保持清醒所耗费的成本已经盖过了收益,那么继续筋疲力尽地熬着就没有什么价值了。对此,夜班理论为我们提供了很好的解释,因为睡眠也同样具有价值,准确来说是具有梳理筛选整合我们正在学习的功课或者动作的作用，这就叫作阴阳互补。清醒的时候，学习效果自然是最佳，那等收效越来越低时，就应该赶紧去睡觉，再拖下去就是浪费时间，而且接下来的学习工作，睡眠会帮你继续完成。你现在知道睡眠到底有什么秘密了吗？如图 9-23 所示，**睡眠的秘密从本质上讲，即是睡觉就是学习！**

图 9-23　睡眠的秘密

我们再也不用觉得白天打个盹儿或者晚上早早睡就表示我们懒、我们浪费光阴了，相反，我们现在应把睡眠看作是闭着眼睛在学习。**睡眠可以帮助我们增强学习力，尤其是记忆力和理解力。**

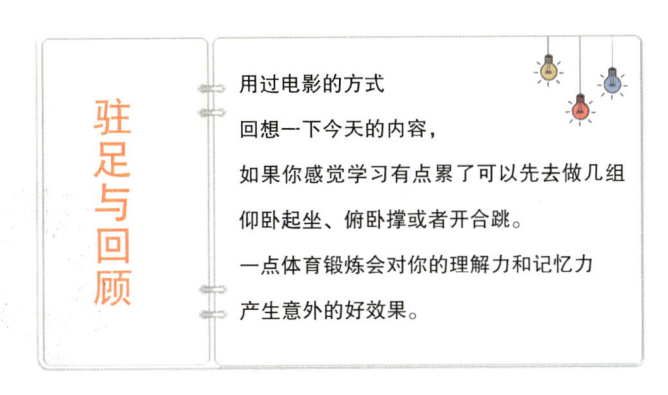

驻足与回顾

用过电影的方式

回想一下今天的内容，

如果你感觉学习有点累了可以先去做几组仰卧起坐、俯卧撑或者开合跳。

一点体育锻炼会对你的理解力和记忆力产生意外的好效果。

训练任务

你最喜欢那种记忆方法?赶紧用起来,实践一周后请描述它的特点。

训练任务

你最喜欢那种记忆方法?赶紧用起来,实践一周后请描述它的特点。

寄 语

记忆力并不是天才的标签,掌握记忆方法,针对性训练,你也能成为最强大脑!

第十章

多模块综合运用
——如何提高日常的学习效率

  经过一段时间 3D 高效学习力的实操训练,我相信同学们在学习规划与学业管理及学习能力与学习效率方面都有了一定提升,能坚持训练的同学都是非常棒的,可以适当地给自己一些奖励。这一节我们来练习如何运用之前学到的知识更高效地提升日常的学习效率。

  我们经常说凡事都要讲究个先来后到,就像下象棋一样,下棋次序很重要,相同的棋,不同的次序,会得到不同的结果。学习其实也一样,顺序不同,效果就不同,同学们要想提升日常的学习效率,在学习过程中就要遵循相应的顺序,我称之为**六先六后学习法**。如图 10-1 所示,先专注后学习、先计划后行动、先预习后听课、先复习后写作业、先调心态后考试、先打基础后发问。

```
                    ┌─ 01  先专注后学习
                    ├─ 02  先计划后行动
     六先六后学习法 ─┼─ 03  先预习后听课
                    ├─ 04  先复习后写作业
                    ├─ 05  先调心态后考试
                    └─ 06  先打基础后发问
```

图 10-1　六先六后学习法

10.1　先专注后学习

1. 找回专注力

专注是提升学习效率的前提，每个人本身也都具备一定的专注力，只不过现代社会干扰物太多，有些同学逐渐丢失了这项能力。如何找回我们的专注力，进入忘我的学习状态？请回忆一下，都有哪些方法？如图 10-2 所示。

```
           ┌─ 1. 树立目标，寻找专注力的第一途径
           ├─ 2. 立即行动，寻找专注力的关键一步
 找回专注力┼─ 3. 橘子集中，进入专注状态的仪式感
           ├─ 4. 适当奖励，正强化激发专注的意愿
           └─ 5. 心流状态，让专注点燃快乐的火种
```

图 10-2　找回专注力的方法

以上五条你尝试了哪些？是不是开始了你的寻找专注力之旅？千里之行始于足下，要提升日常工作学习效率，专注力是不可或缺的，否则你即使花费再多时间精力在学习上，也是事倍功半。

2. 提升专注力

对于本身专注力较弱的同学，我们也提供了四种提升专注力的方法，如图 10-3 所示。

图 10-3 提升专注力的方法

（1）自我暗示，给专注力以动力；
（2）腹式呼吸，让你精力更集中；
（3）脑力游戏，提升训练趣味性；
（4）舒尔特表，有效提升专注力。

这 4 种方法中的任何一种，对于提升专注力，都是非常有帮助的，希望同学们日常勤加练习。

接下来，检验一下同学们这段时间的训练成果，我们一起来做个**小训练：舒尔特方格**。请同学们准备好计时器，然后开始练习：

（1）保持科学的坐姿（身正、腰直、肩平、足安、目视前方）。
（2）视线自然放在表格的中心，头不要晃。
（3）按数字从小到大的顺序找出表格中每个数字所在的位置。
（4）时间不超过表格格数（对应）的秒数。

如图 10-4 所示，25 格的舒尔特表，正常是要在 25 秒内完成的，你完成的结果如何？回想一下你第一次做舒尔特练习的时间，同样的 25 格，是不是用时减少了？另外刚才练习的时候你的视线是不是一直盯着 13 这个数字，然后用眼角余光开始从 1 到 25 的扫射？如果不是，下次需要注意，眼睛盯着中心点不能动。

8	11	4	17	10
5	14	9	20	3
15	7	⑬	25	19
24	22	1	6	16
21	2	18	23	12

图 10-4　舒尔特方格（25 格）

我们再来看一个 36 格的，如图 10-5 所示，开始增加难度。

5	35	7	19	21	24
11	20	33	28	16	1
23	17	25	30	12	31
2	26	36	14	3	29
34	18	10	32	8	4
15	22	13	9	27	6

图 10-5　舒尔特方格（36 格）

36 秒计时，这次眼睛应该盯着哪里？对，不是数字，这次的中间位置是十字交叉线的点。

舒尔特表是训练专注力和扩大眼睛视域的非常好的方法，一目十行就是这样练就的，刚才我们是不是也"一目六行了"？同学们最好每天都做一些这样的练习，既能增强专注力，又能提升阅读的效率，你可以用数字，也可以用文字，文字该如何设计呢？我给同学们一个示范：如图 10-6 所示，**做组句训练**。

漂	在	鸟
飞	一	的
亮	小	只

图 10-6　组句训练

就是把格子中的字组成一个句子，这里要注意，视线永远在中间的位置，不能动，用时秒数不要超过格数，只要在格数数字范围内，就说明你的专注力已经不错了。例如，组句的 9 格，就是 9 秒合格，刚才的 25 格，合格秒数就是 25 秒，36 格就是 36 秒。同学们在家可以和父母一起比赛，互相计时，看看谁的专注力更强；在学校课间也可以和同学玩，先易后难，变化不同的玩法，既锻炼又娱乐。

专注力对学习效率的提升有至关重要的作用，专注力提升了，学习效率自然会得到提升。先专注后学习，同学们在学习前请先进行小小的专注力训练，哪怕是一句积极的自我暗示，也会让你的专注力有所改变。

10.2　先计划后行动

完成同样的任务，有明确学习计划的比没计划的可以节省 60% 的时间。学习知识时应该是由点到线，然后扩大到面，再到知识体系，让知识构成彼此联系的知识网。有了明确的学习计划，我们就能在繁杂的知识网中找到方向和动力，并主动地去完成学习任务。可现在的很多同学没有学习计划，眉毛胡子一把抓，学习效率不高，成绩不理想。经过前面一段时间的练习，同学们都已经意识到，对于学习最简单的计划就是：首先有目标，如期末考试每科成绩达到什么水平；然后针对这个目标设定具体的行动措施，也就是要有明确的**学期计划、月计划、周计划、日计划**。如图 10-7 所示。

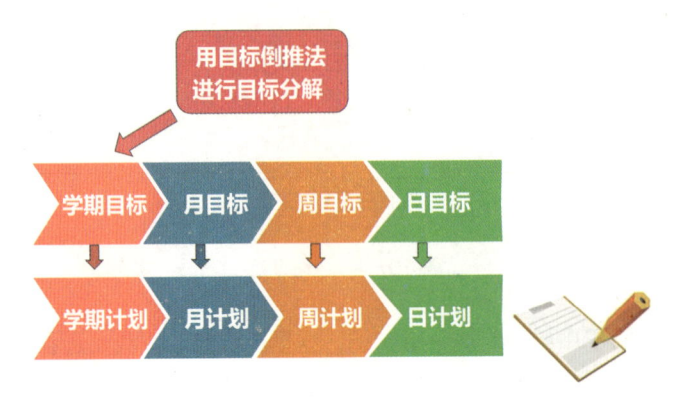

图 10-7　学习计划分解

1. 制定目标的要求

制定目标应该遵循一个定理一个原则，如图 10-8 所示。

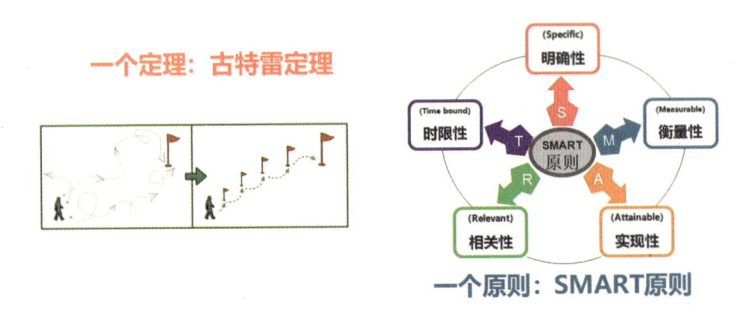

图 10-8　制定目标的要求

一个定理：古特雷定理，也就是我们制定的目标是要有延续性的，如果所有的目标之间都没有关系，是完全分散式的，就很难成功。就像我们有很多兴趣爱好，但没有一个是精通的。你有 10 个兴趣，不如 1 个兴趣坚持 10 年，所以目标一定是要有延续性的。

一个原则：SMART 原则，明确性、衡量性、实现性、相关性及时限性，五个原则缺一不可。

2. 制订计划的要求和步骤

大家可以过电影回忆一下，九大要求和九大步骤分别是什么？如果记不全了，就再看一下，加强复习，如图 10-9 所示。当然，应用才是最好的复习。

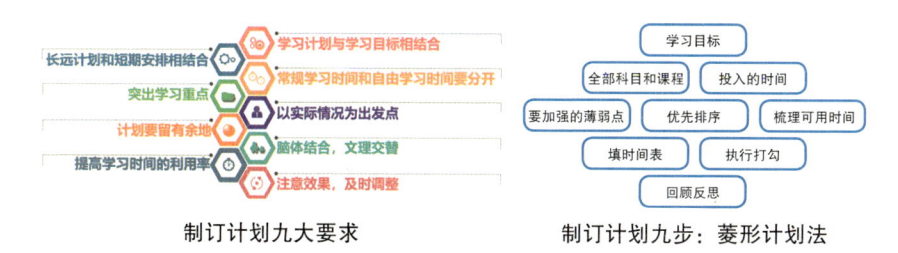

制订计划九大要求　　　　制订计划九步：菱形计划法

图 10-9　制订计划的要求和步骤

3. 执行与回顾

之后就是具体的执行计划，最后根据执行情况进行回顾，计划是否合理，是否需要调整。回顾的时候可以用双轮矩阵法，双轮矩阵的步骤还记得吗？再复习一下，如图 10-10 所示。

总之，学习是有目的、有计划、有针对性的行为，先计划后行动才能克服学习的盲目性，才能稳步提高学习成绩。

图 10-10　双轮矩阵法

10.3　先预习后听课

当前大多数学生没有预习的习惯，这就导致了听课质量低，抓不住重点难点，从而失去学习的动力和兴趣的后果。预习就像是课前侦察，如同战前侦察，打仗不提前侦察往往会造成不必要的牺牲。有同学可能会说这是不是太夸张了，不预习会有什么牺牲啊？怎么会没有牺牲，牺牲的是时间和精力。俗话说"浪费别人的时间等于谋财害命"，浪费自己的时间和精力就不可惜吗？

预习才能知道重点、难点、疑点，做到心中有数，听课才能更主动，才能针对自己的不足进行学习，才能有效提高课堂效率，课堂效率的高低，直接影响学习成绩的优劣。本小节重点讲一下预习的相关要点。

1. 预习的要点

（1）预习的类型和任务

同学们想做好预习，首先要了解预习的种类和任务。根据预习的时间和内容，我们可以把**预习分为三个层次：学期预习、阶段预习和课前预习，每个层次有不同的目的**。如图10-11所示。

目的是要达到对新教材的整体感知，对所学知识体系有一个初步的印象。

目的不在于掌握细节知识，在于培养整体上驾驭知识的能力。

三个目的：思想上、知识上、物质上的准备。

1 学期预习　2 阶段预习　3 课前预习

图 10-11　预习的类型和任务

1）**学期预习**。学期预习是指在开学前或者开学初，集中一定的时间总揽新教材，了解本学科的知识体系，目的是要达到对新教材的整体感知，对所学知识体系有一个初步的印象。

2）**阶段预习**。阶段预习是只预习一章或者一个单元，从系统的角度了解本章或本单元，初步建立知识结构，明确该部分知识的重点和难点，增强学习的目的性，学期预习和阶段预习，不要求精深，目的不在于精确地掌握细节知识，而在于培养从整体上驾驭知识的能力，所以不要求精深，对教材能看懂多少算多少，不要求全部理解，只需标记问题，作为以后听课的重点。

3）**课前预习**。课前预习是在老师讲课前先自学这一部分的内容，为学习新课奠定基础。这类预习所用时间短，收效快，更为常用。课前预习主要为了达到三个目的：一是思想上的准备，通过预习，明确学什么，为什么学，从而激发学习动机，端正学习状态；二是知识上的准备，通过预习掌握重点难点，为提高听课质量打下基础；三是物质上的准备，通过预习可以知道上课时带什么学习工具，使用什么参考书等。

以上就是预习的三种类型，也是三个层次，在此并不要求每个学生每一科都做到这三个层次的预习，现在的学生课业繁重，作业又多，时间精力有限，可根据自己的实际情况进行有效选择。

（2）不同科目预习的侧重点

同学们在预习时，需要注意，不同科目预习的侧重点也有差别，如表10-1所示。

表10-1 不同科目预习的侧重点

预习科目	侧重点
数理化	放在对**概念、定理、定律**等具体内容的理解上
语文、政治	**文章结构**方面的总体把握
英语	单词与词组的**记忆**
地理	**地形、地势图**的具体形象的分析
历史	事件发生**年代**及**政治、经济、文化、背景**的掌握

预习数理化科目，重点放在对概念、定理、定律等具体内容的理解上。

预习语文、政治应侧重于对文章结构方面的总体把握，通过对关键字、词和句子等的理解来掌握文章的基本思想。

预习英语应该侧重于单词与词组的记忆，通过对语法规则及句子结构的学习，来熟悉外国的语言习惯和文化习惯。

预习地理应注重对地形、地势图的具体形象分析。

预习历史应注意对事件发生年代及政治、经济、文化、背景的掌握等。

（3）预习和自学的区别

预习是要对所学的知识有个大概了解，找疑点、提问题，带着问题听课，通过老师的讲述完全弄通弄懂；自学则是要运用已有的知识经验，主要通过独立钻研，完全理解和掌握新知识。预习对自学能力的提高和培养自学习惯有很重要的促进作用，如图 10-12 所示。

图 10-12　预习和自学的区别

2. 听讲的要点

（1）如何提升课堂效率

提升课堂效率的七个要点，同学们还有印象吗？我们一起来回顾一下：积极回答问题；带着问题听讲；厘清思路、听门道；全身心投入；对比预习与讲解的异同；自觉参与课堂讨论；重视课堂总结。如图 10-13 所示。

（2）高效笔记的内容

听课的时候要注意使用高效笔记，什么是有价值的需要记的内容？我给过同学们六条建议，如图 10-14 所示。

图 10-13 提升课堂效率的七个要点

图 10-14 有价值的笔记要点

一是老师课堂上强调的重点。如老师在讲课上会强调：最重要的是……，记住……，因此……，由此可见……，总之……，结果……这是第一个要抓住的线索。

二是老师分析问题与解决问题的思路。线索是：首先……，然后……，分三步来看……，同学们要抓住这些关键词后面的内容。

三是课本以外的要点。如老师经常会说"补充一点"，这一点是什么也是同学们记笔记的关键。

四是听讲时的心得体会。听讲的过程中我联想到……，我认为……，把这些记录下来。

五是听讲时的疑问。同学们有时候可能会有这样的思考：如果在另一种情况下，会怎么样？这种疑问需要及时记录。

六是重要的图表和图解，老师课堂上整理的有关知识结构的图表，也是记笔记的重点。

（3）高效笔记的方法

康奈尔笔记法或思维导图笔记法，选你自己喜欢的觉得舒服的方法使用就可以，我们分别复习一下这两种重要的方法。

康奈尔笔记法：我们先来看一下康奈尔笔记法的五个步骤，如图10-16所示。

```
┌─────────────┬──────────────────────┐
│ 副栏        │ 主栏                 │
│             │                      │
│ 2. 简化     │ 1. 记录（Record）    │
│ （Reduce）  │                      │
│ 3. 背诵     │                      │
│ （Recite）  │                      │
├─────────────┴──────────────────────┤
│ 4. 思考（Reflect）  5. 复习（Review）│
└────────────────────────────────────┘
```

图 10-15　康奈尔笔记的步骤

（1）**记录**。在听讲或阅读过程中，在主栏内尽量多记有意义的论据、概念等讲课内容。

（2）**简化**。下课以后，尽可能及早将这些论据、概念简明扼要地概括在回忆栏，即副栏中。

（3）**背诵**。把主栏遮住，只用回忆栏中的摘记提示，尽量完满地叙述课堂上讲过的内容。

（4）**思考**。将自己的听课随感、意见、经验体会之类的内容，与讲课内容区分开，写在卡片或笔记本的某一单独部分中，加上标题和索引，编制成提纲、摘要，分成类目，并随时归档。

（5）**复习**。每周花10分钟左右的时间，快速复习笔记，主要是先看回忆栏，适当看主栏。

思维导图笔记法：我们再来回顾一下思维导图记笔记法的相关技巧，一共七条，如图 10-16 所示。

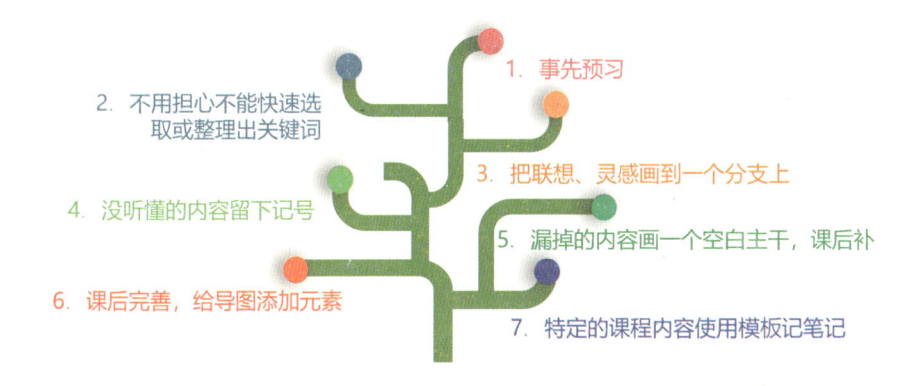

1. 事先预习
2. 不用担心不能快速选取或整理出关键词
3. 把联想、灵感画到一个分支上
4. 没听懂的内容留下记号
5. 漏掉的内容画一个空白主干，课后补
6. 课后完善，给导图添加元素
7. 特定的课程内容使用模板记笔记

图 10-16　思维导图笔记技巧

（1）如果可以预习，一定要事先预习，这样对接下来的听课和课堂笔记的绘制有非常好的帮助。

（2）对于思维导图新手，不用担心不能快速地选取或整理出关键词，多使用几次，熟练之后你就会提炼得越来越好，你的大脑也会根据关键词搜索联想到所有的信息。

（3）把你在听课时的灵感或突发奇想，作为一个观点放到引发你联想的分支上。

（4）课堂上没听懂的内容，在思维导图笔记对应的地方留下记号，不要过分地陷入思考，不然容易错失重要内容。

（5）听课时如果你发现漏掉了知识点，就在"漏"的地方画上一个空白主干或者次级枝干，将内容补全。

（6）课程结束后完善思维导图，添加上令你难忘的元素，完善思维导图的过程会加强你对课上所讲内容的理解和记忆。

（7）对于特定的课程内容，可以使用模板记笔记。把模板中的关键词添加到思维导图主枝干中,然后把具体信息放入相应位置。

10.4 先复习后写作业

绝大多数同学每天回家之后会直接写作业,这是一个很不好的习惯,如果没有把知识彻底吃透,直接照着书写作业,书上知识点看似会了,其实脑海里还没有形成扎实的知识体系,合上书本之后又是什么都不记得,这样的学习效率非常低。我们应在每天写作业之前先整理一下当天学习的知识脉络,该记的记,该理解的理解,然后再做作业。

1. 复习的要点

(1)遗忘规律

我们来复习一下遗忘曲线,如图10-17所示,对于刚记忆的内容,过20分钟后只能记住58%;1小时后就变成了44%;1天之后是26%;1周后只剩23%;一个月后就只能想起21.1%了。学习中遗忘具有先快后慢的特点,对抗遗忘曲线的方法就是采取间隔复习,间隔复习能极大地增强

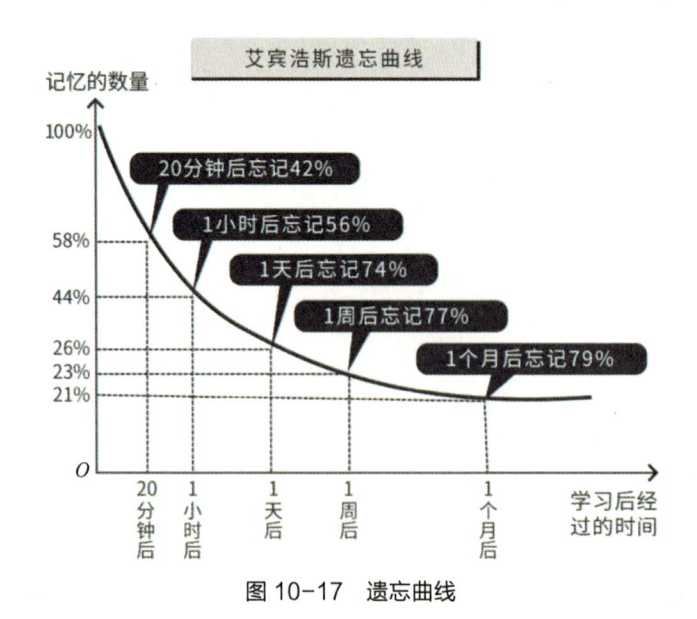

图 10-17 遗忘曲线

我们对所学的知识和技能的保持时间。那最有利的间隔是什么样的呢？我给大家推荐了四轮学习法。

（2）间隔学习——四轮学习法

对于新知识的学习，建议一天学四轮，如图10-18所示。

图10-18　学习新知识的四轮学习法

对于考试的复习间隔，如图10-19所示。

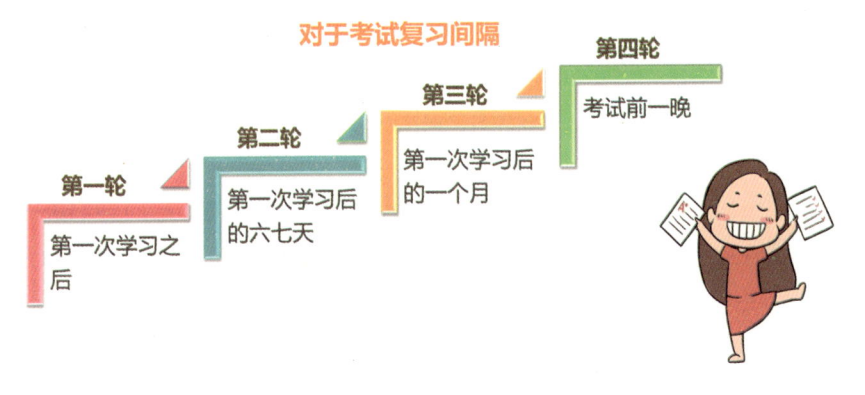

图10-19　考前复习的四轮学习法

（3）记忆方法

有关记忆的方法，同学们可以先采用以下方法中的任何一种，然后再综合运用。如图10-20所示。

方法1：过电影式记忆

方法2：完善思维导图

方法3：讲述课堂内容

方法4：保持充足的睡眠

图 10-20　四种记忆方法

1）"**过电影**"。想想今天上了几门课程？每门课程都进行梳理了吗？每门课程的要点是什么？有哪些完全掌握了？有哪些还模棱两可？又有哪些还不懂？按照以上思路，将每天的课程内容都回忆一遍。

2）**完善思维导图**。如果我们课上就是用思维导图记笔记，那课下可以再完善一下；如果没有用思维导图记笔记，那正好根据刚才的回忆用思维导图重新梳理一遍，如果回忆不完整，可以参考一下课堂笔记。利用思维导图，我们把课堂内容变成一张薄纸，我们看着这张图纸，就能还原课堂的场景，加深记忆。

3）**讲述课堂内容**。还记得学习金字塔吗？听课只能记住 5%，讲述能记住 90% 以上的内容。所以现在开始，想象你就是一个老师，面前坐着几位同学，你能不能用自己的话把今天课堂上的重点内容给同学们讲一遍？可以是完全回忆式，也可以看着思维导图讲，讲述的同时，我们的大脑对知识点进行重新编码、加工，进一步加强记忆深度。

这样就能够发现自己学习过的内容，哪些是完全掌握的，哪些是部分掌握的，哪些地方还需要再进行补充，这种方式看似耗时，却能极大地提高日常学习效率。

4）**保持充足的睡眠**。睡眠理论告诉我们，如果保持清醒所耗费的成本已经盖过了收益，那么继续筋疲力尽地熬着就没有什么价值了，对此，夜班理论为我们提供了很好的解释，因为睡眠也同样具有价值。准确来说，睡眠起到了梳理、筛选、整合我们正在学习的功课的作用。

睡眠可以帮助我们增强学习力，尤其是记忆力和理解力。清醒的时候，学习效果自然是最佳的，那当收效越来越低时就应该赶紧去睡觉，再拖下去就是浪费时间了，而且接下来的学习，睡眠会帮你继续完成。从本质上讲——睡觉就是学习！

2. 写作业的要点

写作业的时候，把作业当成是对自己一天所学知识的一次考试，写作业时不再看书，不问别人，而且要限制时间，这样的作业才有实际价值。如果你对待每一次作业能像对待考试一样一丝不苟，到考试的时候你就能应对自如了。这里我给同学们介绍几点**写作业的方法和要求**，如图10-21所示。

图 10-21 写作业的方法和要求

（1）正式写作业，像考试一样严肃认真对待，坚持三步原则：不翻书、不问别人、不磨蹭。

（2）作业要符合规范，书写的数字、符号都要整齐规范。

（3）作业的三个步骤：一是审题，二是寻找解题途径，三是正确解题。

（4）提前预估完成作业需要的时间，记录实际完成时间，看看效率如何。

（5）额外增加练习题，要学会精选习题，以少胜多。

（6）如果作业太多，学会化难为易，养成分解的习惯，例如20道数学题，一看就头疼，可以分成四组，每组五道题，做完一组再做一组，就感觉没那么难了。

10.5　先调心态后考试

考试不仅仅是考察自己一段时间之内所学的知识，也是在考验每一个学生的应试心态。怯场、紧张是很多同学考试时都存在的现象，所以经常有同学平时学得很好，考试却不理想，这往往是因为紧张而无法发挥自己的正常水平，成绩不稳定。我们一定要正确理解考试的意义，如果我们把平时的听课、作业看成"耕耘"的话，那考试就是"收获"学习成果的时候。考场上，情绪智商占80%，智力智商占20%，可见调整心态的重要性。在考试之前用适当的方法把自己的心态调整到最佳程度，做到不怯场，正常水平发挥，就是考试的胜利。

我们在专注力那节课讲的一些增加专注力的训练方法，其实同样也可以用来**调整心态**，调整心态的方法如图10-22所示。

把平时的听课、作业看成"耕耘"，考试是"收获"学习成果。

图10-22　调整心态的方法

1. 深呼吸

此举有助于我们控制情绪节奏，缓解紧张，把注意力从怦怦的心跳声转移到缓慢的、深深的呼吸上，大脑保持一片空白，若心绪还不能稳定，可以闭目默念"1、2、3、4、5……",达到心无外物,别无所思。

2. 积极的自我暗示

考前同学们可以对自己进行积极的心理暗示,比如:

我肯定可以考好的!

我只是现在越临近考试越心烦而已,过一会我心情好了一定可以考出真实水平!

不就是考试吗,那些知识点,我不但背出来了,而且还能讲出来,这次也一定可以!

我学习了那么久,不就是要验收自己的成果吗?一定可以的!加油!

3. 放松

放松自己感到紧张的部分,手、脚、脸等,使劲攥紧拳头或者绷紧身体的其他部分,然后,突然放松,体会肌肉被使用后的松弛感、沉重感、温暖感,逐渐放松心情。

关于考试习惯的培养是体系化的内容,我们后面有专题训练课程,就不在这里多做讲解了。

10.6 先打基础后发问

1. 重视基础

千里之行,始于足下,万丈高楼平地起,高分来自扎实的基础,并不是来自高难度的问题。很多同学存在着"高分取决于高难度的问题"的误区,把有效的时间都用在了"死抠难题"上,不重视基础知识的及时巩固,这样很浪费时间。如果高楼的根基不稳,上层材料再好,建设得再华丽也还是会倒塌。

如果连字母和单词都没掌握,就别奢谈写作;没学过乐理基础知识,就不能去创作交响乐。基础知识,比如词汇、古诗、公式、定理等,要在理解的基础上烂熟于心,在牢记死知识的基础上求活,如图 10-23 所示。

图 10-23　重视基础

2. 善于发问

善于发问的前提是学会独立思考，爱因斯坦说："学习知识要善于思考、思考、再思考，我就是靠这个学习方法成为科学家的。"铁不用就会生锈，水不流就会发臭，人的智慧不用也会枯萎。所以，同学们要大胆思考，善于发问。

发问能力的培养会经历三个阶段，如图 10-24 所示。一开始思路相对狭窄，提出的问题少，没深度，也比较琐碎；慢慢打开思路后，提的问题渐多，但还是比较杂，问不到实质；经过长时间积累或训练后，思维变得敏捷，提问就能抓住重点和实质，具有启发和研究价值了。这个变化的过程是建立在扎实的基础知识和独立思考的基础之上的。

图 10-24　发问能力发展阶段

同学们在训练的过程中一定要注意打好基础，每个主题，可以选一种自己觉得喜欢的适合的方法先进行训练，一段时间之后一定会见到成效。我们在这个基础上开始思考，可以从不用的角度去理解，学会对比、分析，问问自己"有没有更好的、更适合自己的方法"，然后融会贯通、举一反三，最后总结出适合自己的有效方法，这是提高学习成绩最有效的方法，也欢迎同学们积极分享自己的学习成果。

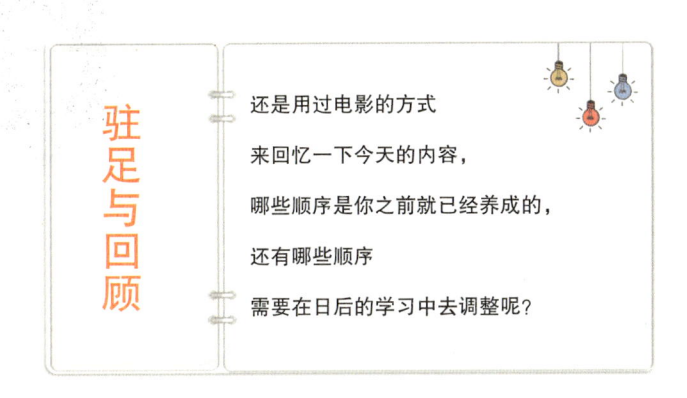

驻足与回顾

还是用过电影的方式来回忆一下今天的内容，哪些顺序是你之前就已经养成的，还有哪些顺序需要在日后的学习中去调整呢？

训练任务

从今天开始尝试先复习再写作业，一周后对比一下之前的效果，写出你的心得。

训练任务

从今天开始尝试先复习再写作业，一周后对比一下之前的效果，写出你的心得。

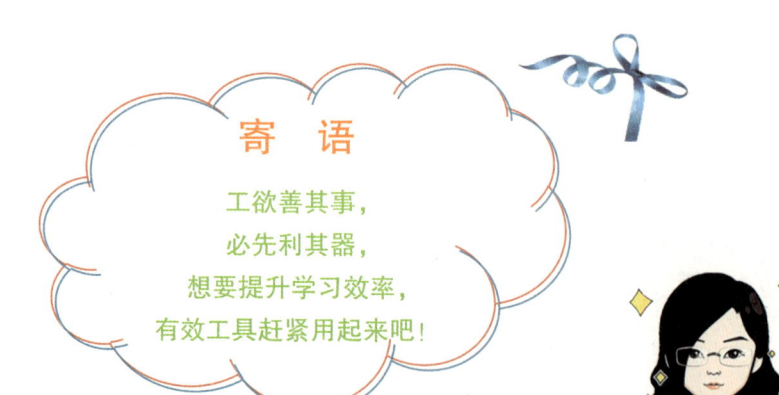

寄 语

工欲善其事，
必先利其器，
想要提升学习效率，
有效工具赶紧用起来吧！

第三部分

学习状态的调整提升

第十一章

考试习惯
——常态化的考商培养术

我们今天引入一个新的概念：**考商，即考试商数，是指考生应对考试时表现出来的除智力因素以外的能力与技巧**，如图 11-1 所示。

> **考商**，即**考试商数**，是指考生在**应对考试**时表现出来的除智力因素以外的**能力**与**技巧**。

图 11-1　考商的定义

考商是清华紫光教育机构**李凌己**博士经过多年研究，提出的一个针对考试的新的概念与理论，是与智商、情商等并列的概念。

谈及考试，同学们都不会陌生，我们从小到大经历了数不清的考试，虽然很多时候我们不太喜欢考试，可是考试的次数也从未因为我们的喜好而减少。既然考试是我们必须要面对的，那我们就要通过训练，养成良好的考试习惯，从而提升考试能力。

给同学们两分钟时间，想一想：

为什么会有考试制度？

考试的目的是什么？

怎么做才能让自己的考试成绩越来越好？

如果你已经想好了，可以在空白处写下你的答案。

没想好的同学也没关系，我们带着这几个问题来开始今天的训练。

11.1 如何正确认识考试

我们一起从考试的本质、考试的目的和考试的方向三个方面来正确认识考试。

1. 考试的本质

说到考试，同学们都是身经百战但并未百战百胜的。考了这么多年试，你发现考试的本质了吗？有人说："是选拔人才。"错，那是目的，不是本质。

有一个有趣的现象，相信你一定会有同感。同样一份试卷，你在正常的考试时间内去做，会考出一个分数；如果再延长一个小时，你会考出更好的分数。

同样的试卷，同样的你，为什么时间不同，成绩不同？这恰好说明一个重要的事实——**考试要求的是在单位时间内，快速准确地提取知识的能力**，如图 11-2 所示。

单位的时间内快速准确地提取知识的能力。

图 11-2 考试的本质

哪怕你懂得再多，但考试规定的时间内提取不出来，就等于不会，**既要准确还要快，这就是考试赤裸裸的本质。**

2. 考试的目的

接下来我们还要清楚地知道考试的目的是什么——是选拔人才。

任何一种选拔性的考试都会有难度和区分度，难度就是大部分人都不会的，让你拼命学也难以学会的，所以基本不会有哪个中高考的学生，能每一个科目都考满分，因为出题者不可能让你考满分，这就是难度决定的。那区分度呢，就是要把人区分成不同的层次，这就注定了考试的难度不能太难，又不能太容易。否则无法把学生区分开来。

区分度和难度结合起来，在一套试卷里是这样的结构，如图 11-3 所示。50% 的分数是容易的题目，30% 是中等难度的题目，20% 是高难度的题目。

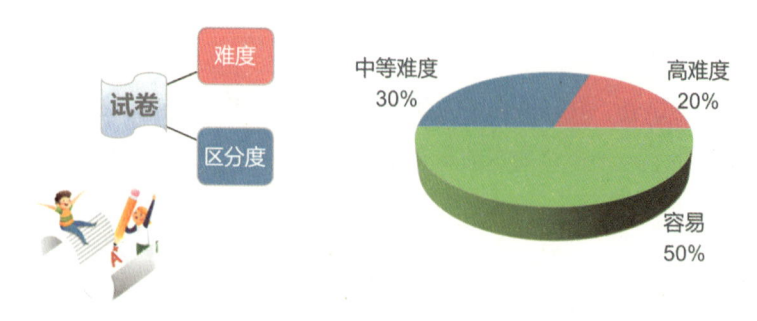

图 11-3 考试的区分度与难度

我们以高考为例，满分 750 分，70%～80% 学生的分数也就在 520～600 分。每个学生只要平时跟得上老师的节奏，课下花心思努力练习，考试正常发挥，至少都可以考 500 分以上。这 500 多分，并不需要我们去刷太多的高难度的题目，只需要按部就班稳定快速地发挥就可以。

3.考试的方向

我们再来看一下考试考什么？新课程标准以考察能力和素质为主，如图 11-4 所示。

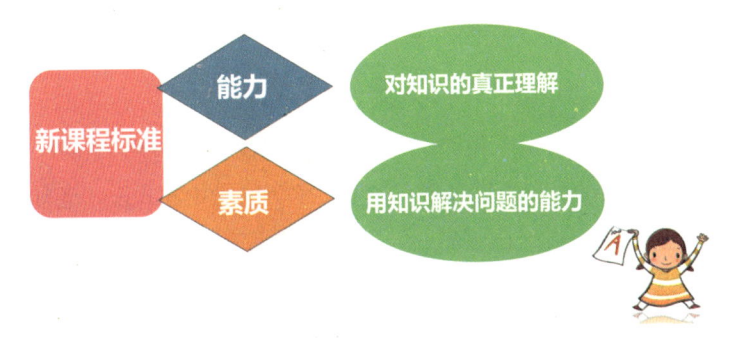

图 11-4　考试的方向

这里一般不单独考查基础知识，而着重考查学生对知识的真正理解和运用知识解决问题的能力。增加了开放性、探究性的题目，用于考查学生探求和解决问题的过程和方法，以及在探求过程中所表现出来的创新意识、创新精神和创新能力。另外考试内容和生活实际相关联，着重考查对学生学习乃至终生学习影响较大的知识和能力。

所有文科命题都增加与实际生活中的重大事件有关的批判性思维题目。

所有理科命题，都增加以学生经验，社会生活生产和现代科技为背景材料的内容，以增强问题的真实性和情景性，重视考查学生在真实场景中研究和解决问题的能力，收集、整合和运用信息的能力。

说到这里，给大家举一个例子。

可能有人关注过 2019 年的高考，当年有一道数学题"断臂维纳斯身高"引热议，如图 11-5 所示。

2019 年的高考

4. 古希腊时期，人们认为最美人体的头顶至肚脐的长度与肚脐至足底的长度之比是 $\frac{\sqrt{5}-1}{2}$（$\frac{\sqrt{5}-1}{2} \approx 0.618$，称为黄金分割比例）。著名的"断臂维纳斯"便是如此。此外，最美人体的头顶至咽喉的长度与咽喉至肚脐的长度之比也是 $\frac{\sqrt{5}-1}{2}$。若某人满足上述两个黄金分割比例，且腿长为 105cm，头顶至脖子下端的长度为 26cm，则其身高可能是

A. 165 cm B. 175 cm C. 185 cm D. 190 cm

图 11-5　高考数学题示例

在我接触的学生中，当时很多平时数学成绩不错的学生都没有解出来，甚至是根本没看懂题目。可有一个艺术类的考生和我说：老师我数学考得很不错，这次成绩出乎意料，我甚至连那个传说中的维纳斯都答对了。我听好多同学都说那道题很难，可是我并不觉得难。

你们认为一个平时数学成绩一般的艺考生为什么能答对这道题？这道题以著名的雕塑"断臂维纳斯"为命题背景，探讨人体黄金分割之美，将美育教育融入数学教育，考查类比归纳与合情推理，渗透了逻辑推理和数学运算的核心素养。这一题根本就不是什么"偏、难、怪"题，就是将简单的比例问题放置到了"维纳斯身高"这一应用场景当中。试题更生动，更鲜活，来源于生活，贴近生活。这个艺考生能答对，恰恰是源于他生活和学习上的美学基础。

所以当你了解考纲，把握考试重点，做到心中有数时，再结合老师授课，进行有目的的专门练习，你的学习才会收获最大的效益。

通过以上的内容我们对考试的本质、考试的目的及考试的方向都有了更加清晰的认知，接下来同学们就要想一想，怎么才能让自己的考试成绩越来越好？

好成绩来源于好习惯。接下来，我带同学们一起训练如何养成良好的考试习惯。

11.2　培养良好的考试习惯

1. 要养成良好的时间观念

回忆一下考试的本质是什么？在单位的时间内，快速准确地提取知识。这里有一个很重要的关键词：单位时间。我们知道每一场考试都是有时间限制的，那如果想在考试时间内完成题目，除了会做之外，还得有良好的时间观念。最怕你会做却没有时间做。

我们一起来玩一个小游戏：感知时间。

请各位拿出手表，如果能计秒是最好的，我们来体验一下一分钟有多长。

规则是：看好时间，闭上眼睛，自己感知，如果你认为一分钟到了，就可以睁开眼睛，看看你感知的一分钟事实上是多少？

开始体验一下吧！

你对一分钟的感知是多少秒？有人可能在 40 秒左右就睁开眼睛，有的人是 60 秒，当然也会有很多人在 70 秒左右。

通过游戏发现：每个人对时间的感知是不同的，有人认为很长，有人认为很短。 60 秒说明你时间的感知很准确，当然这只是一分钟，如果是一小时，可能就没那么准确了，所以日常我们要借助于手表或闹钟这些工具，如图 11-6 所示。

▶ **感知时间**

每个人对时间的感知不同，所以日常需要借助于工具

图 11-6　感知时间游戏

接下来，我们再来体验另一个小游戏：神奇的一分钟。

规则：眼睛看着手表或秒表，双手连续击掌，在心里默数击掌次数，直到满一分钟为止。

在玩游戏之前，你觉得你可以击掌多少次？有人可能会说60次，也有人会说80次，到底多少次，开始体验吧。

游戏结束，你击掌的次数超出你的想象了吗？平时训练营中有很多同学每分钟最快能击掌160~180次，是不是不可思议？其实一分钟能做很多事，远超出你的想象，因此不要忽略每一个一分钟。如图11-7所示。

图11-7 神奇的一分钟

我们对时间有了新的感知和认知，那我们平时要怎么培养，才能在考试的时候发挥好时间价值？

其实方法很简单：那就是把每一次练习或作业都当成考试。具体做法如图11-8所示。

图11-8 练习当考试的具体做法

第一步：评估任务量和难度，自己预估完成时间。

一开始不用担心时间长短，评估的准确性也需要一段时间的锻炼。

第二步：根据预估时间设定闹钟或提醒。

如果在晚自习或课堂上，可以将闹钟声音调至最低，或像考试一样，感知时间快到的时候就扫一眼。

第三步：提醒声响，停止任务，看完成进度。

不管是否完成都先停下来，就等同于考试时间到，停止答题等待交卷。

第四步：评估预估时间的准确性，分析原因。

如果提前完成了，是时间设定长了，还是今天心情好，效率高？未完成的，分析一下是时间设定不合理，还是任务难，在某个地方卡住了；又或者注意力分散，写写停停？

第五步：将分析结果，应用到下次任务设定中。

通过多次任务设定和时间评估，时间的掌控感就会越来越强。

有人会说，平时有必要搞得那么紧张吗？答案一定是有必要，这就像练兵，平时不搞实战训练，怎么上战场？而且适度的紧张能够激发思维的活跃性，提高专注度和学习效率。改变从现在开始，今天完成作业的时候不妨开始试一试。

2. 培养良好的考试心态

在日常咨询中我们发现，很多人考试考不好，不是知识和能力出了问题，而是心态不好，过于焦虑。主要有以下几种表现，如图 11-9 所示。

表现
一、考前看不进去书，不知道先复习哪科，精力不集中
二、考前心理过于紧张，睡不着，甚至担心失眠的后果
三、每逢大考就觉得头痛、胃痛、肚子疼，各种不舒服
四、思想包袱太重，担心考试结果，怕辜负父母的期望
五、不自信，怀疑自己的能力，遇到偏难题更加紧张
六、考场上情绪起伏不定，容易受外界因素干扰

图 11-9　考前心态不好的表现

以上这六种表现，你中了几个？有没有同学全中？其实很多时候就是连锁反应、恶性循环。

我之前指导过一个初二的学生，平时学习成绩还不错，可一到考试就失常。咨询中了解到，这个学生来自单亲家庭，一方面比较自卑，担心成绩不好对不起妈妈的付出；另一方面当地的政策是会考只要有一科考C，就无缘普通高中，更何况他想上知名高中。面临这样的压力，他每天学到很晚，经常失眠、头痛，但考试成绩却不理想。针对这种情况，首先就是要给他做心理减压，调整考试心态，再配合情绪管理、自信力提升、时间管理、精力管理、记忆力提升等模块的训练帮助学生改善之前的学习状态。最后这个学生会考拿到全A的成绩，而且初三的学习状态也一直非常好，成绩优异。

要培养良好的考试心态，需要做到以下几点，如图11-10所示。

图 11-10　培养良好的考试心态

第一步：要树立正确的考试观。

胜败乃兵家常事，一两次考试失利不会输掉你的人生，要从关注结果转变为关注过程。

第二步：制定适当的目标。

准确的定位，才能让我们既有动力又有信心。认真分析自己的优势和劣势，清楚自己的强项和弱项，这种分析和定位能让我们对保强攻弱有明确的方向。在这里强调一下：一定要从实际出发，千万不要攀比，攀比只会让我们觉得自己技不如人，使信心和积极性受挫，我们要明白考出自己的实际水平就是考试的成功。

第三步：做好日常学习计划，增强掌控感。

越临近考试越觉得自己这也没复习好那也没复习好，什么都记不住，焦虑！焦虑！还是焦虑！出现这样的情况，其实不是因为你真的复习不到位，而是缺少一种对自己所学内容的掌控感。掌控感越弱，不确定性越强就越焦虑。那如何增强掌控感呢？最好的办法就是做计划。

只有计划能让你在每个当下，都能最大限度地肯定自己在做的事，而不是考试的前几天还在想，这个时候复习数学对不对？背单词有没有用？这种自我怀疑不仅会让你感到焦虑，还会浪费时间。做计划，看着计划表上一项项的任务达成，你会充满成就感，即使个别没完成，分析原因制定改进措施也会让你充满干劲儿。

第四步：考前进行积极的自我暗示。

上了考场就不要担心考不好，不要怀疑自己的能力，要敢于肯定自己，相信自己。

你可以回忆一下自己曾经感觉最好的一次考试，当时的心情是怎样的，带着这种心情投入考试，就会信心倍增；或者心里想一下"今天我感觉很好，我已经认真的复习过了，我一定会考出自己的真实水平"。

有人说即使这样做了还是紧张怎么办？那就来做自我对话："我现在感觉自己很紧张很焦虑，我知道这种焦虑对我的考试是有帮助的，我还可以更紧张更焦虑一些。没关系，那么就让我紧张一分钟，在这一分钟里，我可以深呼吸，然后我会将注意力放在考试上，刚才的紧张会让我在接下来的考试中更加专注，更加高效。一分钟到了，我开始专注地考试了。"

大家现在可以练一练这些自我对话，感受一下。刚开始可能很不习惯，但千万不要小看这种心理暗示，这些积极的暗示能帮助你调节好心理状态。有研究证明，心理调节的好成绩能提高60~100分，心理调节不好可能会丢50分以上。

第五步：考试中调整好心态，学会放弃。

有些同学考试时一道题不会做，就开始紧张，担心丢分，迫于时间压力，做下一道题，但心里总想着刚才没做出来的题，不时地回头看题干，导致下一道题也做不好。连着两道题做不好，心绪就乱了，不知所措，焦虑、烦躁，信心全无，过分紧张，导致考试失败。我们记住前面讲过的考试的目的是选拔，不可能全部题都会做，考试过程中遇到难题和困难是非常正常的，出现这种情况，及时调整心态，最好的方法就是学会放弃，并且懂得有策略地放弃。

3. 养成考试总览试卷、答题先易后难的习惯

请同学们回想一下以往的考试经历，你拿到考卷后，在不允许答题的几分钟里会先做什么？

有同学说拿到试卷，先写准考证号、姓名等信息；还有同学会抓紧时间把试卷大体结构浏览一遍。

很好，请问浏览的目的是什么？看看有哪些题，会做的先想解题思路，能答题的时候赶快写？

这里我要说明一下，不要急着想某道题的答案，总览试卷的目的如图11-11所示。

总览试卷的目的：
- 第一：总览试卷，把握结构、题型、难易程度
- 第二：初步了解类型、知识范围、设问方向
- 第三：合理分配时间，把握考试节奏

图 11-11 总览试卷的目的

（1）总览试卷，把握结构、题型、难易程度；
（2）初步了解类型、知识范围、设问方向；

（3）做到心中有数，以便合理分配时间，把握考试节奏。

同学们要沉着冷静地浏览完全部试题，把考试时间分配一下，心中有一个大略的答题计划，免得顾此失彼。即使这样，很多经历过高考的同学在分享经验的时候还会说："时间真的太紧张了，题干长，题量大，做不完题的风险很大，做题一定要快，而且要有策略地放弃。"

语文教材总主编温儒敏教授曾说过一句话，惊呆了众人："语文高考最后要实现让 15% 的人做不完！"2019 年高考后，某知名中学的一名巡考老师就说：在语文考试还剩五分钟的时候，没有一个学生做完试卷，都是在一边看表一边写作文，慌里慌张地写作文很难取得高分。这位老师说的另外一句话也让我非常触动，她说：如果连我们的学生都是这种情况，那其他学校的学生就可想而知了。

其实不只是语文，现在的中高考试题量和卷面文字量都非常大，确实存在做不完的情况，所以我们更要讲究策略。要分配好答题时间和答题顺序。

答题顺序应该注意以下四点，如图 11-12 所示。**先易后难、先小后大、先熟后生、先高分后低分。**

图 11-12　答题顺序的要点

自己觉得容易作答的，以前做过的，又简单又短的问题先做，较难的一时答不上来的要留到后面去思考。

这话说起来容易，可做起来难，很多人陷在固有的顺序思维里，习惯了按题号往下答题，经常出现考试时间到了，没做完，最惨的是后面的题不一定比前面的难，把会做的错过了。所以我们要通过日常训练去改变这种惯性，如图 11-13 所示。

图 11-13　改变习惯的要点

（1）不要担心会漏掉题目。对于无法做出正确判断的题目，可以做个记号，继续做其他的题目，不排除卷面上其他题目中可能出现对该题的提示或可参考的信息。

（2）要重视简单题。在这类题目上千万不要粗心大意，无故失分，努力把自己会的题目都答对。

中等难度的题目是超越对手的关键所在。这类题目花费精力比较大，一般中下档的题占卷面分的 80% 以上，只要能拿下这些题目，就有胜券在握的信心，对攻克难题会更有把握。

（3）对付难题，要尽力去做，能答多少是多少，没答上来也不要影响心情，因为这类题对你的竞争对手来讲也是很难的。实在不会的题目也可以结合材料和问题，在所给的知识范围内容把自己能用上的知识要点写出来，变通处理，这样能争取得分。如缺步答题，对一个疑难问题确实啃不动时，一个明智的解答方法就是，将它划分为一个个子问题或一系列的步骤，先解决问题的一部分，即能解决到什么程度就到什么程度，能演算几步就写几步，每进行一步都可以得到这一步的分数。还有跳步答题，中间结论来不及证实，就只好跳过这一步，写出后续各步。

这样能最大限度地发挥自己的长处，把该拿的分拿到，通常顺利地解答简单题的成功体验会让人产生愉悦感和良好的情绪，增强信心，在这种心境下再攻克难题更容易成功，即使最后难题没有解答出来也不必后悔。

4. 养成认真审题的习惯

有些同学，只知道在考场上一味地求快，结果题意未看清，导致失败。现在的考试，一是题目数量多，二是题型变化大，因此能否审清题意，是解题成功的关键。审题是解题的基础，也是开启难关的钥匙。

我们经常说要再三审题，那该怎么审呢？ 具体要点如图 11-14 所示。

图 11-14　再三审题的要点

第一审：拿到题目别着急回答，先认真分析，解剖题目，看看这道题问的是什么，给了什么条件，已知条件和问题有什么联系，还有没有间接的已知条件。每一个符号、每一个数据、每一个字词都要看清楚、看准确，要充分理解题意。

大语文时代很多题干都特别长，这时候就要注意找题干中的关键词，挖掘题干中的潜在条件，很多时候潜在条件就是向结论过渡的关键，这个关键找到了，问题往往就迎刃而解了。

第二审：在审题的时候还要注意站在出题者的角度去审题，想一想为什么出这道题，要考查什么，心里有数，解答就准确了。

第三审：审什么？审"埋伏"。有些题目出题者打了"埋伏"，会有一些容易混淆的概念，不仔细审题就容易上当，特别是一些题看似复杂其实答案很简单，就是出题者和你打了个心理战，千万别中计。

日常咨询中会经常遇到因为审题丢分的同学，并且还不在少数。他们不是不会，而是没审清题目就着急做题，有的同学甚至光审题一项各科加起来就能丢 60 分，对于中高考来讲 60 分意味着什么，不用我说。

审题时坚持两个原则，如图 11-15 所示。

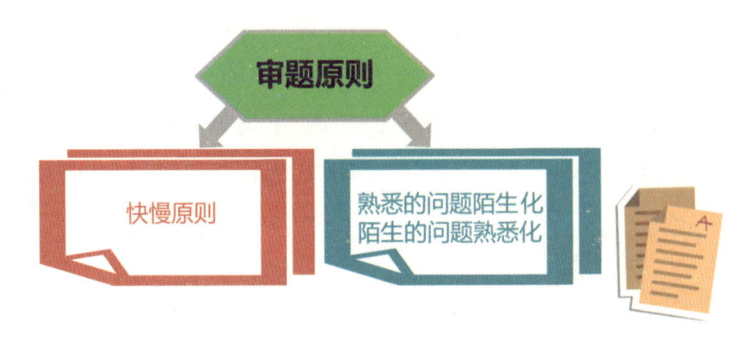

图 11-15　审题的原则

（1）快慢原则。

阅读要快，审题要慢。阅读的时候可以快速扫题，并画出关键词，然后针对关键信息进行反复琢磨、确认题目的考核要求。

（2）熟悉的问题陌生化、陌生的问题熟悉化。

熟悉的问题陌生化，就是要像对待陌生题一样重视熟悉的问题；陌生的问题熟悉化，也就是化抽象为具体，化整体为局部，化参量为常量，去掉题目华丽的外壳，通过现象看本质，可能会发现它其实就是一般问题。不要被迷惑，同时要善于把大的问题分解成小的问题。

5. 养成认真检查试卷的习惯

考试中的反复检查和自我验证非常重要，这是保证考试成功的最后一环，也是不可缺少的步骤，最好能留出 5~10 分钟用于检查。主要检查以下**五项**，如图 11-16 所示。

（1）检查卷头，以防填写失误，尤其要检查是否在规定位置写上了自己的姓名和考号，考生信息是否填写准确。

（2）检查试题有无遗漏，选择题是否填涂完毕，特别是试题较多时，要注意题号核对。

养成认真检查试卷的习惯
- 01 检查卷头，姓名和考号
- 02 检查有无遗漏，是否填涂完毕
- 03 检查答案与试题要求
- 04 检查是否有埋伏，是否改变了条件
- 05 按题型检查有无错，是否全面充分

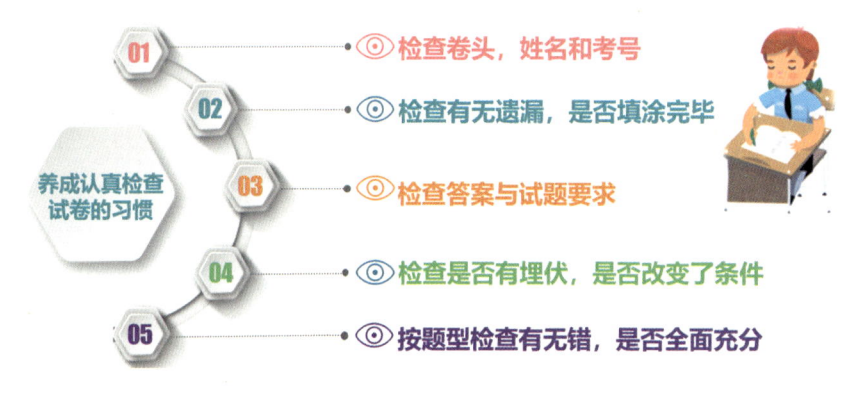

图 11-16 检查试卷的要点

我之前遇到一个学生，高考后老师和家长让其估分，他却一直不行动，后来才知道他是忘了自己是否涂了答题卡。高考一分至少挡掉几百人，答题卡涂没涂那真是决定自己考试命运的大事，所以在整个等分的那段日子里他都十分焦虑。

（3）检查答案与试题要求是否一致，有没有看错问题的意思，答案是不是"答其所问"，这个失误也是经常出现的，尤其是以下说法正确和不正确的题目，经常出现看错的同学。

（4）对于特别熟悉的试题，要审查试题是否有埋伏，是否改变了条件，换了问法。开始做题的时候着急，可能会大意，在检查的时候往往会发现问题。

（5）对于计算题，要检查解题变换中，符号、数字、单位是否写错了，检查有无计算错误，是否抄错了答案；对于论述题，检查答案是否全面，有无缺项，关键词是否写对；对于证明题、判断题，检查题中所给条件是否用上了，推理、判断的依据是否充分，解题过程是否完整。

考试的习惯不是在考场上培养的，它的根基在平时。只有正确认识考试，并在平时的作业、练习中注意培养良好的考试习惯，考试时才能胸有成竹、事半功倍。

驻足与回顾

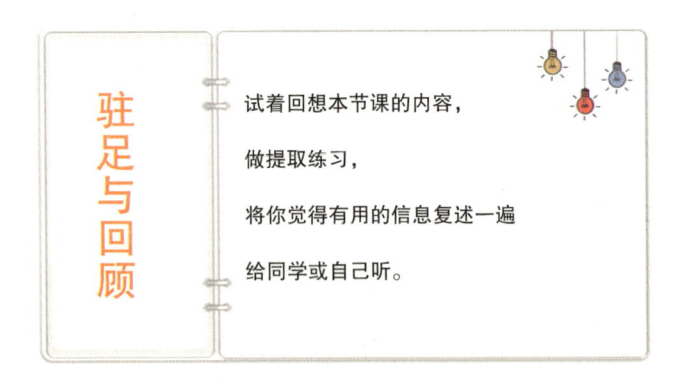

试着回想本节课的内容，

做提取练习，

将你觉得有用的信息复述一遍

给同学或自己听。

训练任务

结合今天的考试习惯培养，做一张试卷，科目不限，要求至少用到两个习惯。做完试卷之后，对比之前的习惯，写出自己的变化和感受。

训练任务

结合今天的考试习惯培养，做一张试卷，科目不限，要求至少用到两个习惯。

做完试卷之后，对比之前的习惯，写出自己的变化和感受。

寄 语

李小龙说：
"我不怕会一万种招式的人，
我只怕一种招式练一万遍的对手，
这一招就可以制敌了。"

第十二章

复盘反思
——用经验提升能力

每次考试之后，老师都会带着同学们或要求同学们做的一件事就是分析试卷，总结问题，甚至是登记错题本。

很多同学其实都不太喜欢这个环节，尤其成绩不好的同学，感觉就像是一场煎熬的自我批判，回头没准还会被当作"找茬"的证据。因为不喜欢，所以也不重视，再加上得不到有效的方法指导，最后就变成了机械性的应付，纯粹是浪费时间。

那今天我们用一种全新的理念来教同学们一种高效的学习方法——复盘。

12.1 复盘理念

1. 什么是复盘？

说到复盘，喜欢围棋的小伙伴应该会很有感触。没错，**复盘**，源自围棋术语，指对弈者下完一盘棋之后，把对弈的过程重新摆一遍，从中分析得失，学习如何更好地对弈，如图 12-1 所示。

复盘，源自**围棋术语**，指对弈者下完一盘棋之后，把对弈的过程重新摆一遍，从中分析得失，学习如何更好地对弈。

图 12-1 什么是复盘

这个过程包括回顾当时是如何想的，为什么走这一步，如果不这样走，还可以怎样走，怎样走才是最佳方案。棋手平时在训练时，大多数时间并不是在和别人搏杀，而是把大量的时间用在复盘上。

复盘是对思维的训练。通过复盘，当某种熟悉的类似局面出现的时候，你往往能够清楚地知道自己该如何去应对，在你的脑海中就会出现多种应对的方案，或者你可以敏锐地感知当前所处的状态，从而对自己下一步的走向做出判断。

2. 复盘与总结的区别

还记得我们上一节内容最后的寄语是什么吗？

李小龙说："我不怕会一万种招式的人，我只怕一种招式练一万遍的对手，这一招就足以制敌了。"也就是说，练了一万种招式的人并不一定真可怕，可怕的是一个招式每练习一次，都能找到问题，并对其进行纠正的人，经过一万次的打磨，会成为真正的武林高手。我们平时的试卷分析，如果不情愿、不用心，即使分析一万次，也赢不了考试。

复盘是以学习为导向的，并且是有结构化方法的，这和临时起意的反思与见招拆招的总结是有区别的，所以复盘不仅仅是总结和反思，而是系统的、有目的的、有策略的"总结和反思"，如图 12-2 所示。

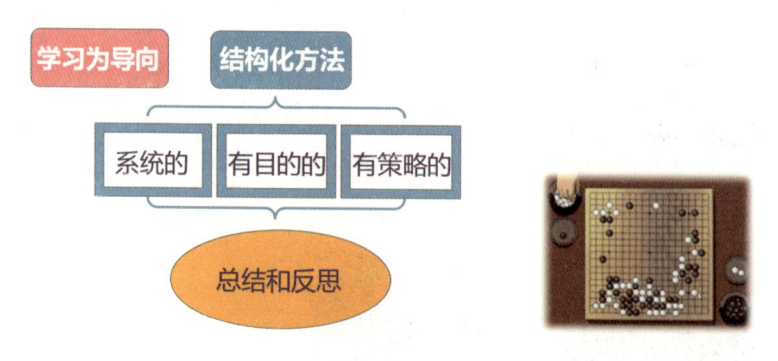

图 12-2　复盘和反思的区别

复盘让我们低头走路之余，能抬头看看前进的方向，只有这样才能最大限度地帮助我们成长和进步。

小游戏

给你 30 秒时间，你能想到的中国古谚语中和复盘有关的词句有哪些？

_____

_____

_____

吾日三省吾身、吃一堑长一智、前事不忘后事之师、凡事预则立不预则废……

其实自古以来复盘的思想就深入人心，只不过我们的古代圣人都讲究"只可意会，不可言传"，也就是一直鼓励我们要有复盘思维，但是到底怎么复盘，方法是什么，并没有详细地告知我们。直到 2001 年联想集团创始人柳传志第一次提出"复盘"这种说法，由此开始，复盘作为一种管理方式应用到了企业中，并广泛地传播开来。

3. 在企业管理中的复盘

复盘指的是运用科学的方法，对组织或个人以往的工作进行回顾，发现其以往工作中的优点和不足，进而为未来的工作和计划做好准备。如图 12-3 所示。

图 12-3　企业管理中复盘的定义

复盘并不是单纯的"找茬",而是强调从过去的经验、实际工作中进行学习,帮助人们有效地总结经验、提升能力,实现绩效的改善的行为。

12.2　复盘的价值

曾国藩与小偷的故事

曾国藩是中国历史上最有影响的人物之一,然而他小时候的天赋并不高。有一天他在家读书,一篇文章重复了不知道多少遍,却还是背不下来。这时候他家来了一个盗贼,悄悄地潜伏在他家的房梁上。盗贼想:"这个读书人,要不了多久就会去睡觉了,那个时候下来,就可以捞点儿好处。"

可是这个盗贼左等右等,就是不见这个读书人去睡觉。盗贼心说:"这个读书人怎么回事儿?反反复复地读着那篇文章,看来读书人已经下定决心,如果背不下这篇文章,绝不睡觉。"这个盗贼等了很长时间,终于等得不耐烦了,不禁大怒,从房梁上跳下来,气愤地说:"你这种水平还读什么书?"然后很不屑地将那篇文章背诵一遍,扬长而去!如图 12-4 所示。

曾国藩与小偷

图 12-4　曾国藩与小偷的故事

看到这里,你会不会想:水平如此一般,还不如我呢,就这样的人是怎么成为晚清四大名臣,至今影响如此深远的?

我们再来看一个故事:**复盘大师曾国藩**。

曾国藩是一位在失败与耻辱中,善于复盘,总结教训,让自己不断奋进的典范。

道光十二年,21岁的曾国藩又一次参加秀才考试。此前他已经参加了五次秀才考试,都不在榜中。这次考试之前下了一番苦功夫,考试后他也感觉自己发挥得不错。但令他意外的是,发榜那天却被学台(湖南省学政,相当于今天的省教育厅厅长)发布公告,点名批评。而批评理由就是:文字素养及条理太肤浅。

他当时的身份是"半个秀才",也就是考秀才没有入围但成绩尚好。在一般人看来,这个身份也算是有一点收获,值得高兴。但对曾国藩来说,这比在光天化日之下将其斩首示众更加难受,简直就是奇耻大辱。连考六次不中,还被当作反面教材,这是曾国藩人生第一大挫折!痛定思痛,他开始生平第一次复盘,如图12-5所示。

曾国藩人生第一次复盘：

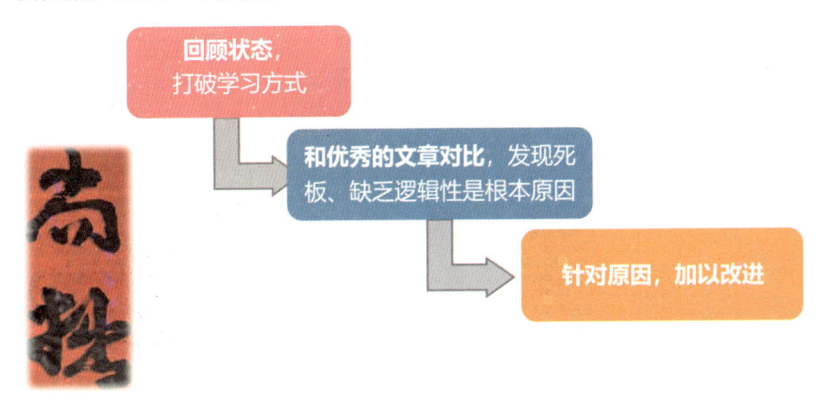

图 12-5　曾国藩第一次复盘步骤

第一步：回顾自己的读书状态，就是单纯的死记硬背，首先就是要打破这种学习方式；

第二步：把被当作反面教材的自己的文章和优秀的文章对比，发现自己的文章写得过于僵化死板、缺乏逻辑性，这是自己屡试屡败的根本原因；

第三步：针对原因，加以改进，突破僵化与死板的文笔思路，让他的文字素养与条理功力大增，越写越顺。

结果是：28岁时，曾国藩连续考中秀才、举人和进士，成功跻身中央官员，成为中国历史上最年轻的五部侍郎。

曾国藩通过一次复盘，完成了人生逆袭，他的厉害之处，就在于他永远比常人多做一次复盘。他的人生信条就是"尚拙"，也就是崇尚笨拙。所以有时候我们也得下一点"笨功夫"。

复盘到底有什么价值？我们一起来看一下，可以从四个方面总结，如图12-6所示。

图 12-6 复盘的价值

1. 前因后果：知其然，知其所以然

拿考试来说，虽然有时候我们得分了，但不代表真的懂，可能是靠运气蒙对的，也有可能稀里糊涂地就答对了，真正让我们讲解的时候就很茫然。这种情况，就会导致下次再遇到类似的题目，或者稍微有点变化，可能就会出错。因此我们强调除了看结果的好坏，还要看是否能从中学习。邱昭良的《学习型组织新实践》就提到了要区分"有意义的失败"与"无意义的成功"，如图 12-7 所示。

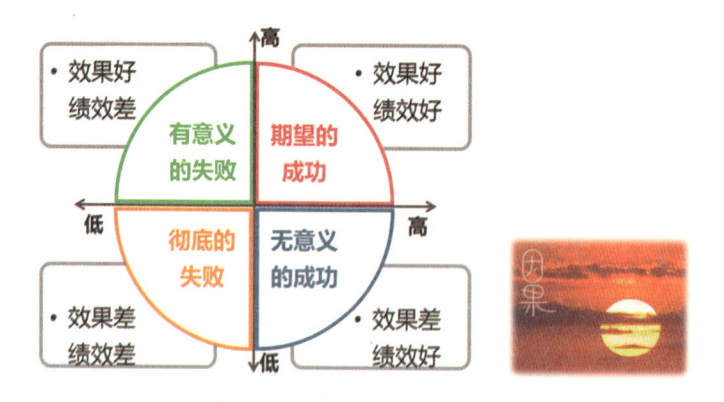

图 12-7 有意义的失败与无意义的成功

"有意义的失败"，是指虽然有些事做错了或者考试失败，但能从中学

到经验教训，搞清楚错误或失败的真正原因，并找到改善的措施，这样下次再遇到类似情况或题目，很可能就不会再犯同样的错误。这种就是有意义的失败，是值得宽容的。

"无意义的成功"是指虽然事情成功了，但不知道为什么会成功，搞不清楚里面的关键因素和机理，也可能是偶然的，不可复制或重现，就像我们上面举的例子，稀里糊涂蒙对的题目，对以后的能力提升，意义不大。

因此，无论成功与否，通过复盘，搞清楚前因后果，来龙去脉，从中学习到经验教训，才是真正重要的。

2. 避免失误：不犯同样的错误

"人非圣贤，孰能无过"，失误不可怕，可怕的是不能从中吸取经验教训。俗话说"吃一堑长一智"，我们人类就是不停地通过试错来学习的。发现失误，采取措施纠正，就是有效的应付机制。

所以我也经常提醒同学们"错过比错误的成本要高得多"，不要因为害怕犯错而不敢尝试，关键就是在于我们是不是经常在同一地方踩坑，如果我们能通过复盘，做到"不犯曾经犯过的错误"，就可以提高我们的智商。

3. 复制技巧：为了传承经验和提升能力

对于学习，我们无非是跟同学和老师学，跟书本学，跟自己学。其他都很好理解，但我们往往会忽略"跟自己学"这个途径。每天的时间或被动或主动地被课程挤得满满的，根本没有时间坐下来好好地做一次复盘。

///案例分享///

之前碰到一个高三学生的家长，非常焦虑，通过他人介绍找到了我，说想给孩子报我的学习力提升年度私教课。我就询问了一下这个学生的日常学习情况及家长的培养方式，以判断我是否能够帮助这个孩子，最后我发现我无能为力。

具体情况是这样的，这个学生每天晚上 10 点下晚自习，晚自习不是自习，而是被老师安排的学习内容占掉，关键是自习之后，家长就近租了一个酒店，再找名师给孩子一对一补两节文化课。我尝试和家长沟通，我说："孩子的时间被过度安排，一直在被灌输，都没有自己理解消化的时间，这样很不利于孩子的学习，甚至会给孩子的身心健康造成负面的影响。孩子一个月放 1 天假，还想安排学习力提升的课程，真的让孩子连喘口气的机会都不给。如果要选择我们的课程，就建议您给孩子停掉文化课补习，否则在这种疲劳轰炸的环境下我也很难帮到您和孩子。"家长考虑之后回复说她不想给孩子停掉文化课补习。那我也是真的没办法帮助她和孩子。最后高考报志愿的时候这位家长又找我咨询，结果在我的意料之中，多半年的时间花了十几万元的补课费，成绩不升反降，最后勉强上个专科。

学习能力是什么？不是通过机械地填满时间，盲目地补课锻炼出来的，更多的是"跟自己学"，通过有效的复盘，一次次总结可复制的经验，用经验提升能力，这才是真正的智慧。

4. 发现规律：为了总结规律与固化流程

养成复盘的习惯，通过一次复盘我们会发现一些方法，将这些方法持续应用，发现确实有效，再经过多次反复实践，就能总结出一套适合自己的甚至是可以推广的学习规律和学习流程，这就是有效的学习方法，这就是复盘思维带给我们的价值。

12.3 复盘的流程与要点

1. 复盘的步骤与方法

我们了解了复盘的价值，那接下来该如何分步骤、有次序的去进行复盘？

在讲复盘的步骤之前，先来回忆一下 PDCA 环，还有印象吗？是我们在"如何规划一个月后的考试"一节中介绍的一个非常好用的方法,你日常有实际运用吗?看到图 12-8,是不是马上就想起来了?

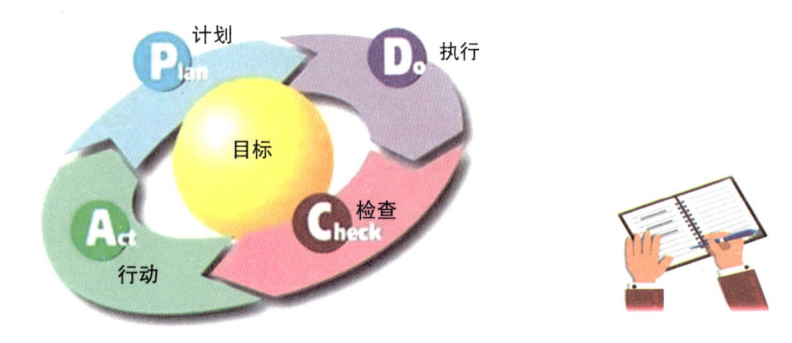

图 12-8　PDCA 环

PDCA 就是围绕目标做计划;付诸实施,执行计划;及时检查执行情况;如果有偏差采取行动,进行调整和优化,以期实现预定目标。通过这样的循环,可以改善我们的学习品质。

复盘是与 PDCA 循环密切配合的,也可以说复盘是嵌入 PDCA 循环之中的。**复盘的步骤很简单**,如图 12-9 所示。回顾目标——评估结果——分析原因——总结规律。

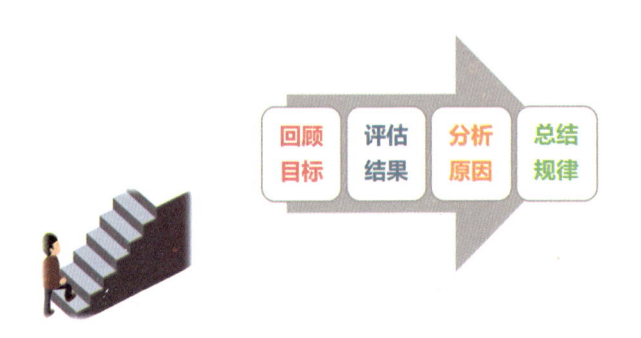

图 12-9　复盘的步骤

复盘的方法有很多种,今天我们运用**问题引导法**来进行复盘,也就是**在复盘的每一步骤中,通过问题引导的方式帮助我们澄清真相**。

第一步：回顾目标。

复盘，首先要做的就是回顾目标，有一个清晰的目标与计划，是复盘得以有效进行的前提。我们之前多次强调目标的重要性，也重点训练过制定与分解目标的方法，以及根据目标制订计划的要求。复盘第一步回顾的这个预期目标就是 PDCA 的"目标与计划"。

回顾目标时，用以引导的问题如图 12-10 所示。

> 1 我们的初衷是什么？

> 2 我们的目标是什么？

图 12-10　回顾目标时的问题

（1）我们的初衷是什么？

当初制定目标的意图是什么？是基于父母老师的期望，还是基于自身想突破改变的意愿？我们希望自己能创造什么样的价值？

（2）我们的目标是什么？

我们想要达到的目标是什么？预先制订的计划是什么？事先设想要发生的事情是什么？

请你认真回答这些问题，并把答案写下来，以便于帮助自己清晰地回顾目标。

第二步：评估结果。

评估 PDCA 环中"执行"这一过程的实际结果如何，并与预期目标进行比对，看是否有偏差。这里需要明确一下，评估的目的不是为了发现差距，而是为了发现问题；评估的重点不是关注差距的大小，而是关注问题出在哪。

评估结果时，可以用以下问题进行引导，如图 12-11 所示。

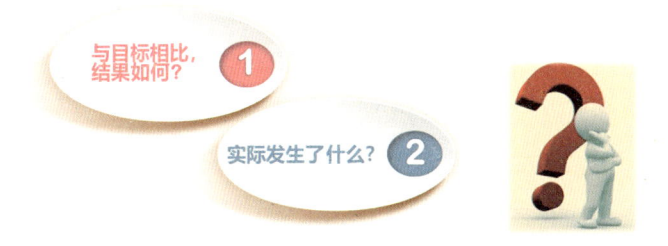

图 12-11 评估结果时的问题

（1）与目标相比，结果如何？

是超出了预期，还是未达成？

（2）实际发生了什么？

现在做到了什么程度？有哪些结果超出了之前预期的目标？又有哪些方面没有达成？在这个过程中有没有新目标增加进来？

带着对这些问题的回忆，写出最后的评估结果，以便于评估学习中的亮点和不足。这本身也是一种"检查"。

第三步：分析原因。

分析原因是基于上一步的评估结果的，对应 PDCA "检查"环节，根据结果与目标出现的偏差，深入分析做得好与不好的关键因素是什么，找到根本原因。好的结果多想想客观因素，坏的结果多想想主观原因，这样才能有效制定改进措施，采取"行动"。

分析原因时，可以用以下问题进行引导，如图 12-12 所示。

图 12-12 分析原因时的问题

（1）目标设定的基础有变化吗？

是发自内心的，还是迫于无奈的？支撑目标设定的依据有变化吗？

（2）哪些原因导致未达到预期目标？

哪些原因是可控的，哪些不可控？未达成的根本目标是什么？

是否因过程中新增目标导致未达成？具体是什么情况？

（3）如达成，成功要素是什么？

多问几个为什么，去挖掘现象背后深层次的原因。在问为什么的过程中，其实是在寻找影响成功或失败最根本的因素是什么。**请认真写下所有问题与答案**，在分析的过程中可以借助思维导图这个工具。

第四步：总结规律

复盘明确要求要反思或总结得到哪些"经验教训"，提出改进建议，这是 PDCA 中没有明确提出的。

总结规律时，用以引导的问题如图 12-13 所示。

1　我们从中学到了什么？
2　接下来我们要做什么？

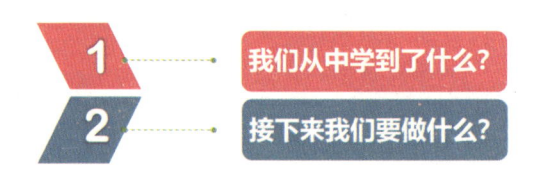

图 12-13　总结规律时的问题

（1）我们从中学到了什么？

不管是好的，还是不好的，在这个过程都有哪些收获？

如果有人遇到同样问题，我会给他什么建议？

（2）接下来我们要做什么？

下一步的改进措施是什么？有哪些计划？又有哪些是需要立即行动的？

再次强调写下所有问题与答案，因为只有写下来才可视，才更有力度。

2. 复盘中常见问题

经过多年实践总结，发现复盘过程中经常出现的问题可以归为五种，如图 12-14 所示。

图 12-14 复盘常见问题

1）对复盘认知不到位

复盘重在改进和提高，不是追究责任的"找茬"批判，所以要保持积极开放的心态，实事求是地进行复盘反思，找到本质和规律。

2）没有目标或目标不清晰

整个复盘中的评估结果和原因分析都是围绕最初设定的目标产生的，目标不清晰，复盘就容易流于形式。

3）只关注失败和不足

过去长期的刻板印象导致我们在分析问题的时候只关注不好的地方，忽略了做得好的部分，成功的经验才是可复制的能力。

4）分析问题不透彻

很多时候都是浅尝辄止，就事论事，没有深究底层原因。

5）归因问题

不论成功与失败，过多地归因于外部环境，忽略了内在的努力与不足。

12.4 考后反思分析工具——错题集

通过上面的内容,同学们对复盘从理念、价值到步骤、方法都已经有了一定的认知,在实际操作中,回顾目标、评估结果,都相对容易,最难的就是分析原因,原因分析不到位,总结规律就是句空话。尤其是我们开头提到的考试后的试卷分析,很多同学可能都不知道如何着手去分析,即使分析了也不透彻,流于形式。那接下来我们重点来梳理一下如何做考后的反思分析。

所谓考试后的反思分析,就是要吸取教训,以利再战。要分析考试的收获以及考试中暴露的问题,然后进行归类,有针对性地提出改进措施,同时制定下次的学习目标。在这里可以采用"错题集"进行归类整理,发现"无知"的价值。

1. 重新认识错题集的价值

说到错题集同学们肯定不陌生,有的同学说:"我每科都有错题集,每天的错题都进行了登记,但好像也没什么用,该错还错。"有的同学说:"我学习不好,错题太多,登记几天就烦了,坚持不下去。"还有的同学说:"平时作业已经够多了,没时间再登记错题集,错题就留在卷子上,以后看试卷就行。"还有同学说:"这个错题集太有用了,提高了我的学习效率。"

为什么有人认为非常有用,有的人却认为没必要,也有人质疑错题集的功效呢?要想让错题集发挥功效,**首先得重新认识错题集的价值**,劳心劳力地做错题集的好处如图 12-15 所示。

01 有助于端正学习态度,培养好的学习习惯

02 是错误的系统汇总

03 是每次考试的价值所在

图 12-15 错题集的价值

（1）错题集有助于学生端正学习状态，培养良好的学习习惯。

每错必登，多错多登，少错少登，刚开始登记错题时无疑给有错题的学生增加了负担，尤其是学习习惯差、成绩差的学生错题多。困难本来就多，怕做作业，偏偏错题多，执行起来有一定的困难，但这恰恰是端正学习状态，培养学习习惯的好时机。尤其是对于那些由于马虎粗心而犯错的同学，嫌登记错题麻烦那就尽量少犯错，平时注意听讲、及时复习、考试细心，错得少，登记的工作量自然就少。

（2）错题集是学生自身各类错误的系统汇总。

翻开它，学生的各种类型的错误就会非常直观地呈现在眼前，一览无遗。这样学生就可以更有针对性地着手改正错误，解决问题，尽力做到"不二错"，也就是同一个错误不犯第二次。

（3）错题集才是每次考试的价值所在。

很多学生考前复习常常没有章法，平均分配时间，大量做题的同时，不会的仍然不会，出错的地方重复出错，究其原因就是没有找准自己的失误点，没有消灭顽固的死角。错题集能够帮助同学们发现自己的薄弱环节，抓住薄弱环节就抓住了复习重点，考前着重针对错题本上的题目查漏补缺，能起到事半功倍的效果，错题才是每次考试的价值所在。

错题集是一种能够提高学习效率、提升学习质量、夯实学习基础、创造优秀成绩的重要手段。然而很多家长和学生并没有引起重视，导致大量重复犯错。据调查，错题当中 30%～50% 是重复错误，这是非常可怕的！养成建立错题集的习惯，会让你学习重点更突出、复习更具针对性、学习更高效。

2. 错题集发挥功效的方法

同学们平时如何利用错题集，才能让它发挥最大功效？**接下来，我就带同学们一起学习使用错题集的方法，如图 12-16 所示。**

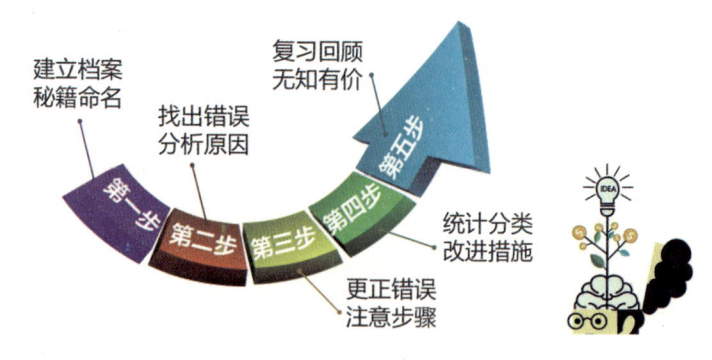

图 12-16 使用错题集的方法

第一步：建立档案、秘籍命名。

把作业、练习、考试中的所有错题都抄到错题集上，建立错误档案。如果觉得抄题浪费时间，也可以复印剪下来贴在错题集上。在此建议一下，自己去选几个非常喜欢的、质量好一些的笔记本，给自己的每本错题集都取个有趣的名字，如"××武功秘籍""××学习宝典"之类的，这样会增加你登记错题的意愿。

第二步：找出错误、分析原因。

同学们关注自己的成绩无可厚非，但更要关注成绩背后的问题，找出错误原因，并进行分析，是概念不清、知识点掌握不牢固、审题问题、答题技巧问题、计算错误、粗心大意，又或是心理问题等。分析原因一定要细，要通过现象看本质，深挖找到根本原因。

举个例子，很多同学会说自己考得不好是因为粗心。粗心不是原因，是结果，所以要具体分析，是看错了题，还是没看出隐藏条件，或是理解错了，又或者看错了数字或符号等，一定要弄清楚怎么错的，越具体越好。弄清楚之后可以用彩色的笔写出错误原因。

第三步：更正错误、注意步骤。

同学们在更正错误的过程中，一定要写出解题的关键步骤和过程，加深印象。像选择题之类的一定不能只写出选项，一定要有步骤。现在有些同学改错题就是再做一遍，蒙对就行，或者忽略步骤，只写最后的答案，这样不利于厘清脉络和巩固知识。

第四步：**统计分类、改进措施**。

既然是档案就一定会有分类，同学们可以每周、每月根据实际情况进行不同的分类。可以按内容分，使知识系统化；也可以按题型分，集中目标；还可以按错因分，举一反三。

通过统计，很容易看出一些规律性，哪些知识点容易错，哪些题型容易错，哪些是概念错误，哪些是计算错误，哪些是马虎错误；是偶然性失分，还是必然性失分等，这样你就可以更清楚自己的问题，有针对性地学习，制定改进措施、提高效率，这样也就能体会错题集的好处了。

第五步：**复习回顾、无知有价**。

错题集不是登记完就结束了，目的是使用，同学们要时常拿出来翻看，重点的错题再做一遍，把"无知"变"熟知"，尤其是每次考试前都可以重点翻看一下，做到"不二错"，使每一套错题都发挥最大的功效。

案例分享

错题集对于想在短时间内提升成绩的同学是非常有帮助的。还记得那个高考前三个月提升160分，最后考到名校的小姐姐吗？三个月时间快速提升的秘籍就是错题分析，她之前是所有错题都在卷子上改，不单独登记。想要短期快速提升成绩，找准弱点是最重要的，所以我就建议她从错题开始，她那时候每周都有考试，那就每周都登记错题，分析原因、统计错误类型，然后制定改进措施。

也就是在这个过程中发现她光审题一项各科加起来就能丢60分，对于一个高考生来讲60分意味着什么，你们都明白。所以我建议她利用自信特语去专门克服审题难关，每天三个证据，连续14天，她一共为审题付出了42个努力，最后的几次考试，终于有了突破。当然，她的问题不止是审题，还有很多模棱两可的知识点，以及粗心的问题，都是利用错题集和自信特语一项项攻克的。

另外，错题集让这位同学的复习更高效了，没有错题集的时候都是拿着一本本厚厚的书或者笔记复习，看到那么多知识点头都大，有了错题集之后，就用错题集重点攻克自己的薄弱环节，用思维导图笔记本复习重点知识。每次考前一天晚上把重点错题再做一遍，睡前过电影，考前准备的一个小时时间也是扫描自己的错题本，这样考试成绩就一次比一次好，最终在高考中成功逆袭。

优秀的人之所以优秀，只不过是因为他们喜欢向"失败"学习，把每一次"失败"当作一次自我激励、自我学习，实现能力复利增长的工具。复盘思维能让同学们一次次超越过去的自己，成为你想成为的样子。

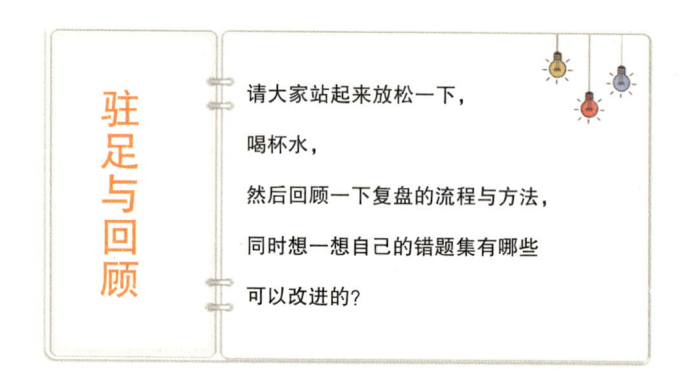

> **驻足与回顾**
>
> 请大家站起来放松一下，
> 喝杯水，
> 然后回顾一下复盘的流程与方法，
> 同时想一想自己的错题集有哪些
> 可以改进的？

训练任务

对自己最近一次考试进行一次完整复盘，重点进行试卷分析，利用错题集进行整理，统计错误类型、分值，制定改进措施。

训练任务

对自己最近一次考试进行一次完整复盘,重点进行试卷分析,利用错题集进行整理,统计错误类型、分值,制定改进措施。

寄 语

学会复盘,善于复盘,时刻复盘,你的人生才能翻盘!

第十三章

情绪管理
——情商带动智商

自从情商一词出现以来，人们就开始比较情商与智商哪个更重要。从功能上来讲，智商反映了人的智能水平，情商则反映了人在认识自我、控制情绪、激励自己及处理人际关系方面的能力。然而，有很多的事例表明，情商比智商更重要，更能决定人生的命运。

情商的高低可决定一个人其他能力（包括智力）能否发挥到极致，从而决定他有多大的成就。如图 13-1 所示。

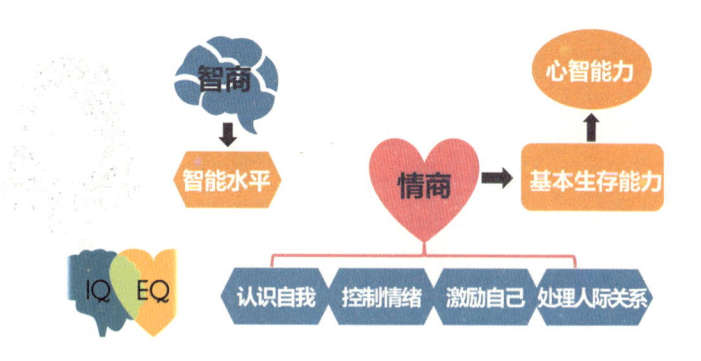

图 13-1　智商与情商

情商是一种基本生存能力，它决定了一个人其他心智能力的表现，人们常说"要想成功，80% 靠情商，20% 靠智商"。对于学生而言，面对高强度的学习压力和各种竞争关系，良好的情商是获得成功的基本素质。想要拥有高情商的关键就是要提升情绪管理的能力。

回想一下，过去的 24 小时你身边发生的一件好事或有趣的事，可以用一个词语或涂鸦的形式描述。

如果这时你身边有家人和朋友，可以和他们一起做这件事，写完之后，轮流讲述一下所写的内容。如果现在就你自己一个人，那就对着镜子给自己讲，或者全部写下来，自己看看。让我们带着好心情开始一天的学习和生活。

每次做这个活动的时候，大多数人都会很开心，很快乐，但也总会有一些人觉得我周围没什么好事，都是烦心事，都是不开心的事。这到底是怎么回事呢？是情绪的问题。

13.1 正确认知情绪

1. 什么是情绪

情绪是对一系列主观认知经验的通称，是多种感觉、思想和行为综合产生的心理和生理状态。最普遍、通俗的情绪有喜、怒、哀、惊、恐、爱、恨等。如图 13-2 所示。

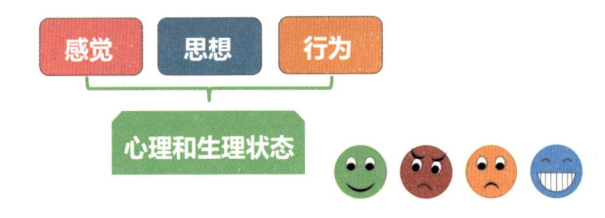

图 13-2 什么是情绪

2. 积极情绪和消极情绪

情绪就像生活的颜色，在生活中任何情绪都不可或缺，情绪没有好坏之分，如恐惧可以让我们远离危险，痛苦也能让我们痛定思痛、奋发图强。我们应该把焦点放在出现某种情绪之后的效果和意义上，也就是说，情绪虽无好坏之分，但有积极情绪和消极情绪之分。

从效果上看，凡是对人的行为起到促进和增强作用的情绪就是积极情绪，而对人的行为具有削弱和减力作用的情绪就是消极情绪，如图13-3所示。

图13-3 积极情绪与消极情绪

积极情绪使人精神焕发，体力增强，精力充沛，奋发向上，所谓"人逢喜事精神爽"，就是指这种情绪。一般情况下，兴奋、愉快、开心、欢乐、激动等情绪属于积极情绪。而消极情绪使人精神不振，体力下降，悲观失望，垂头丧气，所谓"愁闷瞌睡多"，就是指这种情绪。紧张、慌乱、伤感、痛苦、生气、心悸等情绪属于消极情绪，消极情绪对健康是非常有害的，长期下去会导致神经衰弱。

3. 消极情绪的危害

"生气是拿别人的错误惩罚自己"，对于康德的这句话，你怎么看？

很多同学看到这句话的时候会不以为然，会认为生气顶多是一时的情绪波动，怎么会到惩罚自己这么严重的程度？殊不知在生气的时候，身体会发生巨大的变化，只不过你没有及时察觉而已。

人在生气时的生理反应非常剧烈，同时会分泌出许多有毒性的物质，会破坏人体免疫系统，损伤健康。不良情绪长期存在与发展会转化成心理障碍和心理疾病。

13.2 如何进行情绪管理

情绪管理是指通过研究个体和群体对自身情绪和他人情绪的认识、协调、引导、互动和控制，充分挖掘和培植个体和群体的情绪智商、培养驾驭情绪的能力，从而确保个体和群体保持良好的情绪状态，并由此产生良好的管理效果。

1. 情绪 ABC 理论

美国心理学家埃利斯提出了情绪管理的 ABC 理论，这一理论的基本观点是：人的情绪不是由某一诱发性事件本身所引起，而是由经历了这一事件的人对这一事件的解释和评价所引起的。

A 代表诱发事件；B 代表个体对诱发事件产生的信念，即对这件事的看法、认知和评价；C 表示自己产生的情绪和行为的结果。

人们通常认为，人的情绪反应是诱发事件 A 直接引起的，即 A 引起了 C。ABC 理论指事件 A 只是引起情绪和行为的间接原因，而人们对诱发事件所持有的信念、看法、解释 B，才是引起人的情绪及行为更直接的原，如图 13-4 所示。

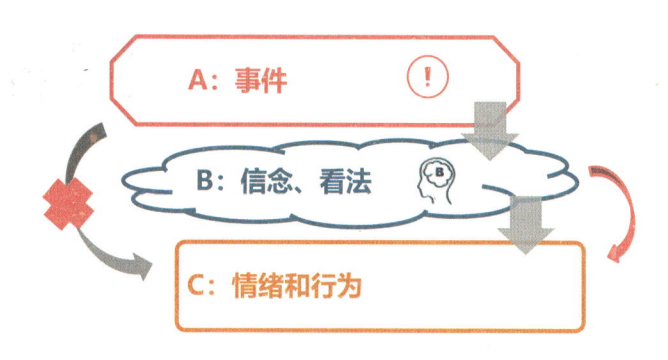

图 13-4 情绪 ABC 理论

例如，两个同学一起去教室的路上，迎面碰到了一位老师，老师没和他们打招呼，直接走过去了。同学 A 对此是这样想的："他可能正在想别的事情，没注意到我们，即使是看到我们没理睬，也可能是有什么特殊原因。"而同学 B 可能有不同的想法："是不是我上次没考好，不喜欢我了，故意不理我。"两种不同的想法就会导致两种不同的情绪和行为反应。A 可能觉得无所谓，该干什么干什么，而 B 可能忧心忡忡，以至于无法静下心来学习。

从这个简单的例子可以看出，人的情绪及行为反应与人们对事物的想法、看法有直接关系。如果我们的信念是合理的、积极的，将引导我们进入积极的情绪里；如果我们的信念是不合理的、消极的，就将进入消极的情绪里。

2. 中学生常见的不合理信念

在日常的咨询和指导过程中，我们发现中学生常见的不合理信念有以下四种，如图 13-5 所示。

图 13-5 不合理信念

1）绝对化

经常"鞭策"自己的都是"必须""应该""一定要"，如"我必须成功""别人应该对我好"等，这类句式背后通常带来的结果是内疚和自责。如果你用这种思维模式来看整个世界，那只要你或者别人做得有一点儿不完美，你就会觉得是彻底的失败，这样的认知极易导致消极情绪的出现。

2）以偏概全

只要发生一件负面的事情，就会觉得失败在所难免，甚至会给自己贴标签。例如，有些人遭受一些失败后，就会认为自己"一无是处、毫无价值"，给自己贴个"废人"的标签，这种片面的自我否定往往导致自卑等不良情绪。而这种评价一旦指向他人，就会一味地指责别人，产生怨怼、敌意等消极情绪。如别人没有及时满足你的要求时，你就会给对方贴个"讨厌鬼"的标签。

3）拒绝正面思考

认为如果一件不好的事情发生，那将是非常可怕和糟糕的。遇到问题，拒绝正面思考，坚持无视正面的反馈，总挑出负面的细节来反复回味，然后觉得整个生活都是昏暗的，都是无趣的。例如，"如果我学习成绩不好，那一切就都完了"。如果发现他人的行为不尽如人意，就会认为是针对自己，陷入不良的情绪体验之中，一蹶不振。

4）罪责归己

习惯性放大自己的错误，无视自己的优点和别人的缺点，所有的事情，只要有消极的结果，都会觉得自己是罪魁祸首。比如父母吵架，很多孩子都会认为是自己做错了事情，导致父母吵架，甚至会觉得如果没有自己，父母就不会吵架了。

现在很多中学生由于这些不合理的信念让自己陷在情绪和压力的困扰中，由此可见，**情绪管理的关键是：改变认知，提升正能量。**

13.3 三大魔法工具

1. 第一大魔法工具：意义换框法

意义换框法，是一个在神经语言程序学（NLP）训练当中常用的一个简单有效的工具。同一件事情里面总有不止一个意义包含其中，找出最能帮助自己的意义，便可以把事情的价值改变，使事情由绊脚石变为垫脚石，自己因而有所提升，这便是意义换框法。

意义换框法，对一些因果式的信念最为有效。生活中有很多信念是带有因果关系的，而这些因果关系带来的结果往往是消极的。意义换框法，就是要打破这种固有的思维观念，改变原有的结果，如图13-6所示。

改变价值，使事情由绊脚石变为垫脚石

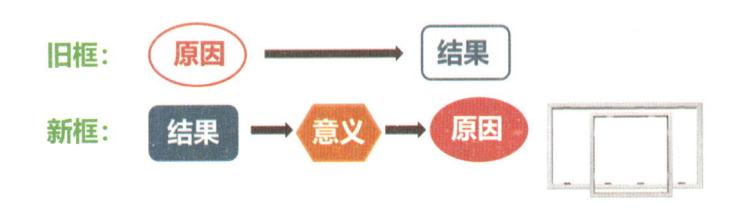

旧框：原因 → 结果

新框：结果 → 意义 → 原因

图13-6 意义换框法

我们现在选择一个信念，确认一个因果关系。

比如：

因为今天被老师批评了，所以我学习不在状态。

因：被老师批评。

果：学习不在状态。

果是不好的，消极的，现在把果换成相反词，正向的词。"学习不在状态"改成"积极学习"，把因为放在后面，组成新的语言结构句式：

（1）即使被老师批评了，我也可以积极学习，因为这样能使他改变对我的态度。

（2）正因为被老师批评了，所以我更要积极学习，这样能使我超越他的期望。

（3）虽然被老师批评了，我仍然可以积极学习，因为这样使我变得更努力。

（4）就算是被老师批评了，我也可以积极学习，因为这样可以让我的学习进步。

这四个新的句式，和原始句式相比，你有什么感觉？会不会觉得更有力量？

当我们把原来的信念和意义换了个框架后，我们的思维结构也随之改变。尤其当你意识到你不得不做一些事情时，如果把它换成是你主动选择做的事情，结果一定会走向更积极更美好的一面。

案例分享

一位妈妈很着急地和我说："我家孩子心理可能有问题，考试焦虑症特别严重。还有一个月就高考了，这个问题如果不能解决，那孩子的高考肯定成问题。之前也想过找心理医生咨询，但是没有找到合适的人。听朋友介绍说你们的学习力训练里还有情绪管理和考前心理疏导的内容，所以就赶紧过来了。"

经过和孩子的沟通才发现孩子是有焦虑，但是这个焦虑的根源还是来自家庭，来自父母的"爱"。考前焦虑的主要原因就是孩子要去外地参加高考，想让爸爸一个人陪着就可以，可妈妈也不放心，也要一起去，家里还有个很小的弟弟，也得带着，姥姥姥爷又不放心妈妈自己带小弟弟也得一起去，这就等于一家五口陪着他去高考。这么兴师动众，孩子能没有压力吗？如果考得不理想怎么交代，怎么对得起一家人的付出？

我就开导孩子说："你自己已经18岁了，曾经也和同学一起出去旅游过，按说提前订好了酒店，那边还有班级老师可以联系，是不是自己也可以去考试？"孩子回答说"是"，于是我说："你看，这事要是你自己去了，你不会有现在的这些压力，对不对？"孩子说"对"。我说："那好了，你应该放下了，为什么呢？你换个角度思考这个问题，你明明可以自己轻松地去做这件事，可现在这么多人陪你去，这不是你的需求对不对？所以我们接下来做个换框游戏。"

信念：因为一家五口陪我去高考，所以我压力很大，很焦虑。

换个句式：

即使一家五口陪我去高考，我也可以没有压力，因为他们不全是因为我个人。

虽然全家陪我去高考，我仍然可以没有压力，因为他们可以趁机去旅游。

换个角度想，是不是就没有那么大压力了？孩子说："原来还可以这样啊，原来是这样啊，我瞬间就感觉轻松了好多！"最后孩子考试的时候还是很顺利的，考试成绩也不错。

句式框架：如图 13-7 所示。

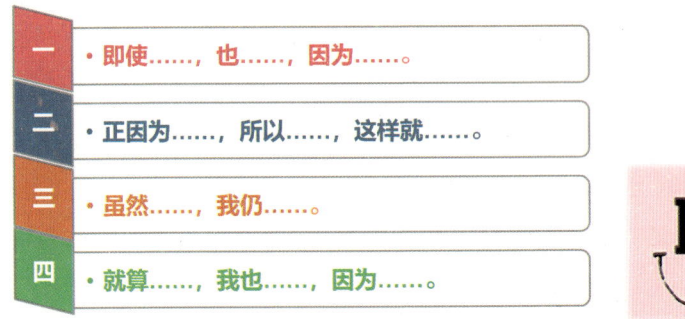

- 一 · 即使……，也……，因为……。
- 二 · 正因为……，所以……，这样就……。
- 三 · 虽然……，我仍……。
- 四 · 就算……，我也……，因为……。

图 13-7　句式框架

记住这四个句式框架，当你遇到因果式信念时，就赶快拿来练习。我们自己选择的意义，就是要让你变得更加积极主动。

2. 第二大魔法工具：空椅对话

空椅对话技巧是格式塔流派常用的一种技巧。空椅对话的目的就是帮助当事人全面察觉发生在自己周围的事情，分析体验自己和他人的情感，宣泄自己的负面情绪，减轻压力，缓解情绪。

空椅对话有三种形式：倾诉宣泄式、自我对话式、他人对话式，如图 13-8 所示。

图 13-8 空椅对话的形式

针对中学生常见的情绪问题，在这里我们只介绍"自我对话式"的空椅对话技巧，这是最简单也最适合学生自己去操作的一种方法。

假如你内心有很大的冲突，不知道如何解决，就可运用自我对话式空椅对话技巧，操作要点如图 13-9 所示。

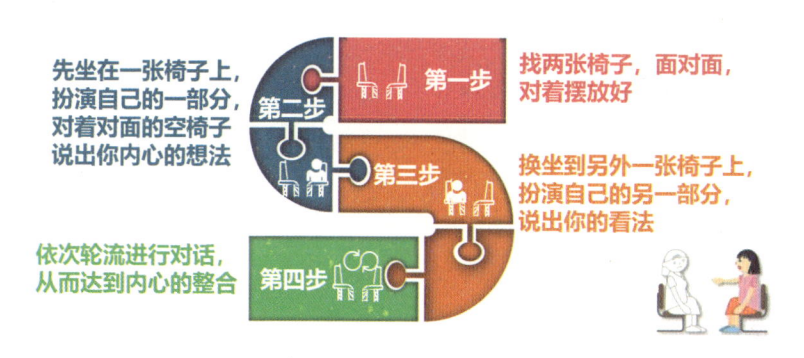

图 13-9 空椅对话操作要点

第一步：找两张椅子，面对面，对着摆放好；

第二步：先坐在一张椅子上，扮演自己的一部分，对着对面的空椅子说出你内心的想法；

第三步：换坐到另外一张椅子上，扮演自己的另一部分，说出你的看法；

第四步： 依次轮流进行对话，从而达到内心的整合。

自我对话式主要应用于两个场景，如图 13-10 所示。

- 01
  - 认为因自己不好
  - 内疚感、罪恶感和自责心理
- 02
  - 面对选择很难下定决心
  - 忧心忡忡或逃避现实

图 13-10　空椅对话应用场景

第一个场景：当事人认为由于自己的问题，引起了不好或者严重的后果时，产生了强烈的内疚感、罪恶感和自责心理。此时，运用空椅对话技巧，让学生自己与自己展开对话，从而降低内疚感。

案例分享

小强的父母感情不和，经常吵架，甚至大打出手。在他初二的时候，有次成绩考得很不好，父母因此互相指责，在他的教育问题上展开了激烈争执，双方各执己见，互不相让，闹得很凶，没过多久就离婚了。小强选择了跟着妈妈，妈妈一个人带着他，生活过得并不如意，有时候就会埋怨他。小强也因此情绪极为低落，经常责怪自己，觉得父母离婚、母亲过得不如意，都是他学习不好造成的。

运用空椅对话技巧帮助他解决负罪感，当他坐在一张椅子上时，让他想尽一切理由去责怪自己；而坐在另外一张椅子上时，让他替自己进行辩解。自我的两个部分展开了激烈的对话，小强也由此进行了深层的思考，最终他明白了，父母离婚、母亲生活不如意的责任并不在自己身上，是父母之间的认知和沟通方式存在问题。他们吵架的诱因并不总是他的学习，即使他那次不考砸，他们在一起也不会幸福，所以他释然了，放下了对自己的责怪，整个人都轻松了。

第二个场景：面对各种各样的选择很难下定决心，或者处于人生的十字路口不知将何去何从时，忧心忡忡或逃避现实。此时，可以运用空椅对话技巧，让当事人自己与自己展开对话，澄清自己的价值观，分析各种选择的利弊，找到解决问题的途径。

就拿新高一选科为例，很多学生在面临选科的抉择时会出现选择焦虑。

案例分享

有一个女生自己本身喜欢文学，将来想当一名老师。如果选择历史，将来可以报汉语言文学专业，但她不喜欢地理，只能选历史、政治和生物的组合。选这个组合将来是可以报汉语言文学专业的，可又听说历史组合的录取率低，比如物理组合好考，另外选考这个组合的人比较少，学校都不一定会开这个组合。父母也希望她能选物理组合，如物理、化学、政治或物理、化学、生物，觉得现在优秀的大学都有选考物理和化学的要求，而且这类组合可选择的专业面宽。可她对物理发怵，化学成绩也一般。纠结来纠结去，问问这个问问那个，大家给的意见都不一致，她就更纠结了，因此一连几个晚上翻来覆去，开始失眠焦虑。

为了解决这种选择焦虑，我建议她运用空椅对话技巧进行"自我对话"，于是她坐在椅子上，对着另一把空椅子展开了心灵的对话。坐在这张椅子上时，就把选择物理的好处和选择历史的坏处罗列出来；坐到另外一张椅子上时，就把选择历史的好处和选择物理的坏处罗列出来。在罗列完以后，"双方"展开激烈的质询，最后证实了自己灵魂深处最真实的渴望和想法，做出了当时对自己相对有利的选择。

空椅对话的本质就是一种角色扮演，通过这种方式能从不同的角度进行接纳和整合。方法简便易行，适用性强，在你遇到以上两类问题引发负面情绪的时候，可以在家里进行练习，相信你的负面情绪一定会得到疗愈。

3. 第三大魔法工具：心幕疗法

心幕疗法可以帮助你改写你的内在程序。

什么是心幕疗法？

心幕是心智银幕的简称，指的是你脑海中呈现的画面。

请闭上眼睛想象一下你卧室的样子，里面的装饰及各类物品，是不是有一幅画面呈现在你的脑海里，你的心幕上看见的一定是静态的图像或者动态的影像，而不是"卧室"这两个文字。美国南加州大学大脑与创业研究所所长安东尼奥说："没有影像的想法是不可能存在的，所有曾经在我们身上发生的一切都是以图像或者影像的形式被编码，并记录在大脑和潜意识里的，哪怕是视觉以外的感官。"比如望梅止渴的典故，吃过梅子的人一想到梅子，不只是有梅子的样子，连酸酸甜甜的味道都会被想象出来。你一想到梅子就会不由自主地流口水，这其实就是触发了你曾经吃梅子的记忆。

当你的记忆被触发的时候，你会在心幕上看到相对应的图像或者影像，如图13-11所示。这会影响你当下的体验，决定你当下的情绪状态，这其实是潜意识在主导这一切。心幕工具可以直接链接潜意识，从源头去移除并改写程序，让你不再被你的记忆所影响。

心幕是**心智银幕**的简称，指脑海中呈现的画面。

链接潜意识，从源头移除并改写程序

图13-11 心幕疗法

如何使用心幕工具？

构建心幕工具，可以分为五步，如图 13-12 所示。

构建心幕工具的步骤
- 第一步：构建心幕
- 第二步：确定需要疗愈的负面情绪
- 第三步：祈祷在心幕上看到想疗愈的情绪
- 第四步：祈祷负面情绪不再出现并彻底疗愈
- 第五步：祈祷光和爱扩展到心幕，疗愈相关记忆

图 13-12　构建心幕工具的步骤

第一步：**构建心幕**。

请你在脑海中想象一个空白的屏幕，如大电影的银幕或平板电脑的屏幕都可以，屏幕大概三分之一的地方有一条水平线将屏幕隔成上下两部分，上面是意识，下面是潜意识，如图 13-13 所示。

图 13-13　构建心幕

第二步：**确定需要疗愈的负面情绪**。

你现在最想解决的问题或困扰带给你的感觉是什么，有什么负面情绪？是生气、恐惧还是焦虑？找到这个感觉，如图 13-14 所示。

困扰带给你的感觉是什么？
有什么负面情绪？

图 13-14　需要疗愈的情绪

第三步：祈祷在心幕上看到想疗愈的情绪。

请你闭上眼睛，发自内心真诚地说一段简短而真诚的祈祷文，可以小声地说也可以默念。比如说：你最近因为考试很焦虑，那你就直接说："请让我在心幕上看见焦虑的情绪。"

说完之后，不需要刻意去想什么，就让这一切自然发生就可以，你可以接纳一切的发生，允许焦虑，用任何的形式显示在你心幕的上半部分。那你的焦虑可能是坐立不安或紧张揪头发的影像，也可能是其他过往的经历等，它可能以各种形态呈现出来，我们都要接纳它。如图 13-15 所示。

图 13-15　祈祷看见要疗愈的情绪

因为你现在是初学者，你可能还不熟悉，所以假如你什么都看不见，也很正常。那你就想象在这个心幕的上半部分，也就是意识的部分出现了焦虑这两个字。然后放轻松，让这两个字停留在那里，看看会有什么事情发生。既然你能够觉察和感受到自己在焦虑，那代表你一定可以在心幕的上半部分看到相关的内容。

第四步：**祈祷负面情绪不再出现并彻底疗愈**。

看到你认为够了，就在心里请求不要再出现并请求彻底疗愈。一旦你在心幕上看到自己的焦虑，可能是过去某段记忆的人事物，可能是某个地方，也可能是某个图片或者是影像。不管你的焦虑是用什么样的形式来呈现的，只要你觉得你看得已经不想看了，差不多了，你就可以在心里请求或者祈祷，请这个情绪不要再出现在我的心幕上，并且彻底疗愈它，如图13-16所示。

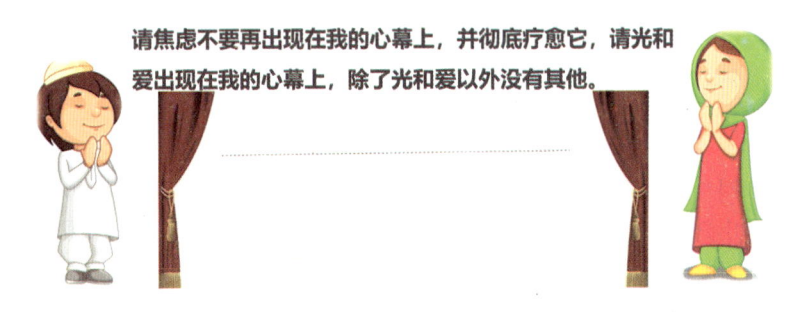

图 13-16　祈祷负面情绪不再出现

可以使用这段引导词："请焦虑不要再出现在我的心幕上，并彻底疗愈它，请光和爱出现在我的心幕上，除了光和爱以外没有其他。"

第五步：**祈祷光和爱扩展到心幕的潜意识区，疗愈相关记忆**。

请求或者祈祷之后你就想象心目中的光和爱变成了影像，扩展到了心幕的下半部分，也就是潜意识的部分，疗愈甚至移除全部相关记忆。

你想象的光和爱变成影像，这个影像可以是任何影像，只要对你而言它代表的是光和爱就可以，没有什么标准答案。例如，有些人想象的是太阳，有些人想象的是爸爸妈妈，有些人想象的是白色的光或者粉色的光，只要对你而言代表光和爱就可以，如图13-17所示。

图 13-17　祈祷负面情绪被疗愈

在光和爱变成影像以后，它怎么扩展到心幕的下半部分，怎么疗愈那里的相关记忆，怎么移除你都不需要刻意去想，就是让这些自然而然地发生就可以，接纳一切发生。无论你看到的画面是什么，它都在为你疗愈，你就像在看电影一样静静地欣赏光和爱疗愈了你的焦虑并且嵌入到你的潜意识就可以。有时候我会看见焦虑在光里面慢慢地消散，有时候会看到唯美的画面，如阳光沙滩海浪，绿草点缀几朵小花，心就会慢慢平静下来，得到了疗愈。

心幕工具使用要点如图 13-18 所示。

01　没有彻底疗愈和改写之前，每天做一次练习，每次3~5分钟，就像过电影一样

02　隔几天回顾发现内心依旧非常平静，那你已经成功；如果还有点困扰，就继续做

03　临时信念，1~2次就会解决；根深蒂固的不合理信念，可能需要多次

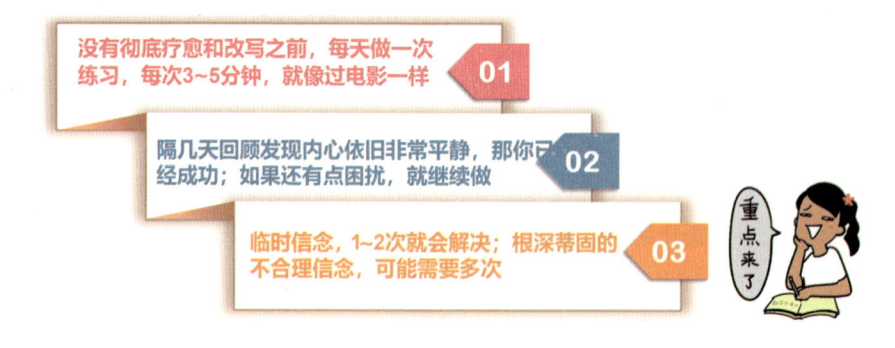

图 13-18　心幕工具使用要点

（1）在你的负面情绪没有彻底疗愈和改写之前，每天都要做一次练习，每次 3~5 分钟，就像过电影一样。

（2）当你再次回顾你最想处理的问题时，你不再感受到负面情绪，原本的问题对你而言已经不再是困扰的时候，就说明这个负面情绪已经被疗愈和改写了。如果你隔几天回顾发现内心依旧非常平静，那恭喜你，你已经成功了；如果发现还是有点困扰，那就继续做，直到完全感觉不到负面情绪为止。

（3）具体需要做多长时间会有效，要视情况而言，如果是新的临时性信念，1~2次就会解决；对于根深蒂固的不合理信念，就可能需要多次。对你而言，直到不再困扰你，就是最合适的时间。

使用这个工具刚开始练习时会觉得有点复杂，实际上练上几次，掌握了之后就会觉得非常简单，每天睡前花几分钟使用这个工具就可以有很好的效果。

如图13-19所示，这三大魔法工具，可以帮你疗愈负面情绪，改变认知，提升情绪管理能力。

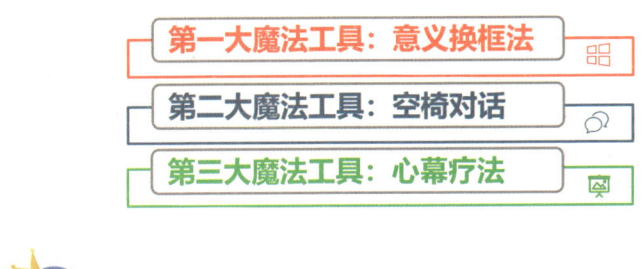

第一大魔法工具：意义换框法
第二大魔法工具：空椅对话
第三大魔法工具：心幕疗法

图13-19 三大魔法工具

美国社会心理学家费斯汀格有一个很出名的理论，被称为"费斯汀格法则"，如图13-20所示。

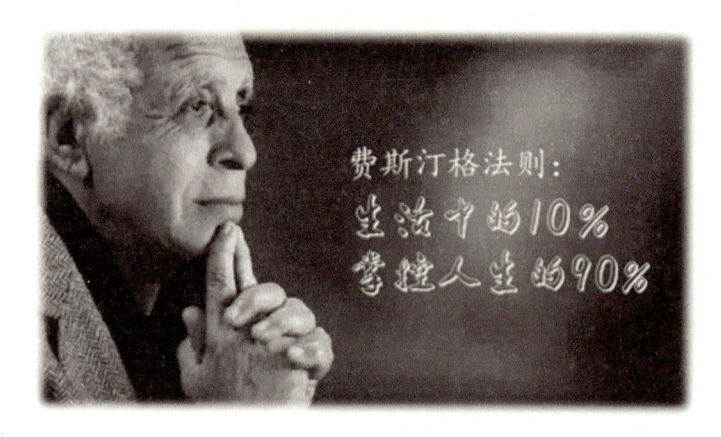

图 13-20　费斯汀格法则

生活中的 10% 是由发生在你身上的事情组成的，而另外的 90% 则是由你对所发生的事情如何反应所决定的。学会情绪管理，建立合理的信念系统，正确认知，我们就不会因为 10% 的不确定因素影响我们 90% 的正常生活了。

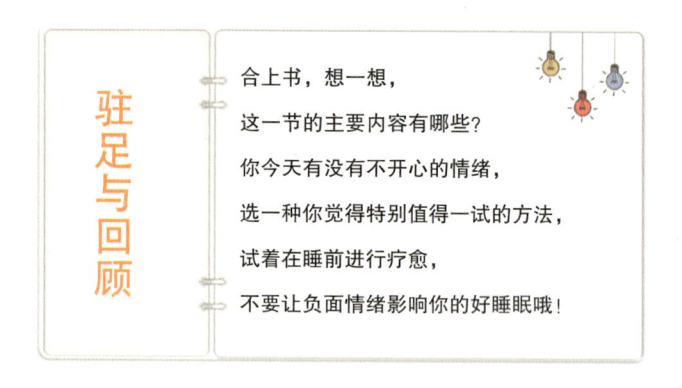

驻足与回顾

合上书，想一想，
这一节的主要内容有哪些？
你今天有没有不开心的情绪，
选一种你觉得特别值得一试的方法，
试着在睡前进行疗愈，
不要让负面情绪影响你的好睡眠哦！

训练任务

找出一个最近困扰自己的不合理信念，用意义换框法改写，注意四个句式的应用。

训练任务

找出一个最近困扰自己的不合理信念，用意义换框法改写，注意四个句式的应用。

寄 语

学会情绪管理，手握战胜"魔兽"的世纪之剑！

第十四章

精力管理
——让学习更投入

提到精力管理,你最先想到的是要管理什么?可能大多数人想到的都是管理时间,今天我们就要颠覆这个观念。

我们经常用"996"来形容职场上的工作强度,可对于学习,这种强度好像又不算什么,现在大多数的中学生都恨不得每时每刻都用上,总感觉有做不完的作业和习题,总是感觉时间不够用。于是很多同学开始延长学习时间,甚至不惜牺牲运动、睡眠、吃饭的时间,这样你的学习效率就一定得到提高了吗?恐怕很多同学的学习状态是越来越糟糕吧。

那是什么原因呢?精力不足。

14.1 精力管理新认知

精力一般指人的精神和体力,也可以理解为我们学习、生活、工作的基础能力。

一直以来,我们过于关注时间是否够用,却忽略了一个事实,无论你怎么合理使用,一天只有 24 小时,不可能变成 36 小时或 48 小时,但是我们所能调动的精力却不是这样的。精力管理不是去延长工作和学习的时间，而是提升这段时间内的工作和学习状态。

在"时间管理"那一节我们就知道，时间管理的对象不是时间，而是单位时间内选择和控制的事件，最本质的是人。

精力管理的本质为：通过对精力的管理提升人的状态，以达到全情投入，如图 14-1 所示。

图 14-1　精力管理的本质

14.2　精力的来源

试想一下，你马上要上课了，无论是数学还是语文，这时走进来一位老师，你希望他/她是什么样的？如图 14-2 所示。

▶ 思考

马上要上课了，这时走进来一位老师，你希望他/她是什么样的？

图 14-2　精力管理的本质

如果他/她踏进教室的时候愤怒、沮丧、焦虑，你会怎么想？

如果他/她带着过度工作的筋疲力尽和抑郁的情绪，你怎么想？

如果他/她心不在焉、懒懒散散甚至有点迷糊，你怎么想？

毫无疑问，你一定不希望老师是这样的，你希望走进来的是一位充满活力、自信满满又积极向上，最好还风趣幽默的老师，对不对？

换句话说，我们都希望进来的是一位精力充沛的老师，老师更希望在座的每一位同学也同样拥有好状态。**那精力好是什么样的状态呢？**

每天都是精神焕发、目光如炬、精力充沛；

工作、学习起来聚精会神、效率过人，人生就像"开了挂"；

心态乐观豁达，遇到困扰不骄不躁，乐于接受挑战等。

精力贯穿于生活和学习的各个方面，它不是天生的，我们可以通过一定的方法去管理精力，获得好状态。既然要管理精力，那就要知道精力是如何构成的，都源于哪里。

精力管理有一个金字塔模型， 如图 14-3 所示，这个模型很好地解释了它的构成。理解这个模型，就知道应该怎样有计划地改善自己的精力了。

图 14-3　精力管理金字塔模型

人的精力由四层构成：体能、情绪、注意力、意义感。

1. 金字塔模型第一层——体能

体能是精力充沛的基础，处于金字塔模型的最底层。现代医学发现，体能好，尤其是心肺能力特别突出的人，大脑的供血、供氧、供糖都会更好。因此，大脑的工作效率也高，长时间地工作更不容易疲劳。

体能通常与我们的健康状况、饮食习惯、运动习惯和睡眠质量有着密切的联系，如图 14-4 所示。

图 14-4　影响体能的因素

2. 金字塔模型第二层——情绪

情绪会严重影响精力的发挥，心情不好的时候做什么都提不起精神，反之心情好的时候就感觉精力充沛，学习效率也非常高。

确实，积极正面的情绪是精力输出的保障。心理学大量研究证明，情绪对人的记忆力、认知力、决策力都有重大影响，如图 14-5 所示。

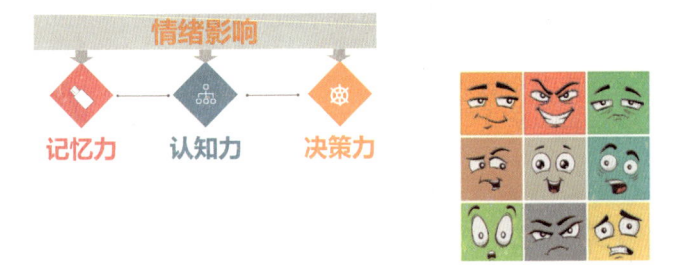

图 14-5　情绪的影响

在"情绪管理"一节中，我们已经认识到情绪管理的本质其实是认知管理，并对如何调整负面情绪，保持积极状态进行了相应的训练。

3. 金字塔模型第三层——注意力

注意力能够让我们的精力有效输出，创造出有效的结果。没有注意力的精力就好比是空转的发动机，无法输出能量，人的意识也没有办法得到成长和塑造。这里的注意力指的就是专注力，如何提升专注力我们之前也介绍了相应的训练方法。

4. 金字塔模型最顶端——意义感

意义感是人活着最高的追求，是驱动我们做事的底层逻辑，是人生的操作系统，是精力的最终源泉。

做有意义感的人，首先要找到自己的目标或使命，这样才能迸发出巨大的能量，产生持久的精力。如图14-6所示。

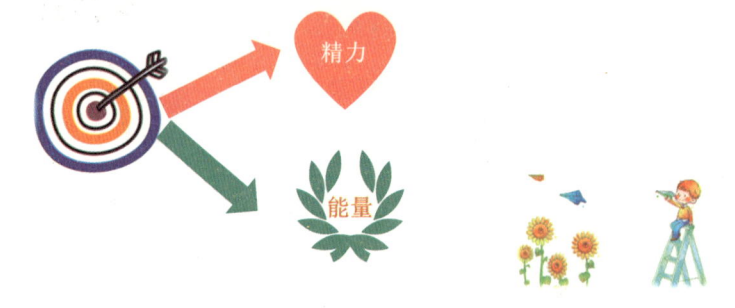

图14-6 意义感

金字塔模型得出**的精力管理公式**如图14-7所示。

图14-7 精力管理公式

精力的构成是从下往上的金字塔模型，但是要想系统地训练，就得从挖掘与内心相联系的人生目标开始。所以在3D高效学习力的实操训练课程中，我们按照倒金字塔模型，从上往下，相继进行了目标管理、专注力及情绪管理的训练，这也是日常咨询中问题出现频率及重视程度最高的。

体能管理是最基础的，也是很多人不在意甚至忽视的，同时也是必须要引起重视的，所以我们这一节的精力管理重点放在体能管理上。

14.3　基础精力管理三大法宝

我们常说"身体是革命的本钱"，有人打了一个形象的比方：一个人的身体是"1"，品质、知识、财富、名声、地位等都是"0"，这些"0"唯有跟在"1"后面，才有意义。只要前面有"1"屹立不倒，后面"0"越多，人的"价值"就越大；而一旦这个"1"轰然倒下，后面所有的"0"就没有了意义，如图14-8所示。

图14-8　身体的重要性

对于学生来说，身体是"1"，考试分数、名次、艺体特长、各种比赛获奖证书、升学加分、专科、本科、硕士、博士学历等都是"0"，如果前面的"1"轰然倒下，后面纵然是博士后也是枉然。

接下来我们就从最基础的饮食、运动、睡眠三个方面来进行调整，让精力更充沛，学习更投入。

1. 第一大法宝：饮食——体能的第一来源

1）正念饮食

正念饮食是基于正念的一种饮食方式，源于佛教的正念。

为什么要尝试正念饮食？

现代社会生活节奏快、压力大，生活中有太多吸引我们注意力的事情，大脑每天都处于高速运转的状态。在进食的时候，大多数时候都是靠潜意识在进食、靠习惯在进食，脑子里却考虑的是其他事情。一边吃饭一边想"那道题怎么做""那件事我该怎么处理"，还经常会边吃边聊，甚至看"下饭剧"、刷视频等。进食过程中，我们身体的所有感觉器官基本上都离开了食物本身。

进食非常仓促，注意力不集中，会引发很多问题，如图 14-9 所示。

图 14-9　仓促进食引发的问题

（1）由于你注意力不集中，你会选择不健康的食物；

（2）你不了解自己的饱腹感，非常容易吃多；

（3）更严重者，由于无法控制自己的进食速度，容易造成情绪性饮食，暴饮暴食；

（4）你会不知道自己为什么吃东西，忽略身体的感受。

你的饮食中出现过类似的问题吗？如果有那我们就用正念饮食来调整。

案例分享

一行禅师在《苹果禅》中描写了如何用正念的方式吃橘子。

专心地剥开橘子的皮，感受它刹那间射出的汁液，闻它散发于空气中的清香。然后取出一瓣橘肉，放进口中缓慢地嚼，全神贯注地体验门牙咬断它，白齿磨碎它，舌头搅动它等每一个动作，直到它几近液化，通过食道吞咽下去为止……

一个橘子只有这样吃，才会全心身体验橘子的曼妙清香，这也是对自然赐予的橘子的极大尊重。吃的是橘子，修行的是自身。

我们一般人都达不到这样的境界，但我们可以从今天起学习"好好吃一顿饭"，如图 14-10 所示。

图 14-10　正念饮食的要点

（1）集中注意力慢慢吃，用心感受心理的饥饿和对食物的渴望；

（2）启动身体所有的感觉器官，视觉、触觉、听觉、嗅觉、味觉，去认真感受你正在品尝的食物；

（3）学会处理面对食物时的内疚和焦虑，为了身心健康而进食；

（4）感受食物给你的身体和内心带来的变化，学会去欣赏、感恩、赞美你的食物。

正念饮食不但可以帮助你补充体能精力，还可以帮你处理很多问题，包括进食障碍、焦虑情绪或者其他和食物相关的问题。

2）合理搭配

你身边有没有不吃早餐的同学？如果你问他为什么不吃早餐，除了懒、没人做这些外在因素外，还有人会说，我一吃早饭就容易犯困，上课没精神，注意力不集中。饭后犯困主要是由于食用大量食物之后，在消化吸收过程当中，血液进行重新分配，导致大脑相对性地缺血缺氧，而大脑又比较敏感，能量供应不足就会出现想睡觉的感觉。

既然大脑思考需要糖分，那饿的时候就吃一些高糖高脂的食物，这样是可以产生精力的，但与低脂蛋白和蔬菜谷物比，不仅转化率低，释放的能量也不如后者丰富。在日常饮食中，吃得多不如吃得巧，我们可以选择一些升糖指数低的食物，缓慢释放的糖分能够提供更稳定的精力。

如何搭配更健康？

我们可以从以下两点进行健康搭配，要点如图 14-11 所示。

（1）要少食多餐，三餐变五餐，正餐八分饱，加餐以坚果和水果为主，注意补充优质蛋白和微量元素。

（2）合理搭配，营养均衡，最好吃出一道彩虹。

图 14-11　健康的饮食搭配

（1）要少食多餐，三餐变五餐，正餐八分饱，加餐以坚果和水果为主，注意补充优质蛋白和微量元素。

推荐的富含蛋白质的食物清单：鸡蛋、瘦牛肉猪肉、鱼类、海鲜、混杂豆类、藜麦、鹰嘴豆、乳制品等。

推荐的富含微量元素食物清单：蔬菜（彩色蔬菜）、菌类、精瘦肉、鱼蛋海鲜、豆类、全谷物、乳制品、坚果等。

（2）合理搭配，营养均衡，不能喜欢吃肉就光吃肉，喜欢吃素就不沾肉；也不能一顿纯肉，一顿纯素，每一餐都荤素搭配，最好吃出一道彩虹，赤橙黄绿青蓝紫，不要浪费丰富的食物种类。吃食堂的同学在可选的情况下也尽量注意搭配。

喝水是最容易被人忽略的体能再生方式，口渴不像饥饿一样散发明显的信号，等感觉口渴的时候，身体或许已经缺水很久了。有机构研究证明，肌肉若缺水 3%，就会失去 10% 的力量和 8% 的速度。喝水不足会降低大脑的注意力和协调能力。如图 14-12 所示。

现在很多学生饮水量不足，一天最好将饮水量保持在 2000mL 左右，多次小口饮水，感受水给我们提供的能量。

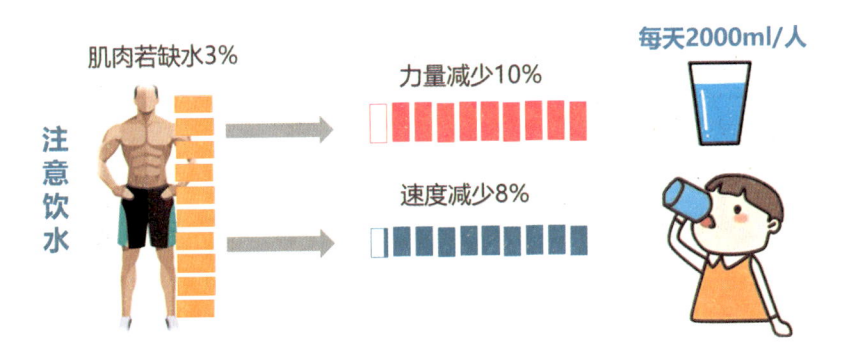

图 14-12　注意饮水

3）饮食清单管理法

食物第一定律

营养学博士贝拉尔迪通过研究发现了一个很有意思的规律，称之为食物第一定律：只要食物在你家里或手里，你最终一定会吃掉它。演变一下：如果一种健康食物在你家里或手里，你最终也会尝试吃掉它。

同学们仔细品一品，第一句话的意思是不管你买了多垃圾多难吃的东西，可能哪天无聊就给吃掉了。也许买的时候也不是特别喜欢，就因为打折所以买了，结果哪天心情不好的时候就给吃掉了。第二句话的意思是一种很健康的食物，即使你之前不爱吃，可是经常出现在家里或餐桌上，说不定哪天你就会想尝一尝，尤其是挑食的人，真的可以尝试一下，说不定你会改变。

红黄绿食物清单

要想健康饮食，我们要学会塑造环境，建立一个可信任的系统和环境，这样不用太自律也不会太考验意志力。家里少出现不健康的食物就可以少吃，想吃的时候没有，一想还得去买，也就懒得去了。

接下来我们做个有意思的事，把家里的食物进行分类，列出三个清单，如图 14-13 所示。

红蓝绿食物清单	类　型	选择标准	
	红色清单	不健康的食物不要采购	☹
	黄色清单	不健康又特别爱吃的少采购	😕
	绿色清单	有利于健康的提高采购频率	🙂

图 14-13　饮食清单管理法

（1）**红色清单**：你认为不健康的食物，吃了对身体不好。最好不要再出现或采购的食物。

（2）**黄色清单**：你知道这个食物不健康，但又特别爱吃，比如高脂高盐深度加工的食物。尽量少采购或看看有没有可替代的相对健康的食物。

（3）**绿色清单**：非常有利于健康的食物。在众多健康食物中，选你喜欢的，提高采购和出现的频率。

示例：我的食物清单，如图 14-14 所示。

我的饮食清单：

红蓝绿食物清单	红色清单	咖啡、酸辣粉、瓜子、薯片、山药片、辣条	☹
	黄色清单	粗粮饼干、抹茶饼干、黑巧克力、抹茶冰激凌	😕
	绿色清单	黄花鱼、鲫鱼、虾、鸡蛋、牛奶、苹果、油桃、甜瓜、樱桃、草莓、酸奶、枣夹核桃、紫薯、山药、玉米、坚果、鹰嘴豆、生菜、冬瓜、西红柿、黄瓜、西葫芦、丝瓜、油麦菜、彩椒、油菜、圆白菜、洋葱、蘑菇、木耳、胡萝卜	🙂

图 14-14　饮食清单示例

这个清单里的食物不是一成不变的，根据你身体的需求和变化，一段时间以后进行相应的调整。

现在就开始把你家里或宿舍里的食物进行分类整理吧，可以邀请家人和同伴一起来做。

红色清单：
_____
_____

黄色清单：
_____
_____

绿色清单：
_____
_____

整理好这三个清单之后我们要怎么做呢？很简单，12 个字宗旨：**清理红色、雪藏黄色、抢购绿色**，如图 14-15 所示。

图 14-15　整理清单 12 个宗旨

饮食是体能的第一来源，健康饮食不仅能补充必要的精力，还能提升我们的注意力、记忆力、保持积极的情绪。

案例分享

有个女同学，她觉得自己每天特别容易饿，而且一吃就发胖，还犯困，上课没精神，干什么都不起劲。因为学校很多重点科目，尤其是数学、物理，大都安排在上午，她怕自己犯困，早上从来都不吃早饭，饿得不行了就偷偷吃块饼干或巧克力，长此以往胃自然就受不了了，经常胃疼。后来在 3D 高效学习力训练营了解了饮食的秘密，就开始进行调整。

通过饮食的调整，她发现自己不但不用挨饿，精神也好了，而且皮肤状态也好了，甚至还可以减脂，身体轻松，精神更好了。

2. 第二大法宝：睡眠——体能最重要的恢复来源

在记忆力的训练中我们揭示了睡觉的秘密，睡眠可以增强记忆力，现在很多同学已经不会再为晚上早睡一会或中午小憩一下而感到焦虑，但仍有很多同学睡眠还存在很大问题，要么是不够重视睡眠不足，要么就是睡不踏实，想睡睡不着，这节课我们来解决这些问题。

1）睡眠不好的危害

除了饮食，睡眠是人类最重要的精力恢复来源。绝大多数人知道睡眠不好会有影响，但具体有什么影响却不是很清楚。睡眠不足的危害如图14-16所示。

睡眠不足的危害：
- 会让人变笨
- 会严重影响情绪
- 影响生长发育

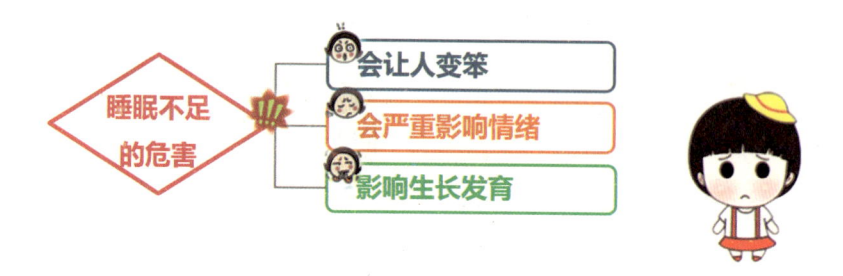

图 14-16　睡眠不足的危害

睡眠不足会让人变笨

如果长期睡眠不足或睡眠质量太差，就会严重影响大脑的机能，本来是很聪明的人也会变得糊涂。国内外有很多研究表明，思维能力（反应能力、记忆力、专注力、逻辑分析及辩证能力）会随睡眠不足而衰退。思维能力下降，就会严重影响学习效率。

睡眠不好会严重影响情绪

持续失眠一周的人会变得烦躁不安、恐惧、紧张、注意力不集中等，严重者还可能有定向障碍或供给失调，并可能产生幻觉、妄想等严重精神障碍。很多青少年学生患上了神经衰弱等疾病，很多时候就是由严重睡眠不足引发的。

睡眠不好影响生长发育

科学研究证明，促使人体生长发育的"生长素"，只有在睡眠时才大量分泌。所以，儿童的生长速度在睡时要比醒时快三倍，俗话说"能睡的孩子长得快"，就是这个道理。青少年处于身体成长发育的关键期，睡眠不足不仅影响生长，还会导致免疫力下降，容易生病。

2）如何改善睡眠，提升精力

睡眠充足

很多人都有疑惑，觉得自己睡眠很充足，每天能睡八小时，可怎么还是没精神？要想精神好，并不是睡眠时间越长越好，而是要提高睡眠质量。

八小时是专家给出的一个概数，每个人的身体情况不同，有的人需要六小时，有的人需要九小时，甚至更多。比如在一些特殊情况下，生病的时候医生常说的一句话是不是多注意休息？打完疫苗之后是不是也嘱咐要注意多休息？睡眠可以帮助我们恢复体力和免疫力。

在正常情况下，我们可以按照睡眠周期来调整睡眠时间。每个睡眠周期是 90 分钟，也就是一个半小时。每一个睡眠周期中，包括入睡期、浅睡期、熟睡期、深睡期和快速动眼期。在睡眠周期如果被吵醒，我们有可能会非常不高兴。但如果是在一个睡眠周期附近，比如 85 分钟或 100 分钟，在一个浅睡眠状态的时候醒来是最舒服的。一晚上 4～6 个周期的睡眠是最好的，对于青少年来讲最好是有 5～6 个周期，当然，如果偶尔有事睡 4 个周期也可以。

那怎么安排充足的睡眠时间呢？我们可以用起床时间倒推睡眠时间，如图 14-17 所示。如果你早上 7 点起床，5 个睡眠周期是 7.5 小时，6 个睡眠周期就是 9 小时，那晚上睡觉时间最好是在晚上 10 点或 11 点半。睡 7.5 小时的醒来精力状态比 8 小时或 8.5 小时要好得多。

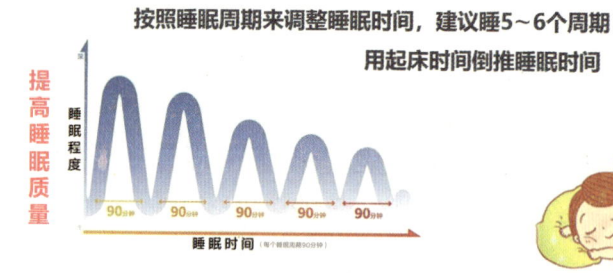

图 14-17　科学睡眠提升质量

睡前仪式

为了能够更顺利地入睡并且保持睡眠状态，人们通常会在入睡准备期做一些准备活动，如上厕所、洗澡、换睡衣、听音乐等，一方面解除生理上可能干扰入睡的因素，另一方面让情绪平稳轻松。建立一个合理的睡前仪式，是让你获得充足和优质睡眠非常好的途径。

睡前仪式包含哪些活动？

睡前仪式中包含的活动非常多，常见的一些活动有洗澡、刷牙、换睡衣、听舒缓的歌曲、看休闲的书籍、冥想等，如图 14-18 所示。每个人喜欢和习惯的东西不同，可以根据自己的喜好进行调整。这些活动是睡前仪式开始的信号，其主要目的是让你停下当前正在进行的活动，平复一下，然后准备进入睡前程序。

固定的睡前仪式能够让睡眠的质量更好

图 14-18　睡前仪式

睡前仪式的一个很重要的要素就是固定，在固定的时间做固定的事情，给大脑释放睡眠的信号。研究表明：固定的睡前仪式能够让人入睡时间更短、减少夜间醒来的次数和时间,睡觉的时间和睡眠的质量更好。

现在开始想一想你的睡前仪式,你认为睡前尝试做哪些事情,会让你快速入睡,而且会睡得很好,请写下来。提醒一下,不建议使用电子产品,如看手机刷视频,会让你的情绪很难平复下来,从而影响睡眠质量。

示例:我的睡前仪式

22:00 洗漱

22:30 阅读(不烧脑的)

22:50 冥想

23:00 睡觉

写出你的睡前仪式

_____

_____

_____

睡前仪式虽然是固定的,但也不是一成不变的,可以根据自己一段时间内的实际情况进行相应的调整。

调整心态

我们今天讲了要睡5~6个周期,睡前最好有个仪式,这样能帮助你入眠。你可能很积极地回去尝试了,做了一天两天,却感觉不理想,就开始怀疑、焦虑,然后又想想睡眠不好的影响,于是更焦虑更睡不好。

只要你认真地去做这些行动,就不要想结果,尽人事听天命。大多数照做的人,都取得了好结果。所以不要一天睡不好就觉得自己失败了。"你做三四月的事,在八九月自有答案",意思就是你三四月份做的事情,八九月时再去看它的变化。不要想我今天睡了几个小时或者我今天改了一个睡眠前的仪式,深呼吸了、洗了个热水澡,喝了个牛奶然后明天我就睡眠好了,从此以后不失眠了,那你想得太简单了。你多年形成的睡眠问题,一两天就想有一个质的改变,这不可能,但是如果你现在不去改变,以后只会更差。

案例分享

我之前指导过很多学生都存在睡眠问题，甚至碰到好多小学四五年级的学生，在"双减"之前，作业加课外辅导班都要晚上12点多才能睡觉。学生会觉得睡觉是浪费时间，是罪过，尤其是即将面临中高考的学生更是如此，晚上睡不好，上课没精神，导致课堂效率低下。遇到这样的情况，首先要做的就是要调整睡眠时间，在一定时间内可以牺牲作业，必须保证睡眠。经过一两个月的调整，再加上学习方法的指导，学生就会发现睡眠好了，精神状态好了，听课更专注了，上课老师讲的知识能记住了，写作业都不用再随时翻书了，效率会大大提高。这样学生的学习效率和睡眠质量都会进入良性循环，学习能力和学习成绩都会有大幅度的提高。

保持充足睡眠时间，提升睡眠质量，睡出好精力！

3. 第三大法宝：运动——精力充沛的源泉。

适量运动可以让你精力充沛，这是为什么？这一点好像跟我们的日常认知是相反的，难道不是运动会消耗卡路里和能量吗？难道不是运动会让人疲惫感到累吗？疲惫的是身体，放松的是大脑，越是觉得累得没时间运动的人越应该去做适量的运动。

1）运动的好处

如图14-19所示，运动至少有三大好处，具体内容如下。

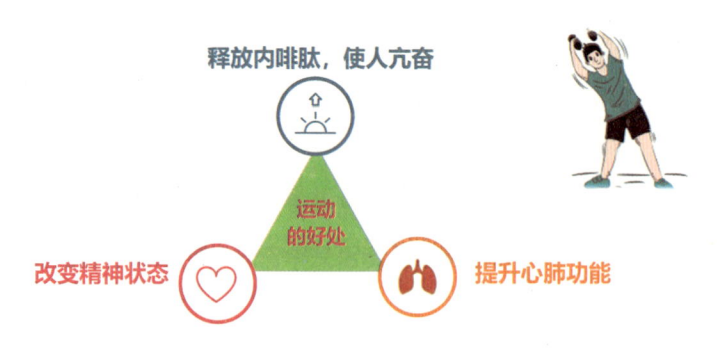

图14-19 运动的好处

运动释放内啡肽，使人亢奋。

内啡肽是我们身体产生的天然激素，它能产生止痛感和兴奋感。人在剧烈运动后体内的"内啡肽"水平会升至安静时的八倍。下次感觉累了困了别喝咖啡也别喝红牛，试试去跑步 30 分钟，会让你身体的内啡肽"爆表"。

运动提升心肺功能，身体好了，精力足。

心肺功能主要指的就是人的摄氧和转化氧气成为能量的能力。如果我们的心肺功能弱，无论是上楼梯还是爬山，都会感到气喘吁吁，力不从心。但是，如果我们的心肺功能好，就可以远离疾病，精力足。

运动提升睡眠质量，睡眠好了，精力自然会变好。

运动锻炼会造成身体疲惫，大脑对于身体疲惫的反应是增加深度睡眠的时间。适当的运动会延长你的深度睡眠，让你睡得更快、睡得更沉、睡得更香。另外运动能让人体温升高，体温高人就更精神，体温低人会容易困倦。运动，特别是有氧运动，可以显著提升你的体温，使得体温峰值处于一个较高的水平，延缓体温下降，这会使人在白天精力充沛，更清醒更有活力。

运动改变你的精神状态，让你拥有良好的精神状态。

运动是一种非常健康的生活方式和娱乐方式，和你每天都吃得健康是一样的，让你从心底觉得自己活得健康。有没有发现那些喜欢跑步，喜欢健身的人对待生活、对待工作总是很阳光，很积极？爱好运动可以彻底改变一个人精神状态。

2）应该做什么运动

其实很多人心里都清楚适度锻炼有很多好处，但大多数人还是不锻炼，为什么？原因很简单，因为坚持运动需要我们走出舒适区，而且通常都要坚持一定时间才会见效，大多数人都在看到明显的效果之前就放弃了。所以你要问应该做什么运动，我的回答是：**你喜欢的且能马上行动的。**

如果你不喜欢就很难马上行动，你不能马上行动就可能永远没行动！

慢跑、跳绳、游泳、打篮球、踢足球、打网球、爬楼梯、骑自行车等，不管是高大上，还是不起眼，只要是你喜欢的运动，都可以。

把行动变成习惯，三个指导思想如图 14-20 所示。

图 14-20　行动变习惯三个指导思想

（1）五分钟行动。

行动产生动力，先做起来，不断地正向激励。没有运动习惯的同学，可以从基础的开始，如图 14-21 所示，如开合跳、原地踏步、深蹲、爬楼梯、踢毽子、跳操、跳绳等，选一个先每天运动上五分钟，坚持一段时间再调整。

图 14-21　五分钟行动

（2）抛弃"all or nothing"。

从心态上做调整，不要想"要么运动够量，要么干脆不做"。每天在有限的时空环境下，能做什么就做什么，做就比不做强。哪怕你今天就站五分钟，也比一直坐着好。

（3）每天改善 1%。

相信你们都知道这个广为流传的经典公式：如果一个人每天都能进步 1%，一年之后他的能力会提升 38 倍。

即使每天就五分钟，日积月累，你也会变得了不起，从愿意做有能力做可以马上行动的开始，不断产生叠加效应。

给你一分钟时间，想一想，有哪些是你愿意做有能力做而且马上可以开始的行动，请先列出来。

示例：我的行动备选清单，如图 14-22 所示。

我的行动备选清单：
（1）走路去地铁（1 千米）
（2）回家放弃电梯走楼梯，虽然只有三层
（3）每工作 1 小时起来溜达五分钟
（4）陪孩子玩 10 分钟蹦跳式石头剪刀布，运动又增进亲子关系
（5）粗粮、抹茶饼干、黑巧克力、抹茶冰激凌
（6）每周快走三次，每次 40 分钟
（7）每周至少上一次普拉提私教课

图 14-22　行动清单示例

写出你的行动备选清单：

_____

_____

案例分享

之前我指导过一个男生，学习成绩不太好，整个人的状态也不是很好，明显自信心不足。他的学习习惯不好，底子薄，上课听不进去，没精神。我说既然目前学习没精神，要不咱们就运动吧，你有没有喜欢的运动？他说之前喜欢跑步，觉得跑步出汗，身体感受很舒爽，但后来因为要学习补课之类的就没继续了。我知道这一点后就鼓励他把跑步捡起来，晚上学累了不想学了就出去跑步，最好跑 40 分钟，每天坚持。一个月以后他反馈说

他自己感觉最近精神了，晚上睡得好，白天也不怎么犯困了，能听老师讲课，但是因为基础差，好多听不懂。我一听，太好了，进步很明显。我就和这位同学说：咱们先不说别的，就每天跑步40分钟，大多数同学都没这个毅力，都坚持不下来，你坚持了一个月，非常好，而且通过运动改善了睡眠和精力，都有心情听课了，这是多大的进步！接下来，既然你觉得自己基础弱，想学习，那咱们就开始学习。还是这个原则，从你最想学、感觉能学好的科目开始，可以先选1～2科，咱们来调整学习方法。

就这样通过3D高效学习力的训练，从运动到想学的科目，再到全科，一点点叠加，不断地正向激励，这个学生一年提升了将近200分，整个人都自信明亮了起来。

好好吃饭、好好睡觉、好好运动，养成习惯，每个人都会活力四射，精力充沛！

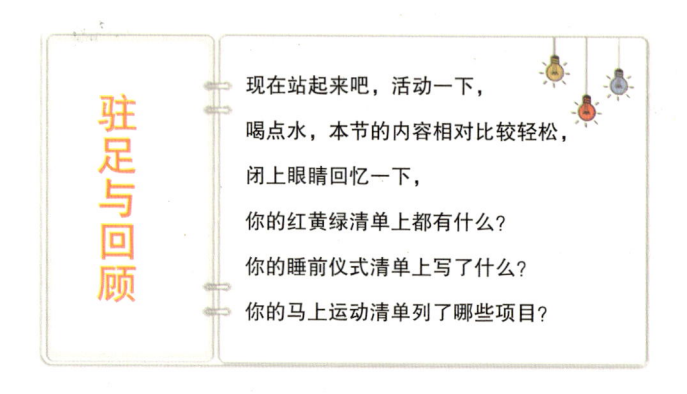

驻足与回顾

现在站起来吧，活动一下，喝点水，本节的内容相对比较轻松，闭上眼睛回忆一下，

你的红黄绿清单上都有什么？

你的睡前仪式清单上写了什么？

你的马上运动清单列了哪些项目？

训练任务

1. 请配合家长梳理红黄绿食物清单，丰富一下绿色清单。
2. 请完善你的睡前仪式清单及运动备选清单。

训练任务

1. 请配合家长梳理红黄绿食物清单，丰富一下绿色清单。

2. 请完善你的睡前仪式清单及运动备选清单。

寄 语

今天的精力用在哪儿，
明天的成绩就出在哪儿！

第十五章

多模块综合运用
——如何面对一次失利的考试？

对于学生来说，除了期中、期末考试，还有月考甚至周测，如此频繁的考试节奏，很少有常胜将军，学霸也难免有失利的时候。就像我们的人生，一个人再怎么顺利，在成长的道路上也难免遇到挫折和压力，没有人能随随便便、轻轻松松地成功。那么在面对失利和逆境的时候，你怎么看待失利，怎么应对逆境所带来的压力，这就是逆商决定的。

15.1　什么是逆商？

逆商是美国职业培训师保罗·史托兹提出的概念，**指人们面对逆境时的反应方式，即面对挫折、摆脱困境和超越困难的能力**。如图 15-1 所示。

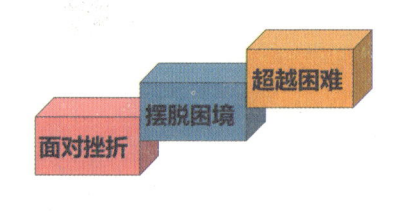

图 15-1　什么是逆商

同样的打击，逆商高的人产生的挫折感低，而逆商低的人会产生强烈的挫折感。低逆商的人有一个重要特征是挫折扩大化，即当事人会将一个挫折的恶果延伸到其他方面。于是，他们遭遇到一个挫折事件后，很容易产生"天塌下来了"的感觉，从而觉得一切都糟透了。这样一来，一个挫折事件就会像瘟疫一样蔓延到他生活的方方面面，最终让他因为一个挫折而否定自己的一切。相反，高逆商的人会将挫折的恶果控制在特定范围内，他们知道，一个挫折事件就只是一个挫折事件而已。

比如考试失利，低逆商的学生就会感觉"天塌了"，会担心父母和老师会怎么看，同学们会有什么态度等，就容易产生焦虑、失眠；而高逆商的学生会觉得这是一个挑战，这次没考好，分析原因，看看怎么解决，或者向其他同学请教，下次无论如何一定要想办法考好。面对逆境时，这两种人的心理是截然不同的，前一种是应付，会用各种消极的心理逃避逆境；后一种是应战，他会想尽各种办法，调动各种资源去化解并超越逆境，如图 15-2 所示。

面对逆境

低逆商
应付，消极心理，逃避逆境

高逆商
应战，积极心理，化解并超越逆境

图 15-2　面对逆境时的两种心理

如何坦然地面对失利、应对逆境，积极地学习和生活，是每一个学生亟待解决的问题。提升逆商指数，帮助你从逆境中突围、振作和学习，我们要相信人人都有超越逆境的潜能，关键就在于面对逆境时的态度和心理。

15.2　影响学生逆商的三大因素

我们从认知心理学和脑科学的角度来分析一下影响学生逆商的三个因素，如图 15-3 所示。

图 15-3　影响学生逆商的三大因素

1. 习得性无助

20 世纪 60 年代，美国心理学家塞利格曼用狗做了一项经典实验。起初把狗关在笼子里，只要蜂音器一响，就对它进行电击，狗关在笼子里无处逃避。多次实验后，在电击前把笼门打开，此时狗本可以逃生，可蜂音器一响，狗不但不逃，反而不等电击出现就先倒在地上，绝望地等待痛苦的来临，这就是习得性无助。

随后的很多实验也证明，这种习得性无助在人身上也会发生，如图 15-4 所示。他们认定自己永远是一个失败者，遇到挫折时，往往没有自信心，不加努力便会放弃。由于怀疑自己的能力，他们经常体验到强烈的焦虑，身心健康也受到损害。

当学生一次次参加考试，又一次次地考不及格时，久而久之他会对学习失去信心，甚至产生厌学情绪，于是上课经常走神，开始不听讲，有时还会扰乱课堂秩序等。在咨询中我们经常会碰到有些学生在学不好、厌学的时候会说："我不喜欢学习，我不关注学习。"之所以会这样说，是因为他多次遇到困难，自己却没办法克服，产生习得性无助时一种无奈的"自我放弃"。

图 15-4　习得性无助

"习得性无助"的学生的学习生活经验往往是失败的，又受到老师和同学的消极评价，从而逐渐形成了刻板的思维模式和认知态度。**其实并不是真的没有办法，而是持续的打击让他觉得这个事情没有办法而已。**

所以 3D 高效学习力课程的理念一直是"**授人以鱼不如授人以渔，还要授人以筌**"，也就是传授给人既有知识，不如传授给人学习知识的方法，最好还要给人学习知识的工具，这样才能有抓手，学起来才能真正落地。

案例分享

一个初二的学生不喜欢背诵，记不住大段的文字，即使当时背过了，一会就忘，更别提考试的时候，明明学过就是想不起来。经过长期的记忆失败，他就觉得自己怎么样也记不住，所以干脆不学了。

我通过分析发现是这个学生的记忆方法不适合他的学习风格，他是一个适合图像记忆的学生，所以对于这个学生而言，除了有遗忘规律和复习频次的问题，更主要的问题是要把文字变成图像。但光和学生说你发挥联想、想象，把文字变成图片，这是告诉学生方法了，可是他还是不知道要怎么做。这个时候就应该给工具，工具有很多，如思维导图就是一个非常有效的工具。为什么有效呢？一是思维导图是以图解的形式呈现的；二是思维导图的要点是要提取关键词，提取关键词的过程就是在锻炼总结归纳的能力；三是除了关键词还用到了多种颜色、甚至是符号，这些都是记忆的激发器，都是有助于记忆的。

学生用了这个工具之后发现，确实对记忆提升有很大帮助，所以他更愿意多尝试，如果不能给到学生适合的方法和工具，还要求学生保持积极的学习动力，那也不太现实，其实习得性无助也是比较常见的影响学习动力的因素之一。

2. 不正确的归因方式

请思考一下：你对这次考试满意吗？哪科考的好，哪科考的不好？原因是什么？

是不是有人会说：题目太难了，我又考砸了；数学又没考好，我是不是太笨了；这次考试的时候感冒了，影响我的正常发挥；运气不好，复习的内容没有考，考的内容都没复习。也会有人说：最近学习不努力，复习不到位；我考试的时候太急躁，计算有失误；我基础知识不扎实，考试的时候想不起来等，这些都是归因问题。

同样的一次考试，不同的人有不同的归因方式，不同的归因方式导致不同情绪状态和行为。在心理学上看来，人们对一个行为或一个事件做归因时，通常遵循**三大归因方式**，如图15-5所示。

图15-5 三大归因方式

一是外部归因，即把所发生的事归结为外在情境因素，比如没考好是因为这次的题太难；

二是内部归因，即把事物发生的原因归结为个人内在的因素，如最近学习不努力、知识点掌握不牢固等；

三是综合归因，即把事物发生的原因归结为内、外因素相互作用的结果，比如考试没考好，既分析试题的难度，又反省自己的学习方法等。

如果对内归因，把失败归因于不够努力，你会相信可以通过努力获得成绩，从而建立对未来成功的信心，激发内在的学习动力；如果对外归因，把成功归于运气，把失败归于命运，一切都取决于外部因素，那日常生活中很难做到努力与勤奋，通常充满抱怨，学习成绩也很难有突破；综合归因的人一方面会寻找内在原因，另一方面又会寻找外在原因，往往不会过于勉强自己，心境也更加平和。

案例分享

同样在数学或物理学科上学习不好的时候，对于女生，人们会说"缺乏天分，学不好正常"；而对于男生会说"注意力不集中，不用心"。

作为一个女生你听到这个评价时是什么反应？你会认为学不好的原因不是你可以控制的，会认为无论尽多大努力，都将难以提高自己的学习成绩，从而降低学习动机，不愿做尝试性努力，"认命"了。而男生听到这样的评价时会觉得"没关系，只要我想学的时候，我用心学，努努力就能学好"。

两种不同的归因评价方式造就了不同的结果，如果反过来归因，那其实也会产生一样的效果，女生也会想办法去学好，而男生也有可能因此放弃，所以我们学会积极归因，不要让不正确的归因方式影响学习动力。

高逆商的人往往会把失败归因于不努力，低逆商的人会归因于自己缺乏能力。

归因原则：三要三不要，如图 15-6 所示。

图 15-6 归因原则

要从内部找原因,不要一味埋怨外部环境;

要寻求改变,不要一味自责;

要找可以改变的原因,不要过多归因于不可改变的因素。

3. 行为习惯

如果把那些学霸表现出来的天赋、智商、学习热情等背后的行为进行归纳的话,我们会发现一个共同的要点,那就是习惯。

中国有句古话:少成若天性,习惯成自然。我们每天高达 90% 的行为是出自习惯的支配。在我们的身上,好习惯与坏习惯并存,那么,唯一能够有效改变学习和生活的方式就是改变我们的习惯。幸运的是,我们每个人都有这个能力。

脑科学研究发现,当我们学习一个新知识的时候,大脑皮层就会"发亮",但一旦我们学会这个新知识,大脑皮层就不亮了,因为不需要它运作了,然后到哪儿了呢,到了基底神经节,这个地方就是潜意识。也就是说最开始学的时候是意识在起作用,一旦习惯养成,根本就不需要大脑皮层的意识,而是用潜意识运作了。所以**我们要想改变或重塑一个习惯,最重要的就是要让意识觉醒**,如图 15-7 所示。

很多时候你不改变,是因为你根本没意识到,比如你不知道自己的归因方式不合理,也没意识到你认为无力改变的事情是"习得性无助",而不是真的没法改变。一旦你意识到这个习惯是不好的,你就有了一个改变它的机会,你会提醒自己要改变,这样你就会马上停下之前的习惯行为,开始尝试做一些改变。

要改变或重塑一个习惯，最重要的就是要让意识觉醒。

图 15-7　行为习惯

习惯大致可分为三种类型，如图 15-8 所示。

图 15-8　习惯的类型

1）关键习惯

也就是人生中最重要的那些习惯。这些习惯的养成，可以为你带来其他领域的综合提升与进步，如运动习惯、考试习惯、阅读习惯、复盘反思习惯等。

2）辅助习惯

辅助习惯的作用是保证关键习惯的顺利达成。如果你的关键习惯是"运动"，为了达成这个习惯，你会需要多个辅助习惯的支持，如换运动鞋、喝水保持水分、记录锻炼时长等。

3）大象习惯

如果有人问："你怎么吃掉一头大象？"最好的回答是："一口一口吃。"同理，当我们面对高难度的重大任务时，也应该把大任务进行分拆，然后一点点去完成它。所以，"大象习惯"一点都不大，反倒是很多很细碎的"迷你习惯"。例如，你的目标是一年熟记3500个单词，要完成这个目标，你就得养成一系列小习惯，如拆分目标到月目标、周目标，甚至是日目标；你还得隔周自测一下，把不熟的单词加强记忆频次等。

高逆商者，往往能够清楚地认识到使自己陷入逆境的起因，意识快速觉醒，并立即采取有效行动去改变现有的行为习惯。

15.3 如何提高自己的逆商

1. 逆商的四个维度——CORE

我们要想提高自己的逆商，首先得了解逆商的衡量维度，然后有意识地朝着这个方向去努力。逆商的四个维度如图15-9所示。

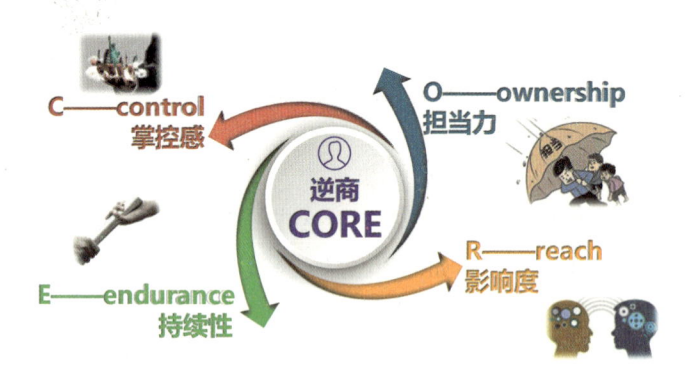

图15-9 逆商的四个维度

1）C——control 掌控感

面对这次失利的考试，你觉得这件事你能不能掌控？你觉得自己能掌控多少？你觉得你还能做些什么？

面对逆境或挫折时，控制感弱的人只会逆来顺受，听天由命；而控制感强的人则会凭借一己之力积极改变所处环境，相信人定胜天。当你觉得"虽然很难，但一定有办法"时，你的逆商就高；当你觉得"我没办法，我无能为力"的时候，你的逆商就低。

2）O——ownership 担当力

当你遇到逆境时你有没有想到你的担当？要想到考试失利，我能做些什么，怎么去提升，而不该抱怨题目太难、我没睡好或心情不好影响发挥等外界因素去推卸责任。

与逆商较低的人相比，高逆商的人更愿意承担困境所产生的后果，这种担当力促使他们采取行动，你会发现当你主动去担当时，就会产生一种强大的内驱力。

3）R——reach 影响度

这次考试失利会对我之后的学习状态或生活的其他方面产生多大影响力？会让我在同学老师面前抬不起头吗？会担心父母追问而反感焦虑吗？

逆商高的人，往往能够把问题的影响范围控制在当前事件上。考试失利，就只是失利，而不会因此和家长闹情绪，更不会让自己的学习状态低迷。逆商较低的人会无限制放大一件很小的挫败事件，把它扩散到生活的其他方面，甚至和父母吵架，闹得鸡犬不宁。

4）E——endurance 持续性

这个逆境会持续多久？你会觉得在下次考试扳回一城之前得夹着尾巴做人吗？会担心老师责问而一直躲着老师吗？

逆商较低的人会无限拉长逆境的影响时间，认为这将是他毕生的耻辱或阴影。逆商高的人，会将时间控制在当下，失落一下，马上就会调整情绪，采取改善措施。

2. 提高逆商的有效工具——LEAD

要想提高逆商，不是听几场"打鸡血"的励志演讲就能解决的，也许它会让你一时激情满满，甚至有两三天都充满干劲儿，但一面对现实的环境和要解决的难题时就会被打回原形。能力的提升是需要有效的方法和工具的，我们来介绍一个极简工具——LEAD，每一个字母都代表一个动作，如图 15-10 所示，我们分别来看一下。

图 15-10　提高逆商的工具

第一步：L——listen，倾听自己的逆境反应。

假设迎面冲过来一个衣衫褴褛的疯子，他冲你大喊："你是个废物，你的世界末日到了。"你的第一反应是什么？

你一定会觉得他是个神经病，一定不会相信他说的话，对吗？

可这个疯子要是你自己呢？你每天在脑海里对自己说"我不行、我没办法、我控制不了，没考好我完蛋了"，你在催眠自己的时候是不是就相信这是真的了？一定是的。

所以要提升逆商的第一步就是要倾听你在逆境中的反应。当你考试失利，身处逆境的时候，你首先得警惕"自己这个疯子是不是又来蛊惑你了"。当你意识到这个问题的时候，你就可以自嘲地说"哼，逆境"，换一种方式看待失利，提醒自己你锻炼逆商的机会来了。

具体要倾听什么呢？ 可以用 CORE 里的问题引导，看看你的答案是什么？如图 15-11 所示。

面对这次失利的考试，我能不能掌控，能掌控多少？我是不是要做个有担当的人？我能做些什么？这个事情对我来说影响有多大？这个影响会持续多长时间？

具体要倾听什么呢?

- 我能不能**掌控**,能掌控**多少**?
- 我**是不是**要做个有**担当**的人?
- 我**能做**些什么?
- 这个事情对我来说**影响**有多大?
- 这个影响会**持续**多长**时间**?

图 15-11 倾听的要点

在倾听这些问题答案的过程中,如果出现负面消极的想法,立刻让意识觉醒,这是最重要的。你有没有发现所有的改变都不是来自自责,而是来自觉知,你得先意识到问题,才有机会改变问题。

第二步:E——explore,探究自己对结果的担当。

想一想:谁能对你考试失利这件事负责?是你的父母,还是你的老师,或者你的同学?

巡视一圈,你是不是发现他们都不能为你负责,如果你指望他们只会让你在这个逆境里越陷越深。真正能够对这件事负责的只有你自己。这时候其实就是你做选择的时候,你要不要担当,想不想改变?

答案有两种:一种是你发现只有自己能为自己负责,所以责无旁贷,要承担起责任,想办法解决问题或采取行动。另一种是你觉得太难了,觉得自己要炸了,失控了,你根本不想承担责任,围绕你的都是负面情绪。如图 15-12 所示。

面对负面情绪,我们要积极进行调整,因为不调整的话最后困扰的还是你自己,会让你不断地灾难化。提升情绪管理能力最重要的是什么?改变不合理的认知信念。所以我们首先采用意义换框法去改变认知。

比如你的信念是:

因为这次考试考砸了,所以我的天要塌了!

因：考砸。

果：天要塌了。

谁能对你考试失利这件事负责？
是你的父母，还是你的老师，或者你的同学们？
真正能够对这件事负责的只有你自己。

结果

承担负责，采取行动　　不想担责，失控

图 15-12　探究的要点

现在用以下句式框架对原有信念进行改写，句式框架如图 15-13 所示。

用意义换框法对原有信念进行改写

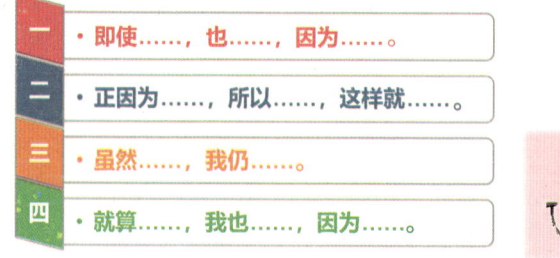

一　·即使……，也……，因为……。

二　·正因为……，所以……，这样就……。

三　·虽然……，我仍……。

四　·就算……，我也……，因为……。

图 15-13　句式框架

例：

（1）即使我考砸了，也不会天塌，因为我有了一次锻炼逆商的机会。

（2）正因为我考砸了，所以我有机会觉察问题，这样就能提升。

请完成这四个句式：

（3）

（4）

当你换个角度看问题的时候，是不是就没那么可怕了？以积极的情绪面对问题的时候，你有没有发现你变得更有担当了？

第三步：A——analyze，**分析证据**。

分析证据是一个简单的质疑过程，让你进一步审视自己，最终摆脱逆境反应中的消极部分，你可以从以下问题入手分析。

面对考试失利，这个局面我真的无法掌控吗？这件事一定会影响我的生活吗？会影响到哪些方面呢？这个挫折会持续很久吗？如图 5-14 所示。

分析证据是一个质疑过程，可以从以下问题入手分析：

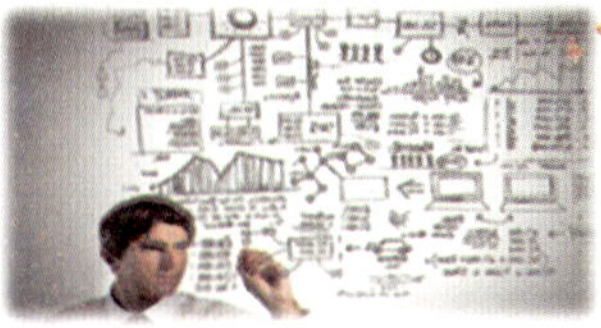

- 这个局面我真的无法掌控了吗？
- 这件事一定会影响我的生活吗？
- 会影响到哪些方面呢？
- 这个挫折会持续很久吗？

图 5-14 分析证据的要点

这几个问题问下来，大多数人会发现，没什么大不了的，只不过是一次失利而已，我总能做些什么去改善。当然，如果你认为会引起不好或者严重的后果，有强烈的内疚感、罪恶感和自责心理时，你也可以运用“自我对话式”的空椅对话技巧去调整自己的情绪。空椅对话技巧的步骤如图 15-15 所示。

一个角色是认为会引起不好的后果、影响严重的你，另一个角色是觉得没那么严重的你。想想那些身残志坚的榜样，想想他们身处逆境还能逆袭的案例，你的这点挫折真的难以克服吗？通过这种方式从不同的角度进行接纳和整合，你会发现你的负面情绪一定会得到疗愈。

图 15-15　空椅对话的步骤

第四步：D——do，做点事情。

来到执行这一步，就好办了，你会发现我们能做的事情真的很多，我们之前也进行过相应的训练。

首先，我们可以给这次考试做个复盘，看看为什么会出现这种情况。**复盘的步骤**大家还有印象吗？如图 15-16 所示。

图 15-16　复盘的步骤

第一步：回顾目标。

判定考试失利，结论是没有达成预期目标，但这个目标当初是谁定的？是在什么情况下定的这个目标？这个目标合理吗？如图 15-17 所示，通过这些问题引导我们会发现我们定义的"失利"是不是真的失利。

在这里要提醒一下，只有适当的目标，准确的定位，才能让我们既有动力又有信心。这个目标应该略高于自己现有的能力水平，同时又是经过努力能实现的，切忌把目标定得太高，这样会增加自己的紧张和焦虑，降低自信；当然，目标过低也会影响我们的潜力发挥。同学们要认真分析自己的优势和劣势，不但要从实际出发，还要从"心"出发，制定自己认可的合理的目标。

图 15-17 回顾目标的要点

第二步：评估结果。

如果评估的结果确实是失利，没有达成目标，那做到什么程度了？有哪些结果超出了之前预期的目标？又有哪些方面没有达成？

带着这些问题写出最后的评估结果，也许你会发现事情没有表面看起来那么糟糕，如图 15-18 所示。你是没有 100% 达成目标，可是如果你达成了 60%，甚至 80% 以上呢？你是不是也得为自己鼓个掌？不要总把注意力放在失去的地方，更多的要看看你得到的部分，也许你发现你在别的方面取得了进步。

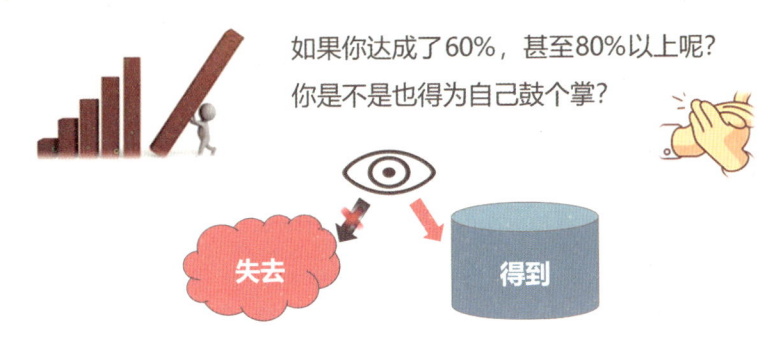

图 15-18 评估结果的要点

第三步：分析原因。

支撑目标设定的依据有变化吗？哪些原因导致未达到预期目标？

比如你这次没考好，有可能是你在刻意地调整考试习惯，甚至是你这段时间在调整学习方法，这个适应的过程有成绩的起伏也是很正常的。

在试卷的分析上，建议用错题集对试卷上的错题进行分析、归类、统计，方便之后制定针对性的改进措施，如图 15-19 所示。 在具体的改进行动阶段，建议你可以从丢分最多的问题开始，也可以从你觉得最容易解决的问题开始。

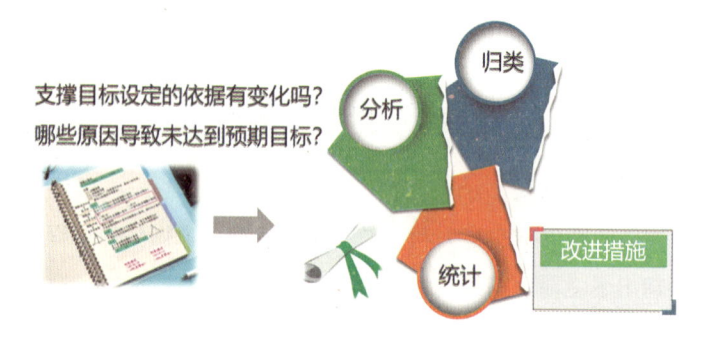

图 15-19　分析原因的要点

一般最常见的问题就是知识准备不足，扎扎实实地全面搞好各门功课的复习，这是取得考试成功的关键。我们要把各个学段所学的基础知识系统化，基本技能熟练化，并在复习中增强分析问题的能力，达到"查漏补缺、强化记忆、融会贯通、灵活运用"的目的。考前几天要注重夯实基础知识，对基本原理、公式、定理及各个知识点的掌握，这样不管考题以什么面目出现，都难逃你这个有准备的"如来佛"的手掌心。

第四步：总结规律。

这个过程都有哪些收获？下一步的改进措施是什么？有哪些计划？又有哪些是可以立即行动的？如图 15-20 所示。

要注意一下，不要因为考试没有达成预期目标，就只分析失利的原因而忽略这次考试做得好的地方，其实这些好的经验才能成为你提升成绩的基础和原动力。

- 这个过程都有哪些收获？
- 下一步的改进措施是什么？
- 有哪些计划？
- 又有哪些是可以立即行动的？

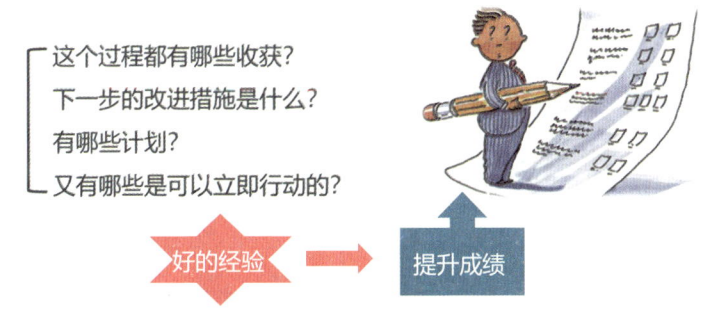

好的经验 → 提升成绩

图 15-20　总结规律的要点

比如这段时间你是不是在训练考试习惯，这次考试的时候都用到了哪些方面，你的考试心态是不是有调整，你是不是有机会练习逆商，你哪一科有明显进步，哪些知识点得到了突破，你最近的睡眠质量如何，有没有坚持运动等。千万不要为了复习而复习，要注意做好精力管理，尤其是基础精力管理，睡眠、饮食、运动都很重要。

LEAD 这个工具对于提升逆商是非常有效的，也很简单，能不能学会，其实很多时候不取决于难不难，而是你觉得逆商对你来说重不重要。如果你觉得重要，非学不可，那你一定能学会。

所以不单单是逆商，在做任何训练之前，最主要的都是调整心态，不要怀疑自己的能力，"相信相信的力量"，然后制订计划，立刻行动！

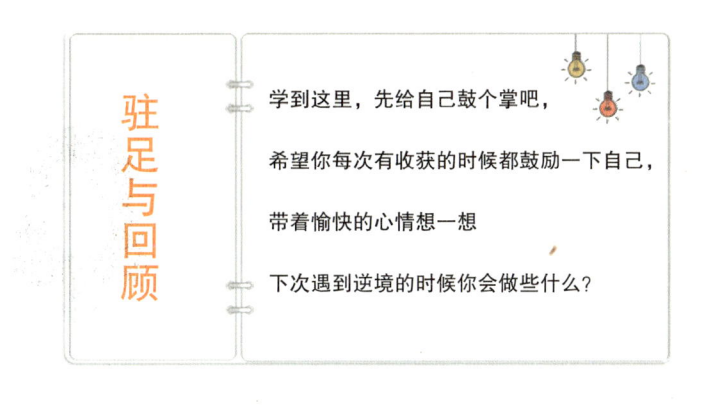

驻足与回顾

学到这里，先给自己鼓个掌吧，
希望你每次有收获的时候都鼓励一下自己，
带着愉快的心情想一想
下次遇到逆境的时候你会做些什么？

训练任务

针对最近一次失利的考试或其他挫折,用 LEAD 工具引导,进行分析,最好写出完整报告。

训练任务

针对最近一次失利的考试或其他挫折,用 LEAD 工具引导,进行分析,最好写出完整报告。

寄　语

世上没有绝望的处境,
只有对处境绝望的人,
给挫折一个微笑,给自己一个机会。

参考文献

[1] 关鸿羽，于华章，关钺. 学习动力和学习习惯 [M]. 北京：北京日报出版社，2018.

[2] 贝利. 专注力：心流的惊人力量 [M]. 北京：北京联合出版社，2020.

[3] 沃尔夫. 专注力：化繁为简的惊人力量 [M]. 北京：机械工业出版社，2016.

[4] 刘镇强. 专注力：实现自控与自律的惊人力量 [M]. 北京：中国法制出版社，2019.

[5] 奥克利. 学习之道 [M]. 北京：机械工业出版社，2020.

[6] 郑强. 复盘思维：用经验提升能力的有效方法 [M]. 北京：人民邮电出版社，2019.

[7] 洛尔，施瓦茨. 精力管理 [M]. 北京：中国青年出版社，2015.

[8] 曹敬. 精力管理：与其管理时间，不如提升精力 [M]. 北京：中国纺织出版社，2021.

[9] 鱼建华. 最不需要意志力的时间管理法 [M]. 北京：北京联合出版社，2012.

[10] 潘鸿生. 你和别人拼的不是时间，而是时间管理 [M]. 北京：新华出版社，2019.

[11] 张大均. 有效教与学的策略 [M]. 北京：人民教育出版社，2011.

[12] 凯里. 如何学习 [M]. 杭州：浙江人民出版社，2017.

[13] 张维扬. 情绪，请开门 [M]. 北京：人民邮电出版社，2021.

[14] 史托兹. 逆商：我们该如何应对坏事件 [M]. 北京：中国人民大学出版社，2019.